“一带一路”营商环境法治研究丛书
"The Belt and Road" Legal Research Series on Business Environment
丛书主编：王莹莹

中亚营商环境法治研究系列

吉尔吉斯斯坦营商环境法治研究

Research on the Rule of Law in the Business Environment of *Kyrgyz Republic*

主编 - 汤　强
副主编 - 孔得建　向　东

中国民主法制出版社
全国百佳图书出版单位

图书在版编目(CIP)数据

吉尔吉斯斯坦营商环境法治研究 / 汤强主编. 北京 : 中国民主法制出版社, 2025. 6. -- ("一带一路"营商环境法治研究丛书 / 王莹莹总主编). -- ISBN 978-7-5162-3992-6

Ⅰ. D936.422.94

中国国家版本馆 CIP 数据核字第 202557KP40 号

图书出品人: 刘海涛
责 任 编 辑: 陈 曦 贾萌萌
文 字 编 辑: 刘 照

书名/吉尔吉斯斯坦营商环境法治研究
作者/*汤 强 主编*

出版·发行/中国民主法制出版社
地址/北京市丰台区右安门外玉林里 7 号 (100069)
电话/ (010) 63055259 (总编室) 63058068 63057714 (营销中心)
传真/ (010) 63055259
http: //www.npcpub.com
E-mail: mzfz@npcpub.com
经销/新华书店
开本/16 开 730 毫米×1030 毫米
印张/15.25 **字数**/260 千字
版本/2025 年 8 月第 1 版 2025 年 8 月第 1 次印刷
印刷/北京建宏印刷有限公司

书号/ISBN 978-7-5162-3992-6
定价/99.00 元

“一带一路”营商环境法治研究丛书

丛书国别主编及编写人员

《乌兹别克斯坦营商环境法治研究》

主　编： 刘卫锋

副主编： 卢文捷　郑嘉欣

编写组： 卢石宏　刘　洁　曹珂欣　魏亦欣　白　鑫　金羽珩　王乐田　聂荷珍　陈子玥　舒良缘　郭若卉

《哈萨克斯坦营商环境法治研究》

主　编： 贺小丽

副主编： 贺帅帅　江　海

编写组： 罗世琦　郭　菲　闫昱洁　宇文雅　唐　琪　张　懿　赵怡宁　陈　颖　马　楠　陈俊希　叶　娟　张　恒

《塔吉克斯坦营商环境法治研究》

主　编： 贾同乐

副主编： 刘吉堂　陈凌云

编写组： 刘宏刚　范　涛　陈梦琦　华伟聪　曾　卓　刘甫霖　李　露　耿　申　张琪文　韦一杭

《吉尔吉斯斯坦营商环境法治研究》

主　编： 汤　强

副主编： 孔得建　向　东

编写组： 杜　昆　许海龙　肖　扬　胡家榛　陆星宇　刘豆豆　廖　桐　刘季恒　牟苑双　孙宇杰

《土库曼斯坦营商环境法治研究》

主　编： 李思思

副主编： 李　洋　李泽西

编写组： 郭　帅　赵　亮　赵　敏　崔仪韵　韩佳雪　白雪玉　刘芳妤　郝秋蕾　程涵婧　乔文茹

总　序

“天下熙熙，皆为利来；天下攘攘，皆为利往。”熙攘繁荣的市场图景以成熟营商环境为描绘基础，我国北宋时期破除坊市、包容恤商，造就《清明上河图》中描绘的“八荒争凑、万国咸通”盛况。当今世界，全球经济格局正经历深度调整，“一带一路”倡议的纵深推进为欧亚大陆注入了新动能，中亚五国——哈萨克斯坦、乌兹别克斯坦、吉尔吉斯斯坦、塔吉克斯坦、土库曼斯坦凭借其地缘枢纽地位、资源禀赋与市场潜力，正成为跨国投资与区域合作的热土。在此背景下，有关中亚五国营商环境成熟度的考察、评估与分析，俨然成为“一带一路”营商环境法治研究的重要命题。

根据世界银行《营商环境报告》（*Doing Business*，2020）曾以量化指标勾勒出的营商环境“区域画像”，中亚五国整体建设水平呈现梯度化趋势。哈萨克斯坦是中亚地区营商环境建设的先驱者与领跑者，其借助国内《国际商事仲裁法》实现与《联合国国际贸易法委员会国际商事仲裁示范法》的接轨，吸引了众多跨国企业选择该国作为跨境争议解决的仲裁地。乌兹别克斯坦蓄势待发，自其推行全面经济改革以来，得益于放宽外资准入、建设自贸区、数字化服务等政策，营商环境优化效果显著。吉尔吉斯斯坦和塔吉克斯坦在改善营商环境方面亦有成效，如吉尔吉斯斯坦创新“破产预警监测系统”，以技术赋能提升公共服务效率与质量；塔吉克斯坦通过加大力度吸引外资推动国内基础设施建设。土库曼斯坦近几年在公共服务、外资准入、关税改革等领域不断推进营商环境优化。

中亚五国由于地理环境、历史传统、宗教习俗、语言文化等因素，其法律体系与我国有共同点，也存在差异，这种差异会给相互之间的商贸往来带来障碍。鉴于此，西北政法大学“一带一路”营商环境研究院聚焦营商环境法治建设，编纂中亚五国营商环境法治研究系列丛书，紧扣世界银行《营商环境成熟度报告》（*Business Ready*）指标，以法治评估为主线，宏观上萦绕营商主体“准入—兴业—退出”的全法律生命周期，微观视角下紧密联系“市场参与度、公共服务获取、劳动者保护、反垄断与反不正当竞争、税收政策”等外商投资标准，分《哈萨克斯坦营商环境法治研究》《乌兹别克斯坦营商环境法治研究》《吉尔吉斯斯坦营商环境法治研究》《塔吉克斯坦营商环境法治研究》《土库曼斯坦营商环境法治研究》五册展开国别研究；从国情背景着手，立足于详实的法律文本、立法动态、世界银行数据及典型案例分析，通过系统解析中亚五国营商环境的法治要素，力求客观完整地诠释中亚地区营商环境的法治化现状，从而为学术研究者、政策制定者及企业投资者提供兼具理论深度与实践价值的参考与指南。

当“一带一路”倡议架起法治互联互通之桥，丝路商道焕发法治新貌，中亚五国正以法治为经纬，共同编织起地区安全与发展的时代锦缎。五部曲的付梓，不仅是对中亚法治图景的学术描摹，更是一份面向未来的承诺：让法治成为破除偏见、消弭冲突的桥梁，让合作成为超越分歧、共创繁荣的纽带。正如习近平总书记指出的：“法治是最好的营商环境。”在这条通向现代化的文明之路上，我们愿以法为舟，以信为帆，推动实现更加强劲、绿色、健康的全球发展，培育全球发展新动能，构建全球发展共同体。

是为序。

西北政法大学党委副书记、校长

范九利

前　言

本书以吉尔吉斯斯坦在欧亚大陆上特殊地缘政治位置及独具特色、复杂多元的经济结构体系作为切入点，以“法律制度—产业实践—风险应对”为主线，对吉营商环境法治体系进行系统剖析，为积极寻求海外拓展、致力于“走出去”的中国企业提供一份具有前瞻性、实用性的专业指南。

第一章从历史发展的脉络及现实角度出发，全方位、深层次地对吉政治体制、经济结构、多元文化风貌及独特自然环境进行了阐述。第二章深度解析吉法律体系特征：以苏联法为基础、融合伊斯兰法元素的混合法系特点，重点介绍吉宪法框架下的《投资法》《自由经济区法》等核心经济立法。第三章从监管框架、公共服务和市场效率三方面系统分析吉重要领域营商环境现状。第四章通过对吉农牧、能源及基础设施等重点项目典型案例政策、法律争端解决分析，揭示法律执行差异与文化冲突对投资效益的影响。第五章聚焦吉支柱产业开发中的环境许可制度、农牧业投资的土地流转限制等因素，系统梳理合规要素。第六章聚焦于精心打造契合中国企业实际需求的风险防控方案模板，深入剖析在政治、经济、文化以及社会等多个维度上，中国企业在吉投资经营所面临的显著风险并提出行之有效的解决路径。

本书立足吉最新法律文本与实务案例，结合世界银行营商环境报告数据，既呈现吉法治建设的进步，也揭示吉转型期的系统性风险。无论是政策制定者还是企业管理者，均可从中获取深化中吉经贸合作的关键洞见。

目　　录

第一章　吉尔吉斯斯坦概况

一、发展简史

中国古代对于吉尔吉斯人已有文字记载。在《史记》中吉尔吉斯人被称为鬲昆或隔昆；在《汉书》中则被称为坚昆。《汉书·匈奴传》中记载：坚昆分布在丁零以西、乌孙以东、乌揭以北，“东去单于庭七千里，南去车师五千里”。

1917 年 11 月至 1918 年 6 月苏维埃政权建立。根据中亚民族国家的划分，1924 年 10 月 14 日成为俄罗斯联邦的一个自治州，名为卡拉吉尔吉斯自治州。1925 年 5 月 25 日，称吉尔吉斯自治州。1926 年 2 月 1 日，改为吉尔吉斯苏维埃社会主义自治共和国。1936 年 12 月 5 日，成立吉尔吉斯苏维埃社会主义共和国，加入苏联。1991 年 8 月 31 日，吉尔吉斯最高苏维埃通过国家独立宣言，宣布独立，改国名为吉尔吉斯共和国。同年 12 月 21 日，加入独立国家联合体（简称“独联体”）。

2015 年 8 月 12 日，吉尔吉斯斯坦正式加入欧亚经济联盟。10 月 28 日，当选联合国人权理事会成员，任期为 2016—2018 年。①

吉尔吉斯斯坦是联合国、世界贸易组织、独联体、欧亚经济联盟、上海合作组织、集体条约安全组织、伊斯兰合作组织、经济合作组织、突厥语国家组织等成员。②

---

① 参见《吉尔吉斯斯坦历史》，载中国大百科全书，https://www.zgbk.com/ecph/words?SiteID=1&ID=147399，2025 年 2 月 25 日访问。

② 参见商务部对外投资和经济合作司等编：《对外投资合作国别（地区）指南：吉尔吉斯斯坦》（2024 年版），第 2 页，载商务部“走出去”公共服务平台，http://fec.mofcom.gov.cn/article/gbdqzn/，2025 年 2 月 25 日访问。

二、自然环境

（一）自然地理

1. 地理位置

吉尔吉斯斯坦是位于中亚东北部的内陆国，不仅是欧亚大陆的腹心地带，也是大国势力东进西出、南下北上的必经之地。其国土面积为 19.99 万平方公里，北和东北接哈萨克斯坦，南邻塔吉克斯坦，西南毗连乌兹别克斯坦，东南和东面与中国接壤。边界线全长 4170 公里，与中国的共同边界 1096 公里。吉尔吉斯斯坦地处东 6 时区，当地时间比北京时间晚 2 小时，无夏令时。①

2. 地形地貌

吉尔吉斯斯坦是一个山地国家，占据天山的西半部和帕米尔高原的一部分，山脉大致东西走向。地势高低悬殊（从海拔 7000 多米到 400 多米），由东向西缓慢下降。全国地势平均高度为海拔 2750 米。其中，最高点为东部伊塞克湖州的胜利峰，海拔 7439 米，最低点为西南部巴特肯州莱列克区库伦达村附近，海拔 401 米。② 高山常年积雪，多冰川。山地之间有伊塞克湖盆地、楚河谷地等。低地仅占土地面积的 15%，主要分布在西南部的费尔干纳盆地和北部塔拉斯河谷地一带。牧场占总面积的 43%。③

3. 气候条件

吉尔吉斯斯坦大部分地区属温带，南部属亚热带。由于山区地形复杂以及受伊塞克湖的影响，吉尔吉斯斯坦的气候呈多样性，有的地区为极端大陆性气候，有的地区则近似海洋性气候。太阳辐射是影响气温的重要因素之一，吉尔吉斯斯坦冬夏日照时间相差很大。6 月份一般在 10—12 个小时以上，而 12 月份只有 5—6 个小时，山间峡谷日照时间则更短。④ 吉尔吉斯斯坦境内多山，90%

---

① 参见商务部对外投资和经济合作司等编：《对外投资合作国别（地区）指南：吉尔吉斯斯坦》（2024 年版），第 2 页，载商务部“走出去”公共服务平台，http://fec.mofcom.gov.cn/article/gbdqzn/，2025 年 2 月 25 日访问。

② 参见《吉尔吉斯斯坦自然地理》，载中国社会科学网，http://euroasia.cssn.cn/eoybl/eoybl_gggk/gggk_jejsst/201003/t20100311_1846336.shtml，2025 年 2 月 25 日访问。

③ 参见环境界：《特刊丨中亚国家环境治理情况报告之吉尔吉斯斯坦》，载微信公众号“全联环境商会”，2025 年 1 月 14 日。

④ 参见《吉尔吉斯斯坦自然地理》，载中国社会科学网，http://euroasia.cssn.cn/eoybl/eoybl_gggk/gggk_jejsst/201003/t20100311_1846336.shtml，2025 年 2 月 25 日访问。

的领土在海拔 1500 米以上，属大陆性气候，四季分明，夏季炎热、干燥，冬季比较寒冷，昼夜温差较大，晴天多，少刮风。1 月平均气温-6℃，7 月平均气温 27℃，8 月平均最低降雨量 13 毫米，4 月平均最高降雨量 65 毫米。①

（二）自然资源

1. 矿产资源

吉尔吉斯斯坦位于中亚构造域南部的天山构造带，境内矿产资源丰富，拥有化学元素周期表大多数元素，自然资源主要有黄金、锑、钨、锡、汞、铀和稀有金属等。其中锑产量居世界第三位、独联体第一位，锡产量和汞产量居独联体第二位。② 区内可划分为北天山、中天山、南天山三个成矿省。北天山成矿省优势矿产资源为铜、金、铝、银、铍、稀土等矿产，大多数矿床与早古生代和晚古生代岩浆作用有关。中天山成矿省位于北天山成矿省以南，呈近东西向延伸，区内以金、铁、铜、锑、钨、钼等为优势矿产资源。南天山成矿省位于天山南部，费尔干纳将其分为西部土尔其斯坦—阿赖区和东部阔克萨勒区，以金、铜、汞、锑、钨、锡为主要矿产资源。石油、天然气、煤等能源矿产主要分布在南部费尔干纳盆地地区，③ 石油探明储量 2.89 亿吨，2023 年石油开采量为 30.3 万吨，天然气探明储量 72.6 亿立方米，2023 年天然气开采量为 2750 万立方米。④

吉尔吉斯斯坦拥有世界级的大型矿床，如库姆托尔金矿、哈伊达尔干汞矿、卡达姆詹锑矿等。目前，仅有部分矿产资源得到工业开发，许多资源的储量和分布情况有待进一步勘探研究，以确定开发前景。据吉尔吉斯斯坦国家地质与矿产署 2013 年统计，已探明储量的优势矿产有黄金、钨、锡、汞、锑、铁。⑤

---

① 参见商务部对外投资和经济合作司等编：《对外投资合作国别（地区）指南：吉尔吉斯斯坦》（2024 年版），第 3 页，载商务部“走出去”公共服务平台，http://fec.mofcom.gov.cn/article/gbdqzn/，2025 年 2 月 25 日访问。

② 参见《吉尔吉斯斯坦国家概况》，载中华人民共和国外交部，https://www.mfa.gov.cn/web/gjhdq_676201/gj_676203/yz_676205/1206_676548/1206x0_676550/，2025 年 2 月 25 日访问。

③ 参见《新形势下吉尔吉斯斯坦矿业投资环境分析》，载河北省自然资源厅（海洋局），https://zrzy.hebei.gov.cn/heb/gongk/gkml/kjxx/gjjl/10835841573249892352.html，2025 年 2 月 26 日访问。

④ 参见商务部对外投资和经济合作司等编：《对外投资合作国别（地区）指南：吉尔吉斯斯坦》（2024 年版），第 2 页，载商务部“走出去”公共服务平台，http://fec.mofcom.gov.cn/article/gbdqzn/，2025 年 2 月 25 日访问。

⑤ 参见商务部对外投资和经济合作司等编：《对外投资合作国别（地区）指南：吉尔吉斯斯坦》（2024 年版），第 2 页，载商务部“走出去”公共服务平台，http://fec.mofcom.gov.cn/article/gbdqzn/，2025 年 2 月 25 日访问。

2. 土地资源

在吉尔吉斯斯坦海拔2000—5000米的山区，分布着草甸草原和高山、亚高山草原。山坡和谷地上生长着野生植物。北部和西部的河谷和盆地，气候干旱，土壤多为钙质灰土，相当肥沃。全国适宜于农牧业的土地1080万公顷。其中，牧场和天然割草场934万多公顷，占农牧业用地的86%以上；耕地面积137万公顷，仅占农牧业用地的12.7%。大部分耕地分布在海拔1200—1600米的地区，几乎全部都需要人工灌溉，受气候条件影响较大。①

3. 水资源

吉尔吉斯斯坦境内河流湖泊众多，水资源极其丰富，潜在的水电蕴藏量达1425亿千瓦，水资源蕴藏量在独联体国家中居第三位，仅次于俄罗斯和塔吉克斯坦，2023年全年发电量138亿千瓦时，水力发电占全国发电量的90%。② 吉尔吉斯斯坦境内河流、湖泊以及水库的水源主要来自高山上融化的冰川和雪水。全国2000多条大小河流的总长度大约3.5万公里，其中最大最长的河是横贯吉国的纳伦河，可用于灌溉和发电。主要河流还有恰特卡尔河、萨雷查斯河、楚河、塔拉斯河、卡拉达里亚河、克孜勒苏河等，它们对吉尔吉斯斯坦经济发展具有很大作用。③ 吉尔吉斯斯坦境内有1923个湖泊，湖水水面总面积6836平方公里，占国土面积的3.4%。④ 主要湖泊有伊塞克湖、松格里湖、萨雷切列克湖等，多分布在海拔2000米以上地区，风景优美，具有较高的旅游价值。⑤ 除了天然的河流湖泊外，吉尔吉斯斯坦还修建了大约200个水库，全国最大水库——托克托古尔水库1974年建成并投入使用。⑥

吉尔吉斯斯坦境内还有大量的地下水，该国地下淡水自然资源总储量为330立方米/秒。根据吉尔吉斯斯坦地下水的成分和温度情况，可开发出大量适用于

---

① 参见《吉尔吉斯斯坦自然资源》，载中国社会科学网，http://euroasia.cssn.cn/eoybl/eoybl_gggk/gggk_jejsst/201003/t20100311_1846337.shtml，2025年2月25日访问。

② 参见商务部对外投资和经济合作司等编：《对外投资合作国别（地区）指南：吉尔吉斯斯坦》（2024年版），第3页，载商务部“走出去”公共服务平台，http://fec.mofcom.gov.cn/article/gbdqzn/，2025年2月25日访问。

③ 参见《吉尔吉斯斯坦自然资源》，载中国社会科学网，http://euroasia.cssn.cn/eoybl/eoybl_gggk/gggk_jejsst/201003/t20100311_1846337.shtml，2025年2月25日访问。

④ 参见《吉尔吉斯斯坦自然地理》，载中国社会科学网，http://euroasia.cssn.cn/eoybl/eoybl_gggk/gggk_jejsst/201003/t20100311_1846336.shtml，2025年2月25日访问。

⑤ 参见商务部对外投资和经济合作司等编：《对外投资合作国别（地区）指南：吉尔吉斯斯坦》（2024年版），第3页，载商务部“走出去”公共服务平台，http://fec.mofcom.gov.cn/article/gbdqzn/，2025年2月25日访问。

⑥ 参见《吉尔吉斯斯坦自然资源》，载中国社会科学网，http://euroasia.cssn.cn/eoybl/eoybl_gggk/gggk_jejsst/201003/t20100311_1846337.shtml，2025年2月25日访问。

医疗、发电或者供工业使用的热矿泉水。在吉尔吉斯斯坦，这种热矿泉水水源有大约150处。

4. 生物资源

吉尔吉斯斯坦有500多种脊椎动物。其中，有50多种鱼、25种以上爬行动物、335种鸟类、4种两栖动物和86种哺乳动物；无脊椎动物的种类目前尚未调查清楚。常见的野生动物有狼、獾、麝、山羊、野兔、野猪、砂土鼠、黄鼠、猬鼠和跳鼠等。雪豹、红狐、巨蜥、水獭、虎、鼬、猞猁、棕熊和马鹿等属于珍贵的稀有动物。吉尔吉斯斯坦植物资源也丰富多样。目前，在吉尔吉斯斯坦境内有115科、855属、3786种植物。在这些植物中，有大灌木260种、小灌木115种、林木143种。森林面积占全国总面积的5.3%。云杉、冷杉、柏、槭、柳、白杨和白桦等树木较为常见。其中，云杉林面积10.4万公顷。果树有苹果、梨、李、醋栗和樱桃等。[①] 吉尔吉斯斯坦还生长有各种饲用植物、药用植物、挥发油料植物以及含杀虫毒质、含橡胶和含生物碱的植物。[②]

三、政治状况

（一）政权组织形式

吉尔吉斯斯坦政体经历了总统制、总统议会制和议会制三个阶段，其权力架构的变迁始终以总统与座谈会间的博弈关系为核心。吉尔吉斯斯坦官方将1990年4月至1994年9月存在的吉尔吉斯苏维埃社会主义共和国第十二届最高苏维埃确定为议会制度的开端。1993年，吉尔吉斯斯坦第十二届最高苏维埃通过独立后首部宪法，规定吉议会实行两院制，由立法会议和人民代表会议组成。由于对立法和行政机关权力划分不够清楚，并保留着苏联时期的苏维埃议会，使得吉尔吉斯斯坦国成为议会和总统基本平权的混合总统制国家。[③] 1995年2月，吉尔吉斯斯坦选举产生首届国家议会。根据1998年修改后的宪法，2000年2月，吉尔吉斯斯坦选举产生第二届国家议会，由立法会议和人民代表会议组成。立法会议由60名议员组成，由单一选区和政党比例代表制选举产生；人民代表会议由45名议员组成，实行区域代表制度。2021年1月10日根据新宪法全民公投结果，吉国家体制改为总统制。

---

① 参见《吉尔吉斯斯坦自然资源》，载中国社会科学网，http://euroasia.cssn.cn/eoybl/eoybl_gggk/gggk_jejsst/201003/t20100311_1846337.shtml，2025年2月25日访问。

② 参见《吉尔吉斯斯坦自然资源》，载中国社会科学网，http://euroasia.cssn.cn/eoybl/eoybl_gggk/gggk_jejsst/201003/t20100311_1846337.shtml，2025年2月25日访问。

③ 参见马佩佩：《吉尔吉斯斯坦政体演变研究》，西北师范大学2021年硕士学位论文，第7页。

1. 国家元首：总统

吉尔吉斯斯坦是政教分离的世俗国家，政治上推行民主改革并实行多党制。1993年5月5日，吉尔吉斯斯坦议会通过独立后第一部宪法，规定吉尔吉斯斯坦是建立在法制、世俗国家基础上的主权、单一制民主共和国，实行立法、司法、行政三权分立，总统为国家元首。① 吉尔吉斯斯坦是一个民主共和国，宪法规定国家主权属于人民，实行多党制和政治多元化。尽管历史上存在政治动荡和权力更迭，但其法律框架以民主原则为基础，强调公民权利和自由。

2021年1月10日，吉尔吉斯斯坦提前举行总统大选，萨德尔·努尔戈若耶维奇·扎帕罗夫在首轮投票中以79.20%的得票率获胜当选。4月，吉尔吉斯斯坦新宪法全民公投顺利通过。5月，扎帕罗夫总统签署新宪法，国家政体由议会制改为总统制。② 2021年5月新宪法通过后，吉尔吉斯斯坦总统任期由6年改为5年，最多连任两届。政府首脑现为内阁总理，无固定任期，由总统任命。吉尔吉斯斯坦现任内阁总理阿德尔别克·卡西马利耶夫，2024年12月由总统提名并获得议会批准。③

2. 立法机关：议会

2003年吉尔吉斯斯坦修正宪法，议会由两院制改为一院制，议员由105人减少到75人。取消政党比例代表制，全部议员由单一选区选举制选举产生。2005年2月，吉尔吉斯斯坦选举产生第三届国家议会。吉尔吉斯斯坦以总统选举不公正为导火索，总统制随之崩溃。④ 2006年12月，吉尔吉斯斯坦全民公投通过新《宪法》，将国家政体改回总统—议会制；2007年12月，选举产生第四届国家议会；2010年“4·7”事件后议会解散；2010年6月，通过新宪法，国家政体改为议会制，实行一院制，由120名议员组成，任期5年；2021年11月，重新举行第七届议会选举。根据新《宪法》，吉国家政体由议会制过渡到总统制。同时，吉议会议员人数从120人削减至90人，任期5年，单一选区制产生36席，政党比例制产生54席。2022年10月5日，沙基耶夫（现已改名为图

① 参见《吉尔吉斯斯坦国家概况》，载中华人民共和国外交部，https://www.mfa.gov.cn/web/gjhdq_676201/gj_676203/yz_676205/1206_676548/1206x0_676550/，2025年2月25日访问。

② 参见《吉尔吉斯斯坦国家概况》，载中华人民共和国外交部，https://www.mfa.gov.cn/web/gjhdq_676201/gj_676203/yz_676205/1206_676548/1206x0_676550/，2025年2月25日访问。

③ 参见商务部对外投资和经济合作司等编：《对外投资合作国别（地区）指南：吉尔吉斯斯坦》（2024年版），第4页，载商务部“走出去”公共服务平台，http://fec.mofcom.gov.cn/article/gbdqzn/，2025年2月25日访问。

④ 参见马佩佩：《吉尔吉斯斯坦政体演变研究》，西北师范大学2021年硕士学位论文，第51页。

尔贡别克·乌鲁·努尔兰别克）当选议长。[①] 当前，第七届议会由故乡党、新任党、同心党、联盟党、完整吉尔吉斯斯坦党、信仰之光党组成。[②]

（1）议会的地位

最高议会——吉尔吉斯共和国议会，是在其职权范围内行使立法权和监督职能的最高代表机关。

（2）议会代表

议会代表的任职资格、选举与罢免程序。根据吉尔吉斯斯坦 2021 年 5 月颁布实施的《宪法》第 76 条的规定，最高议会由 90 名议员组成，任期 5 年。年满 25 岁、拥有选举权的吉尔吉斯共和国公民可当选为最高议会议员。根据《宪法》第 79 条的规定，最高议会议员的权力在相应任期的最高议会活动终止时同时终止。议员权力提前终止的情形包括：提交书面辞呈，辞去议员职务；丧失吉尔吉斯共和国国籍，获得其他国家国籍；议员资格被撤销；更换工作或未辞去与履行议员职责相冲突的工作；选举被认定无效；永久离开吉尔吉斯共和国定居；被法院认定为无行为能力；法院有罪判决生效；在一届会议期间，无正当理由缺席最高议会会议达 10 个工作日；法院宣告其失踪或死亡的判决生效；议员死亡。最高议会议员因上述原因提前终止权力，由中央选举和全民公决委员会在导致权力终止的原因发生之日起 30 个日历日内作出决定。

议会代表的权利与义务。根据《宪法》第 78 条的规定，最高议会议员不能因其在议会活动中发表的言论或投票结果而受到迫害。只有经最高议会多数议员同意，才可对议员提起刑事诉讼，但当场被发现犯罪的情况除外。最高议会议员不得同时担任其他国家或市政公职，不得从事商业活动，不得加入商业组织的管理机构或监督委员会。最高议会议员可从事科学、教育和其他创造性活动。

（3）议会活动

根据《宪法》第 77 条的规定，最高议会应在选举结果确定后的 15 天内召开首次会议。最高议会首次会议由年龄最长的议员主持开幕。自最高议会新任期首次会议召开之日起，上一届最高议会议员的权力终止。新当选的最高议会议员自宣誓之日起开始行使权力。根据《宪法》第 83 条的规定，最高议会会议以会议形式举行，会期从 9 月的第一个工作日至次年 6 月的最后一个工作日。

---

① 参见《吉尔吉斯斯坦国家概况》，载中华人民共和国外交部，https：//www. mfa. gov. cn/web/gjhdq_676201/gj_676203/yz_676205/1206_676548/1206x0_676550/，2025 年 2 月 25 日访问。

② 参见商务部对外投资和经济合作司等编：《对外投资合作国别（地区）指南：吉尔吉斯斯坦》（2024 年版），第 5 页，载商务部“走出去”公共服务平台，http：//fec. mofcom. gov. cn/article/gbdqzn/，2025 年 2 月 25 日访问。

最高议会会议公开举行，除非审议的问题性质要求举行非公开会议。总统、最高议会主席或不少于 1/3 的最高议会议员提议时，可召开最高议会特别会议。最高议会会议须有全体议员多数出席方为有效。最高议会的决定在会议上由议员进行个人投票表决产生。

（4）议会职权

根据《宪法》第 80 条的规定，最高会议的基本职权包括决定举行全民公决、组织总统选举。在立法与重大事项方面，最高议会的主要职能是：依据宪法规定的程序，对《宪法》进行修改和补充；通过法律（法律由最高议会进行三读通过。最高议会的法律和决议，除《宪法》另有规定外，由全体议员多数通过；而宪法性法律、涉及国界变更的法律，须由最高议会进行不少于三读，并经全体议员不少于 2/3 的票数通过）；[①] 批准或废止国际条约；解决国界变更问题；审议行政区划问题；颁布大赦令等。在监督政府方面，最高议会的主要职能是：批准内阁总理、副总理及其他内阁成员的任命；批准国家预算以及听取内阁关于国家预算执行情况的年度报告。在人事任命方面，最高议会的主要职能是：根据司法事务委员会的建议，在总统提名后，以不少于全体议员半数的票数选举最高法院和宪法法院法官；以不少于全体议员半数的票数，批准总统提名的宪法法院和最高法院院长候选人，任期 5 年；选举、免除国家银行行长、中央选举和全民公决委员会成员、审计院成员以及监察专员等。

3. 行政机关：政府

政府称内阁，是国家最高行政机关，由总统直接领导。吉尔吉斯斯坦总统扎帕罗夫 2021 年 5 月 5 日签署新宪法并任命新内阁成员，目前内阁由 1 名总理、4 名副总理和 23 名部委负责人组成。[②] 2024 年 12 月 18 日，扎帕罗夫任命阿德尔别克 · 卡西马利耶夫为总理。

吉尔吉斯共和国的行政权力由总统行使。内阁的结构和组成由总统确定。内阁总理为总统行政办公室负责人。总统主持内阁会议。总统对内阁和行政权力机关的工作成果承担个人责任。[③] 内阁由总理、副总理及其他成员组成。内阁总理、副总理及其他成员由总统经最高议会同意后任命。内阁总理依据宪法、宪法性法律和总统命令组织内阁工作。内阁总理对总统负责内阁的工作。[④]

---

① 参见《宪法》第 86 条。

② 参见商务部对外投资和经济合作司等编：《对外投资合作国别（地区）指南：吉尔吉斯斯坦》（2024 年版），第 6 页，载商务部“走出去”公共服务平台，http://fec.mofcom.gov.cn/article/gbdqzn/，2025 年 2 月 25 日访问。

③ 参见《宪法》第 89 条。

④ 参见《宪法》第 90 条。

内阁的职权主要包括：确保宪法和法律的执行；实施国家内外政策的基本方针；采取措施维护法律秩序、保障公民权利和自由、维护社会秩序、打击犯罪；确保实施财政、价格、关税、投资和税收政策；编制并执行共和国预算；采取措施为各种所有制形式的发展创造平等条件并加以保护，管理国有资产；确保在社会经济和文化领域实施统一的国家政策；制定并实施国家经济、社会、科技、精神和文化发展计划；确保开展对外经济活动等。①

内阁与地方政府的关系：在法律规定的情况下，根据地方自治机关的请求，国家权力可以按照既定的立法程序移交给地方自治机关。在将国家权力下放给地方自治机关时，其实施所必需的物质、财力和其他手段同时转移。②

内阁与司法机构之间的关系：最高法院和宪法法院有权向内阁提出申请，按照内阁条例规定的方式启动法律草案和其他规范性法律行为。③

内阁与总检察长办公室的关系：总检察长办公室按照既定程序向内阁通报行政机关系统的合法性。吉尔吉斯共和国总检察长及其副手有权参加内阁会议，部长内阁会议主席及其副手以及其他内阁成员有权参加检察长办公室的会议和董事会。④

吉尔吉斯斯坦主要经济部门为经济和商务部、吉总统直属国家投资署。经济和商务部负责管理和监督国家经贸和商务活动，主要职能包括宏观经济、贸易、反垄断、海关税率、许可、外贸、工业、出口监管、地方发展等领域政策的制定与实施，国家税收、海关、保险业和国有资产管理政策的制定等。2023年新设立国家出口促进中心，具体负责组织参加各类展会、推动扩大出口。国家投资署是外商投资的主管部门，主要职能包括制定与实施国家投资政策及PPP 行业政策，开发自由经济区及其他经济园区，协调吸引外资、推动出口、保护投资商权益，与国际金融机构和外国政府金融机构开展合作等。⑤

4. 司法机关：法院与检察院

吉尔吉斯共和国的司法权仅由法院行使。在法律规定的程序和情形下，吉尔吉斯共和国公民有权参与司法活动。司法权通过宪法、民事、刑事、行政及其他法律规定的诉讼形式来行使。⑥ 根据2021 年通过的新宪法，吉尔吉斯斯坦

---

① 参见《宪法》第 91 条。

② 参见《宪法》第 35 条。

③ 参见《宪法》关于吉尔吉斯共和国内阁，第 29 条。

④ 参见《宪法》第 30 条。

⑤ 参见商务部对外投资和经济合作司等编：《对外投资合作国别（地区）指南：吉尔吉斯斯坦》（2024 年版），第 6 页，载商务部“走出去”公共服务平台，http://fec.mofcom.gov.cn/article/gbdqzn/，2025 年 2 月 25 日访问。

⑥ 参见《宪法》第 94 条。

设置总检察院和宪法法院。现任总检察长阿桑纳利耶夫，最高法院院长萨特耶夫。①

吉尔吉斯斯坦的法院体系包括宪法法院、最高法院和地方各级法院（包括地区或城市法院、州法院或比什凯克城市法院等）。法律可设立专门法院。禁止设立特别法庭。宪法法院是维护国家宪法的最高司法权力机关。通过宪法诉讼实施宪法监督，以维护宪法制度基础、基本人权和公民权利与自由，确保宪法的至高地位和直接效力。其主要职能是：对宪法进行官方解释；裁决法律及其他规范性法律文件是否符合宪法；对吉尔吉斯共和国加入但尚未生效的国际条约的合宪性发表意见；裁决国家权力各部门间的权限争议；对宪法修正案草案提出意见；对针对总统的弹劾程序是否合规发表意见。宪法法院的裁决为最终裁决，不得上诉。②

最高法院依法行使民事、刑事和行政诉讼程序以及处理国家法律规定的其他案件方面的最高司法权力机关。最高法院依据法律规定的程序，对民事、刑事、经济、行政及其他案件中诉讼参与人的申诉进行审查。最高法院全体会议对司法实践问题作出解释，这些解释对吉尔吉斯共和国所有法院和法官具有约束力。最高法院的判决为最终判决，不得上诉。③

原则上，地区或城市法院将负责审理其管辖范围内的民商事案件，且通常由独任法官审理；一审法院作出裁判后，对判决不满的当事方可在上诉期内向二审法院（州法院或比什凯克城市法院）提起，二审程序将由三位法官组成的合议庭审理，二审判决作出即生效；取得生效判决后，当事人对判决结果不满仍有机会就已生效的判决向法院提起三审程序。吉尔吉斯斯坦诉讼程序的语言为吉尔吉斯语或俄语，但不掌握吉尔吉斯语或俄语的当事人可在翻译协助下参与审理且有权以其母语进行发言。④

吉尔吉斯斯坦检察院在其职权范围内对立法文件执行情况进行监督。检察院各机构可进行刑事追诉，并依照法定情况及程序参与案件的法庭审理。⑤

---

① 参见商务部对外投资和经济合作司等编：《对外投资合作国别（地区）指南：吉尔吉斯斯坦》（2024年版），第5页，载商务部“走出去”公共服务平台，http://fec.mofcom.gov.cn/article/gbdqzn/，2025年2月25日访问。

② 参见《宪法》第97条。

③ 参见《宪法》第98条。

④ 参见田文静、徐越、周思吉：《“带路”新篇：俄语国家法律图鉴——吉尔吉斯斯坦篇》，载微信公众号“金杜研究院”，2025年2月10日。

⑤ 参见本书编委会编：《企业对外投资国别（地区）营商环境指南：吉尔吉斯斯坦（2021）》，第7页，载中国国际贸易促进委员会网，https://www.ccpit.org/，2025年2月10日访问。

（二）政党与社会团体

1. 对政党与社会团体的法律规定

吉尔吉斯斯坦2021年5月颁布实施的《宪法》和2025年1月21日第17号法律修订的《吉尔吉斯共和国关于政党的法律》（以下简称《政党法》）均对其政党和社会团体做出明确规定，主要内容如下。

（1）政党和社会团体必须在国家法律规定的范围内开展活动。《宪法》第8条规定，“在吉尔吉斯共和国，公民有权创建政党、职业工会及其他社会团体，以实现和保护人权、公民权利和自由以及利益”。《政党法》第2条明确指出，吉尔吉斯共和国《宪法》《政党法》以及其他规范性法律文件是规范政党活动的法律基础。《政党法》第7条规定，各政党成员的权利由党章规定。这些权利不能同吉尔吉斯共和国《宪法》、法律以及由吉尔吉斯政府批准的有关人的权利和自由的国际法律文件相抵触。

（2）党政活动分开，不允许政党干扰国家机关的工作。《宪法》第8条规定，不允许在国家机关、团体中成立党组织并开展活动；国家和市政雇员只能从事同其业务工作无关的党务活动；不允许军人、执法人员和法官加入政党，或为任何政党发声支持。《政党法》第16、17条规定，政党的财政资金来源于党员会费、自愿捐赠、贷款、财产经营或处置产生的收益、举办活动、出版及发行宣传材料所获收入，以及法律未禁止的其他合法资金。除选举法规定的选举活动资助外，政党活动的资金来源主要是政党自身的收入，而非国家预算拨款。

（3）政党和宗教组织分开。根据《宪法》第8条的规定，在吉尔吉斯共和国，禁止在宗教和种族基础上建立政党，禁止宗教协会追求政治目标。《政党法》第3条规定，禁止基于宗教原则组建政党，以及政党参与宗教活动。

（4）严禁建立企图推翻现政权、破坏社会稳定的政党。《政党法》第3条规定，禁止组建和运作旨在破坏吉尔吉斯共和国宪法秩序，削弱国家主权，破坏国家领土完整，宣扬战争、暴力、极端主义，煽动社会、种族、民族和宗教仇恨与冲突，以及违反吉尔吉斯共和国《宪法》和国际公认法律准则的政党。

（5）不允许外国政党和外国人插手吉尔吉斯共和国的政党活动。《政党法》第16条规定，禁止外国政府、外国政党，以及外国法人和自然人资助吉尔吉斯共和国的政党活动。

（6）对各政党加强管理，实行严格的登记注册制度。各政党依照国家有关法律在国家司法部登记注册。①

2. 主要政党

目前，在吉尔吉斯斯坦司法部正式登记注册并开展活动的政党有254个以上，在第七届议会中拥有席位的政党包括：

（1）故乡党：成立于2006年，现为第七届议会第一大党派，拥有14个议席。议会党团主席为瑟德科夫，该党主要宗旨为通过改革提高国家民主和国家机构透明度来实现自由发展。

（2）信任党：吉尔吉斯斯坦第七届议会第二大党派，于2011年10月10日成立，党派领导人为奥尔莫诺夫，在议会拥有12个议席。

（3）同心党：吉尔吉斯斯坦第七届议会第三大党派，党派领导人为马玛塔利耶夫，在议会拥有9个席位。

（4）联盟党：吉尔吉斯斯坦第七届议会第四大党派，党派领导人为阿卡耶夫，在议会拥有7个席位。

（5）完整吉尔吉斯党：吉尔吉斯斯坦第七届议会第五大党派，于2006年12月1日成立，党派领导人马杜玛罗夫，在议会拥有6个席位。

（6）信仰之光党：吉尔吉斯斯坦第七届议会第六大党派，于2012年6月27日成立，党派领导人卡德尔别科夫，在议会拥有5个席位。②

3. 主要社会团体

（1）吉尔吉斯斯坦人民大会

吉尔吉斯斯坦人民大会是代表构成吉尔吉斯斯坦人民的各民族利益的社会组织。吉尔吉斯斯坦人民大会的最高机关是吉尔吉斯斯坦人民代表大会。吉尔吉斯斯坦人民代表大会每4年召开一次，人民代表大会闭会期间，由吉尔吉斯斯坦人民大会理事会主持工作。吉尔吉斯斯坦人民大会的执行机关是人民大会理事会主席团。③

（2）吉尔吉斯斯坦工会联合会

吉尔吉斯斯坦最早诞生的工会组织是1898年在共和国南部的克孜勒基亚和塔什库梅尔煤矿区建立起来的。创建这个联合会的目的在于集中力量，协调行

---

① 参见《吉尔吉斯斯坦政党与社会团体》，载中国社会科学网，http：//euroasia. cssn. cn/eoybl/eoybl_gggk/gggk_ jejsst/201003/t20100311_ 1846354. shtml，2025年2月25日访问。

② 参见商务部对外投资和经济合作司等编：《对外投资合作国别（地区）指南：吉尔吉斯斯坦》（2024年版），第5页，载商务部“走出去”公共服务平台，http：//fec. mofcom. gov. cn/article/gbdqzn/，2025年2月25日访问。

③ 参见《吉尔吉斯斯坦政党与社会团体》，载中国社会科学网，http：//euroasia. cssn. cn/eoybl/eoybl_gggk/gggk_jejsst/201003/t20100311_1846354. shtml，2025年2月25日访问。

动，以便更有效地捍卫公民的权益，解决共同关心的问题。1998 年 10 月 5 日，吉尔吉斯斯坦通过了《工会法》。该法使吉尔吉斯斯坦工会具有广泛的权利，为工会工作奠定了法律基础。吉尔吉斯斯坦工会联合会理事会是哈萨克斯坦、吉尔吉斯斯坦、塔吉克斯坦、土库曼斯坦、乌兹别克斯坦、阿塞拜疆和土耳其大工会协调委员会的创始者之一。[①]

（3）吉尔吉斯斯坦妇女会议

吉尔吉斯斯坦妇女会议是 1993 年 5 月建立的社会政治组织。苏联解体后，吉尔吉斯斯坦国家的经济体制发生变化，很多女性失去了工作，吉尔吉斯斯坦妇女会议成立的目的就是提升吉尔吉斯斯坦女性在国家独立条件下的作用。经过 30 余年的发展，其成员已超 50 万人，并在全吉各地共开设 58 个分支机构，是吉尔吉斯斯坦目前人数最多、分支机构最多的社会组织。扎米拉·阿克巴吉舍娃是吉尔吉斯斯坦妇女会议的创始人和主席。在“受教育的女性—受教育的国家”口号下，吉尔吉斯斯坦妇女会议与中国开展了多个合作项目，在中国的支持下，为吉尔吉斯斯坦女性成立了缝纫和计算机培训中心等。[②]

（三）地方管理与地方自治

1. 地方行政机关

地方国家行政机关行使州、区、市的行政权。地方国家行政机关依照吉尔吉斯共和国宪法和法律开展活动。地方国家行政机关在其职权范围内通过的决议在有关地区必须执行。

2. 地方自治机关

（1）地方自治形式

地方自治是《宪法》保障的权利，赋予地方社区在其管辖范围内，基于自身利益并自行承担责任，独立解决地方性事务的法定权限。吉尔吉斯共和国的地方自治由地方社区在相应行政区域内实施。地方自治由居民按照法定程序组建的其他机关以及其他形式参与，或通过地方自治机关（如地方议会）实施。[③]

地方自治机关的组织与活动原则由国家法律确立，其与国家权力机关间的权责关系亦由法律予以明确界定。依据法定权限，地方自治机关可占有、利用和支配公共财产。在特定领域，地方自治机关可依法承接部分国家行政职能，

---

① 参见《吉尔吉斯斯坦政党与社会团体》，载中国社会科学网，http：//euroasia. cssn. cn/eoybl/eoybl_gggk/gggk_jejsst/201003/t20100311_1846354. shtml，2025 年 2 月 25 日访问。

② 参见《吉妇女大会主席：“她力量”正在成为吉社会发展的重要推动力》，载丝路新观察全媒体，https：//t. doruo. cn/1Ik7GmEyk，2025 年 4 月 12 日访问。

③ 参见 2021 年《宪法》第 111 条。

国家须同步划拨配套的物质资源、财政支持及其他必要保障。基于上述授权，地方自治机关应就相关职权的履行情况向对应国家机关进行汇报。

根据公民会议、地方会议或者村、镇、市境内的地方自治代表机关的决议，可建立由长老和其他德高望重的公民组成的长老法庭。长老法庭审理经当事人双方协商提交给该法庭审理的财产、家庭纠纷以及由法律规定的其他事务，以达到双方和解并作出公正的、不同国家法律相抵触的决定。对于长老法庭的决定，可通过国家法律规定的程序上诉。

(2) 地方议会职能

地方议会的主要职能：批准地方预算，监督预算执行情况；批准地方社区的社会经济发展和居民社会保障计划；决定地方税收和费用，以及相关优惠政策；解决法律规定的其他地方事务。[①] 除法律规定的情形外，国家机关无权干涉地方自治机关的职权。[②]

(3) 地方议会代表

地方议会的议员由居住在相应行政区域内的公民，按照法律规定的程序、在平等机会的基础上选举产生。[③] 地方议会代表不能因其发表个人看法或因地方会议投票结果而遭受迫害。

(四) 外交关系

1. 外交方针政策

1992 年 3 月，在第 46 届联合国大会上，国际方面承认吉尔吉斯斯坦独立。吉尔吉斯斯坦依据《宪法》《吉尔吉斯共和国国家独立宣言》以及国际法准则制定外交政策，始终遵循联合国原则，奉行大国平衡、全方位务实的外交政策，主要宗旨是和平共处与国际安全。[④] 吉尔吉斯斯坦独立后一直奉行务实多元的外交政策，与世界各国发展外交关系，力求在大国博弈中获取最大利益。1998 年 9 月 16 日，阿卡耶夫总统发表题为《丝绸之路外交》的重要文章，全面阐述吉尔吉斯斯坦关于振兴丝绸之路、开展丝路外交的基本主张。2001 年，吉尔吉斯斯坦已同包括中国、美国、德国、意大利、韩国、土耳其和日本在内的 101 个

---

① 参见《宪法》第 113 条。

② 参见《宪法》第 114 条。

③ 参见《宪法》第 113 条。

④ 参见本书编委会编：《企业对外投资国别（地区）营商环境指南：吉尔吉斯斯坦（2021）》，第 7 页，载中国国际贸易促进委员会网，https://www.ccpit.org/，2025 年 2 月 10 日访问。

国家建立了外交关系。[①] 2021 年 12 月 15 日，吉尔吉斯斯坦总统萨德尔·扎帕罗夫总统于吉尔吉斯斯坦独立 30 周年之际在历史博物馆举行的国家招待会上，明确吉尔吉斯斯坦将继续执行多元的外交政策，提到吉尔吉斯斯坦外交政策的重点是加强与中亚邻国以及战略伙伴俄罗斯、土耳其和中国的全面合作。扎帕罗夫表示，吉尔吉斯斯坦打算发展与西方和东方国家的关系，并特别关注投资、文化、人道主义和旅游伙伴关系。[②]

2. 与中国关系

（1）政治关系

中吉自 1992 年 1 月 5 日建交以来，双方彻底解决历史遗留的边界问题，两国关系积极、健康、稳步向前发展。2013 年，双方建立战略伙伴关系。2018 年，两国关系提升至全面战略伙伴关系。2023 年，双方建立新时代全面战略伙伴关系，决心构建睦邻友好、共享繁荣的中吉命运共同体。5 月，中国—中亚峰会在西安召开，是中国同中亚国家建交 31 年来首次以实体形式举办峰会。[③] 2024 年 2 月 29 日至 3 月 2 日，时任吉尔吉斯斯坦总理阿·扎帕罗夫访问新疆，中共中央政治局委员、新疆维吾尔自治区党委书记马兴瑞在喀什同其会见。5 月 17 日至 20 日，刘国中副总理访吉，同吉总统萨德尔·扎帕罗夫会见会谈。2025 年 2 月 4 日至 7 日，吉总统萨德尔·扎帕罗夫对中国进行国事访问。两国元首就中吉关系、深化全方位和平等合作以及共同关心的国际和地区问题深入交换意见，达成广泛共识。[④]

（2）经贸关系

中国是吉尔吉斯斯坦第一大贸易伙伴。2023 年，中吉贸易额 198 亿美元、同比增长 29%，其中中方出口额 197.2 亿美元、同比增长 29%，进口额 0.8 亿美元、同比增长 2%。

（3）人文合作

中吉两国在教育、文化领域合作良好。双方多次互办“文化日”活动。我国在吉尔吉斯斯坦建立了 4 所孔子学院，下设 21 个孔子课堂。中吉地方交流活

---

① 参见《吉尔吉斯斯坦外交方针政策》，载中国社会科学网，http：//euroasia. cssn. cn/eoybl/eoybl_gggk/gggk_ jejsst/201003/t20100311_ 1846381. shtml，2025 年 2 月 26 日访问。

② 参见吉国参阅：《扎帕罗夫确定吉尔吉斯斯坦的外交政策》，载微信公众号“中亚舆图”，2021 年 12 月 17 日。

③ 参见《中国—中亚峰会成功举行，这样擘画未来发展蓝图》，载微信公众号“央视新闻”，2023 年 5 月 20 日。

④ 参见《中华人民共和国和吉尔吉斯共和国关于深化新时代全面战略伙伴关系的联合声明》，载中华人民共和国中央人民政府，https：//www. gov. cn/yaowen/liebiao/202502/content_7002412. htm，2025 年 2 月 27 日访问。

跃，已建立28对友好省州和城市。①

3. 与亚洲其他国家关系

(1) 与日本关系

日本是吉尔吉斯斯坦在亚洲的重要经贸、技术合作伙伴之一，两国关系稳定发展。2024年9月，吉尔吉斯斯坦能源部部长塔拉伊别克·伊布拉耶夫与MurooSystems公司总裁潘忠新会晤时透露，日本将帮助吉尔吉斯斯坦在琼建明河上建设两座小型水力发电站。双方签署了该项目（总发电量为24—25兆瓦）的投资协议。双方还签署了关于在巴特肯州建设一座发电能力达100兆瓦的光伏太阳能发电站的投资项目实施备忘录。投资方将利用自有资金或信贷资金建设太阳能发电站。日本公司已承诺向小型水力发电厂和太阳能发电厂建设项目投资高达1亿美元。② 2025年3月3日，据比什凯克市政府通报，市长艾别克·朱努沙利耶夫对日本进行工作访问，旨在与全球领先企业在生态可持续技术、创新发展及现代城市规划领域深化合作。③

(2) 与韩国关系

2024年12月3日，时任韩国总统尹锡悦同吉尔吉斯斯坦总统萨德尔·扎帕罗夫在首尔龙山总统府举行会谈。双方就将两国关系升格为“全面伙伴关系”达成共识。两国领导人商定，今后在贸易及投资、开发合作、能源及供应链等诸多领域深化合作。在会谈结束后，两国首脑见证了“贸易投资促进框架协议”（TIPF）等10项合作文件的签订仪式。④

4. 与俄罗斯及独联体国家关系

(1) 与俄罗斯关系

吉尔吉斯斯坦与俄罗斯都曾是苏联的加盟共和国，政治体制与经济发展模式有一定的相似性，再加上吉尔吉斯斯坦在中亚的地理位置，使其成为俄罗斯在中亚关系最密切的伙伴。1992年，吉尔吉斯斯坦与俄罗斯正式建立外交关系，已发展为战略伙伴关系。⑤ 在政治方面，吉尔吉斯斯坦、俄罗斯双方高层会晤与

① 参见《中国同吉尔吉斯斯坦的关系》，载中华人民共和国外交部，https：//www. mfa. gov. cn/web/gjhdq_676201/gj_676203/yz_676205/1206_676548/sbgx_676552/，2025年2月26日访问。

② 参见《日本将帮助吉国建造两座小型水力发电站》，https://mp. weixin. qq. com/s/rQN-nW1M4XkDpnzMVGuIow，2024年9月10访问。

③ 参见《快讯 | 日本企业有意向参与吉尔吉斯斯坦的比什凯克城市规划》，https://mp. weixin. qq. com/s/lStdrZCN4Wfi-RimM7EZXQ，2025年3月6日访问。

④ 参见《尹锡悦同吉尔吉斯斯坦总统扎帕罗夫举行会谈》，https：//mp. weixin. qq. com/s/qeq_yT-GtDEf-W5IuI9TAfQ，2024年12月4日访问。

⑤ 参见本书编委会编：《企业对外投资国别（地区）营商环境指南：吉尔吉斯斯坦（2021）》，第8页，载中国国际贸易促进委员会网，https://www. ccpit. org/，2025年2月10日访问。

互访不断，签署了一系列政府间合作协议。与其他独联体国家相似，吉尔吉斯斯坦通过平行进口的方式向莫斯科提供各类商品，成功削弱了西方国家经济制裁的效力。① 在经济方面，2015 年 5 月吉尔吉斯斯坦正式为由俄罗斯主导的欧亚经济联盟成员国。因此带来的简化劳务移民程序，使吉尔吉斯斯坦劳工在俄享受多项优惠政策，这不仅为跨境劳务流动提供了便利化渠道，也更好保障在俄罗斯的吉尔吉斯斯坦劳工权益。在军事安全方面，双方在独联体集体安全条约组织的框架下加强军事合作，构建多维安全伙伴关系。

（2）与独联体国家关系

中亚五国的文化、宗教、民族、历史传统、经济状况、生活方式和风俗习惯相似，互为近邻。吉尔吉斯斯坦独立前后，与中亚其他四国保持友好关系。2024 年 4 月，吉尔吉斯斯坦总统萨德尔·扎帕罗夫访问哈萨克斯坦。双方讨论了深化吉尔吉斯斯坦与哈萨克斯坦在经贸、水利与能源、交通与边境、文化与人道主义领域合作的问题，并签署了历史性文件《深化和扩大同盟关系条约》，为哈萨克斯坦与吉尔吉斯斯坦关系的发展注入新的动力。②

吉尔吉斯斯坦与俄罗斯、中亚四国保持友好关系的同时，也努力与其他独联体国家加强合作。2024 年 10 月 8 日，独联体国家元首理事会会议在俄罗斯首都莫斯科举行。会议讨论了当前独联体内部加强合作问题，并就地区和国际等问题交换了意见。俄罗斯、阿塞拜疆、亚美尼亚、白俄罗斯、哈萨克斯坦、吉尔吉斯斯坦、塔吉克斯坦、土库曼斯坦、乌兹别克斯坦领导人出席会议。会议还讨论了独联体议会间大会加强一体化合作，以及独联体安全和执法合作等议题。与会领导人通过并签署了 14 份相关文件。③

吉尔吉斯斯坦与乌兹别克斯坦、塔吉克斯坦的边界跨境犯罪比较猖獗，不仅影响了社会稳定，还对国家安全造成冲击。塔吉克斯坦、吉尔吉斯斯坦两国边界线约 970 公里，两国自 2002 年起就划定边界问题展开谈判。2025 年 3 月 31 日，塔吉两国总统当天在苦盏举行双边会谈，双方签署了《关于互换塔吉克斯坦和吉尔吉斯斯坦两国边界协议批准书的议定书》。④ 同日，塔吉克斯坦、吉尔

---

① 参见吉尔吉斯斯坦评论家安瓦尔·阿日耶夫（АнварАжиев）在吉国媒体 VB. KG 上撰写的文章《 КакКыргызстансводитнанетэкономическоедавлениенаРоссию 》, https：//mp. weixin. qq. com/s/4y9Tu8GWhEUwrygxcLYyEQ，2024 年 4 月 2 日访问。

② 参见《吉总统抵达阿斯塔纳进行正式访问》，https：//mp. weixin. qq. com/s/AHCikpVHvwyRLZcSf4NxZQ，2024 年 4 月 19 日访问。

③ 参见《独联体国家元首理事会会议在莫斯科举行》，https：//www. chinanews. com. cn/gj/2024/10-09/10298395. shtml，2024 年 10 月 9 日访问。

④ 参见《塔、吉两国总统签署互换国家边界协议批准书的议定书》，https：//mp. weixin. qq. com/s/BqT5XMm1YPVFzF6s0kng4A，2024 年 10 月 14 日访问。

吉斯斯坦和乌兹别克斯坦三国总统签署关于三国国界交界点的条约。扎帕罗夫表示，地区一体化正在持续积极推进，在各领域加强合作将成为中亚实现可持续发展与繁荣的关键保障。①

5. 与欧洲其他国家关系

（1）与欧盟关系

中亚战略位置重要，是欧亚大陆的十字路口。自中亚各国独立以来，欧盟就积极与它们建立双边伙伴关系。2025 年 4 月 3 日至 4 日，首届欧盟—中亚峰会在乌兹别克斯坦的撒马尔罕市盛大举行，中亚五国总统均出席了会议。在经济合作领域，双方打算加强贸易和投资往来，特别是在欧盟“全球门户”战略的框架下展开相关合作；在交通运输和基础设施领域，重点是推动跨里海运输路线的发展；在能源和生态领域，欧盟基于“欧洲团队”倡议，提出了全新的投资计划；双方共同签署了《建立战略伙伴关系联合宣言》。欧洲投资银行（EIB）与吉尔吉斯斯坦、塔吉克斯坦和乌兹别克斯坦的合作伙伴签署了四项谅解备忘录，全力支持欧盟全球门户的优先事项。②

（2）与英国关系

2024 年，英国大使馆向媒体透露，英国政府将通过世界上历史最悠久的出口信贷机构——英国出口金融公司（UKEF）拨款 18 亿英镑，以具有竞争力的利率资助吉尔吉斯斯坦的项目。英国驻吉尔吉斯斯坦大使尼古拉斯·鲍勒表示可以与吉尔吉斯斯坦在许多领域开展合作，英国公司可以为吉尔吉斯斯坦带来尖端技术，使所有参与方更容易获得资金，降低风险，以进一步改变两国之间的贸易现状。③

6. 与美洲国家关系

（1）与美国关系

吉尔吉斯斯坦的地理位置使其成为美国在中亚战略的主要目标。吉尔吉斯斯坦独立后，须借助同美国的友好关系获得外部支持，因此将美国视为外交重点国家之一。1991 年 12 月，吉尔吉斯斯坦与美国正式建交。④ 2020 年 2 月 3 日，

---

① 参见申杨、李奥：《外交部：祝贺吉、塔、乌签署三国国界交汇点条约》，https://mp.weixin.qq.com/s/ein8REE3ihO2Oy9hy1CfAQ，2025 年 4 月 1 日访问。

② 参见 Dilfuza Turaeva：《欧盟—中亚峰会深度剖析开篇：欧盟与中亚关系发展历程回顾》，载微信公众号“壹译客智库服务中心”，2025 年 4 月 10 日。

③ 参见《英国为吉尔吉斯斯坦项目拨款 18 亿英镑》，https://mp.weixin.qq.com/s/e-9-zT5Ms4u87jGdUli0XA，2024 年 12 月 12 日访问。

④ 参见本书编委会编：《企业对外投资国别（地区）营商环境指南：吉尔吉斯斯坦（2021）》，第 8 页，载中国国际贸易促进委员会网，https://www.ccpit.org/，2025 年 2 月 10 日访问。

时任美国国务卿蓬佩奥访问乌兹别克斯坦并在塔什干与中亚五国外长举行“C5+1”机制会谈，与会各方就地区热点问题特别是阿富汗局势交换意见。美国国务卿与中亚五国外长在涉及区域发展的有关领域，包括经济、能源、运输、生态和安全等方面，一直展开切实互动。① 2023年9月19日，时任美国总统拜登与中亚五国领导人在联合国大会期间举行会谈，首次将美国与中亚五国自2015年建立的“C5+1”对话机制提升到元首层级，并提出支持和扩大美国—中亚伙伴关系。②

（2）与加拿大关系

吉尔吉斯斯坦和加拿大关系在经济、技术合作方面发展较快。2025年1月，在加拿大方面倡议下，吉尔吉斯共和国外交部领事司司长塞泰克·朱玛卡德尔·乌鲁与驻阿斯塔纳的加拿大驻吉尔吉斯共和国大使馆领事尼古拉斯·艾蒙举行了会晤。双方在会议中讨论了双边在领事领域合作的一系列热点问题，特别关注保护两国公民的权利和利益，并规划了进一步加强合作的计划。会后，双方确认了扩大互动的意愿，并表示将继续发展合作，以保障吉尔吉斯斯坦和加拿大公民的利益。③

7. 与国际组织关系

独立后不久，吉尔吉斯斯坦就加入了诸如联合国以及世界银行、国际货币基金组织等30多个国际机构。

（1）与联合国关系

1992年3月2日，在第46届联合国大会上吉尔吉斯斯坦被接纳为该组织的成员国。2025年1月，吉尔吉斯斯坦内阁总理阿德尔别克·卡西马利耶夫与联合国驻吉尔吉斯共和国驻地协调员安特耶·格拉维举行会晤。双方总结了吉尔吉斯斯坦与联合国在2024年的合作成果，并展望了未来合作前景。吉尔吉斯斯坦高度重视实现联合国可持续发展目标（SDGs），并将这些目标纳入国家发展计划。④

（2）与上海合作组织关系

2001年6月15日，吉尔吉斯斯坦与中国、俄罗斯、哈萨克斯坦、塔吉克斯

---

① 参见本书编委会编：《企业对外投资国别（地区）营商环境指南：吉尔吉斯斯坦（2020）》，第12页，载中国国际贸易促进委员会网，https://www.ccpit.org/，2025年2月10日访问。

② 参见《赵隆在澎湃新闻撰文，谈美国—中亚五国（C5+1）元首峰会的意义和潜在影响》，https://mp.weixin.qq.com/s/o2-poKmEq2ub1lYlIhJ4uA，2023年10月11日访问。

③ 参见《吉尔吉斯斯坦与加拿大讨论领事问题》，载吉尔吉斯斯坦国家通讯社网，https://t.doruo.cn/1Hja3hvR6，2025年2月28日访问。

④ 参见《联合国将继续支持吉尔吉斯斯坦的倡议》，https://mp.weixin.qq.com/s/l42Xj56U2tg6YCNKMkN38A，2025年4月12日访问。

坦和乌兹别克斯坦在上海签署了《上海合作组织成立宣言》，成为该组织的一员。吉尔吉斯斯坦作为上海合作组织的创始成员国之一，积极支持该组织的发展。吉尔吉斯斯坦在上海合作组织框架内积极同中国等成员国加强在安全领域合作。2001 年，上海合作组织成员国共同签署了《打击恐怖主义、分裂主义和极端主义上海公约》。通过参与上海合作组织框架内的密切协作，吉尔吉斯斯坦在打击恐怖主义、分裂主义和极端主义方面取得了重要成就。①

（3）与世界贸易组织关系

1998 年 10 月 14 日，世贸组织接纳吉尔吉斯斯坦为新成员国。吉尔吉斯斯坦政府代表奥穆拉利耶夫在世贸组织作出这一决定的当天在日内瓦签署了加入世贸组织的条约。同年 11 月 6 日，吉尔吉斯斯坦议会批准了这一条约。该条约于 1998 年 12 月 20 日生效。自加入世贸组织以来，吉尔吉斯斯坦的外贸重点已由独联体市场转向世贸组织成员国市场。②

2025 年，吉尔吉斯斯坦将担任集体安全条约组织（CSTO）、上海合作组织（SCO）和突厥国家组织（OIC）的轮值主席国。同时，吉尔吉斯斯坦外交部部长 JeenbekKulubaev 在关于新年规划的新闻发布会上还表示外交部正在努力推动吉尔吉斯斯坦成为 2027—2028 年联合国安理会非常任理事国的候选国。③

四、社会文化

（一）民族与宗教

吉尔吉斯斯坦是一个多民族国家，全国有 84 个民族。其中，吉尔吉斯族占 73.3%，乌兹别克族占 14.7%，俄罗斯族占 5.6%，东干族占 1.1%，维吾尔族占 0.9%，塔吉克族占 0.9%，土耳其族占 0.7%，哈萨克族占 0.6%，其他为鞑靼、阿塞拜疆、朝鲜、乌克兰等民族。在吉尔吉斯斯坦的华人多从事商贸活动，收入普遍高于当地平均水平。④

吉尔吉斯斯坦 80%以上居民信仰伊斯兰教，多数属逊尼派；部分居民信仰

---

① 参见《上海合作组织的国际影响力不断提升 | 国际论坛》，https：//mp. weixin. qq. com/s/nnZiBeidD4dRDCl5tCIGqw，2024 年 7 月 11 日访问。

② 参见《吉尔吉斯斯坦与国际组织关系》，http：//euroasia. cssn. cn/eoybl/eoybl_gggk/gggk_jejsst/201003/t20100311_1846386. shtml，2025 年 3 月 1 日访问。

③ 参见《2025 年，吉尔吉斯斯坦将担任三个重要组织的轮值主席国》，https：//mp. weixin. qq. com/s/rxmhdDoQVNisIfYjbNZiDg，2025 年 1 月 3 日访问。

④ 参见商务部对外投资和经济合作司等编：《对外投资合作国别（地区）指南：吉尔吉斯斯坦》（2024 年版），第 6 页，载商务部“走出去”公共服务平台，http：//fec. mofcom. gov. cn/article/gbdqzn/，2025 年 2 月 25 日访问。

东正教和天主教。①

（二）语言与文字

国语为吉尔吉斯语。2001 年 12 月，吉尔吉斯斯坦总统签署修宪法令，确定俄语为国家官方语言。居民大多掌握吉、俄双语，英语普及率不高。②

（三）习俗与节假日

1. 习俗

吉尔吉斯人的饮食中多半是牛奶和肉类。忌食猪、狗、驴、骡、蛇肉以及猛禽肉和自死畜肉。在宗教气氛比较浓厚的地区，即使可食的马、牛、羊肉也必须是信仰伊斯兰教者宰杀的才可食用。③

2. 节假日

新年：1 月 1 日；白毡帽节：3 月 5 日；国际劳动妇女节：3 月 8 日；人民革命日：3 月 24 日；国际劳动节：5 月 1 日；国家宪法日：5 月 5 日；反法西斯战争胜利日：5 月 9 日；建军节：5 月 29 日；独立日（国庆节）：8 月 31 日；历史和祖先纪念日：11 月 7 日。

主要宗教节日有纳乌鲁斯节（穆斯林春节，每年公历 3 月 21 日）、开斋节、古尔邦节（也称宰牲节），以及东正教的圣诞节和复活节等。工作日每周五天，周六、周日休息。④

（四）科教与医疗

1. 科教

吉尔吉斯斯坦当地科技水平较低，自主研发能力较弱。其基本保留了苏联

---

① 参见商务部对外投资和经济合作司等编：《对外投资合作国别（地区）指南：吉尔吉斯斯坦》（2024 年版），第 7 页，载商务部“走出去”公共服务平台，http://fec.mofcom.gov.cn/article/gbdqzn/，2025 年 2 月 25 日访问。

② 参见商务部对外投资和经济合作司等编：《对外投资合作国别（地区）指南：吉尔吉斯斯坦》（2024 年版），第 6 页，载商务部“走出去”公共服务平台，http://fec.mofcom.gov.cn/article/gbdqzn/，2025 年 2 月 25 日访问。

③ 参见商务部对外投资和经济合作司等编：《对外投资合作国别（地区）指南：吉尔吉斯斯坦》（2024 年版），第 7 页，载商务部“走出去”公共服务平台，http://fec.mofcom.gov.cn/article/gbdqzn/，2025 年 2 月 25 日访问。

④ 参见商务部对外投资和经济合作司等编：《对外投资合作国别（地区）指南：吉尔吉斯斯坦》（2024 年版），第 9 页，载商务部“走出去”公共服务平台，http://fec.mofcom.gov.cn/article/gbdqzn/，2025 年 2 月 25 日访问。

时期的教育方式和教育体系，分为初级教育和高等教育，其中初级教育（相当于中国小学至高中毕业）实行义务教育；高等教育即大学教育，根据考试择优录取20%左右，实行义务教育，其余则实行商业化教育。[①] 2025 年 3 月，内阁批准了吉尔吉斯斯坦的国家普通教育标准，过渡至 12 年学制。其中，初等普通教育为 1—6 年级，基础普通教育为 7—9 年级，中等普通教育为 10—12 年级。[②]

截至 2023/24 教学年度，全国共有各类中小学校 2377 所，中小学在校生共计约 141. 8 万人，教师约 9. 4 万人；各类中等专业学校 135 所，在校生约 12. 1 万人，教师 8600 人；高等院校 58 所，在校生约 22. 3 万人，教师 1. 2 万人。著名高校有吉尔吉斯斯坦国立民族大学、比什凯克人文大学、美国—中亚大学、吉尔吉斯—俄罗斯斯拉夫大学、吉尔吉斯—土耳其玛纳斯大学、奥什国立民族大学等。[③]

2. 医疗

独立后，吉尔吉斯斯坦医疗体系基本沿袭了苏联模式。近年来吉尔吉斯斯坦私人诊所发展较快，设备较新。截至 2023 年底，境内有 193 家医院，总床位数量为 2. 64 万个，每千人口病床数 3. 7 个，境内医生总人数为 1. 35 万人，中级护理人员 3. 36 万人。2022 年，吉尔吉斯斯坦国家财政预算用于医疗卫生的支出为 318. 5 亿索姆（约合 3. 6 亿美元），在当年 GDP 中占比 2. 6%。[④] 2024 年，人均预期寿命为 72. 1 岁。[⑤]

主要流行性疾病包括：呼吸道感染、腮腺炎、病毒性肝炎及疥疮、布鲁氏杆菌病、沙门氏菌病等。2023 年，吉尔吉斯斯坦共发现传染性疾病和寄生虫病 8 万起。[⑥]

---

① 参见商务部对外投资和经济合作司等编：《对外投资合作国别（地区）指南：吉尔吉斯斯坦》（2024 年版），第 7 页，载商务部“走出去”公共服务平台，http://fec. mofcom. gov. cn/article/gbdqzn/，2025 年 2 月 25 日访问。

② 参见《过渡到 12 年制学校。新的国家标准已获得批准》，https：//24. kg/obschestvo/322849_perehod_na12-letku_utverjden_novyiy_gosudarstvennyiy_standart/，2025 年 3 月 1 日访问。

③ 参见商务部对外投资和经济合作司等编：《对外投资合作国别（地区）指南：吉尔吉斯斯坦》（2024 年版），第 7 页，载商务部“走出去”公共服务平台，http://fec. mofcom. gov. cn/article/gbdqzn/，2025 年 2 月 25 日访问。

④ 参见商务部对外投资和经济合作司等编：《对外投资合作国别（地区）指南：吉尔吉斯斯坦》（2024 年版），第 8 页，载商务部“走出去”公共服务平台，http://fec. mofcom. gov. cn/article/gbdqzn/，2025 年 2 月 25 日访问。

⑤ 参见《在过去的 10 年里，吉尔吉斯斯坦人的寿命开始延长两岁》，https：//24. kg/obschestvo/318549_zaposlednie_10let_kyirgyizstantsyi_stali_jit_nadva_goda_dolshe/，2025 年 3 月 1 日访问。

⑥ 参见商务部对外投资和经济合作司等编：《对外投资合作国别（地区）指南：吉尔吉斯斯坦》（2024 年版），第 8 页，载商务部“走出去”公共服务平台，http://fec. mofcom. gov. cn/article/gbdqzn/，2025 年 2 月 25 日访问。

（五）主要媒体

吉尔吉斯斯坦主要报刊有：《吉尔吉斯斯坦言论报》《比什凯克晚报》《吉尔吉斯旗帜报》《楚河消息报》《我的首都—新闻报》《比什凯克晨报》《法制报》《共和国报》《阿萨巴报》等。

1. 通讯社

主要通讯社是卡巴尔国家通讯社，创建于 1937 年，约有 90 多名工作人员，其中专职记者 40 多名。私营通讯社有 AKIpress 通讯社、24 小时通讯社和吉尔吉斯新闻通讯社等。

2. 广播电台

吉尔吉斯斯坦国家广播电台于 1931 年建立，用 7 种语言（吉尔吉斯语、俄语、英语、东干语、德语、乌兹别克语和维吾尔语）广播，每天播音时间为 18 小时。

3. 电视台

吉尔吉斯斯坦国家电视台于 1958 年建立，节目用吉尔吉斯语、俄语和英语播出，每天播出时间为 18 小时。此外，还有 HTC、阿拉套 24、“金字塔”“第五频道”等几家私营电视台。

4. 社交媒体

吉尔吉斯斯坦受欢迎的社交媒体主要包括 YouTube、Instagram、Telegram、VKontakte 和 TikTok。①

（六）社会治安

吉尔吉斯斯坦境内无反政府武装组织，本地居民可合法持有枪支。据吉尔吉斯斯坦国家统计委员会公布数据显示，2023 年，境内共发生 4.2 万起犯罪案件，同比下降 7%；特别严重犯罪 4968 起，同比增长 10.5%。近年来，吉尔吉斯斯坦要案和特大刑事案件仍保持高位，敲诈与抢劫案件时有发生，需引起在吉中资企业高度注意。中国驻吉尔吉斯斯坦大使馆提醒在吉中国公民和机构要保持高度警惕，加强必要安全防范和应急准备。随身携带并保管好个人有效证件（在有效期内的护照、签证、居留及劳动许可证等）以备警察检查，并勿随身携带大量现金，防止遭到抢劫或偷窃。如遇紧急情况，请及时报警并与中国

① 参见《中亚五国常用的社媒工具有哪些》，https：//mp.weixin.qq.com/s/NK5_mYdB 2gqLFc8EU8sVcg，2024 年 12 月 29 日访问。

驻吉使馆联系。①

吉尔吉斯斯坦报警电话：102；

吉尔吉斯斯坦急救电话：103；

中国驻吉尔吉斯斯坦大使馆领保协助电话：00996-555581664；

外交部全球领事保护与服务应急呼叫中心电话：0086-10-12308 或 0086-10-59913991。

五、经济概况

（一）宏观经济

1. 经济增长率

2019—2023 年，除 2020 年有所下降外，整体呈上升趋势。（见表 1—1）2024 年 1—12 月，吉尔吉斯斯坦 GDP 总量超 1.5 万亿索姆（约合 172.4 亿美元，参考汇率：1 美元=87 索姆），同比增长 9%。建筑业、批发零售业和农业分别增长 18%、18.5%和 6.3%。② 截至 2025 年 1 月底，吉尔吉斯斯坦经济继续保持较快增长。根据欧亚发展银行（EDB）数据，其国内生产总值增速达两位数——10.6%。欧亚发展银行分析师指出，该国经济增长的主要动力是高消费需求。1 月，吉国内贸易额增长 39%。服务业（不包括贸易）增长 23%，制造业增长 13%。专家认为，吉尔吉斯斯坦经济发展主要指标全年将保持积极态势，预计 2025 年该国经济增长率为 8.7%。③

表 1—1　2019—2023 年吉尔吉斯斯坦宏观经济指标④

年份（年）	GDP（亿美元）	GDP 增长率（%）	人均 GDP（美元）
2019	84.55	4.5	1300
2020	77.35	-8.6	1167

① 参见商务部对外投资和经济合作司等编：《对外投资合作国别（地区）指南：吉尔吉斯斯坦》（2024 年版），第 9 页，载商务部“走出去”公共服务平台，http://fec.mofcom.gov.cn/article/gbdqzn/，2025 年 2 月 25 日访问。

② 参见《2024 吉尔吉斯斯坦经济数据统计》，https://t.doruo.cn/1HiPEIxnG，2025 年 3 月 1 日访问。

③ 参见吉尔吉斯斯坦新观察：《吉尔吉斯斯坦经济继续保持较快增长》，https://t.doruo.cn/1HiVY9nkE，2025 年 2 月 17 日访问。

④ 参见商务部对外投资和经济合作司等编：《对外投资合作国别（地区）指南：吉尔吉斯斯坦》（2024 年版），第 10 页，载商务部“走出去”公共服务平台，http://fec.mofcom.gov.cn/article/gbdqzn/，2025 年 2 月 25 日访问。

（续表）

年份（年）	GDP（亿美元）	GDP 增长率（%）	人均 GDP（美元）
2021	85.44	3.6	1266
2022	109.3	7.0	1607
2023	139.9	6.2	1915

资料来源：吉尔吉斯斯坦国家统计委员会。

注：按可比价格计算。

在 GDP 结构中，服务业占比最大，达到 52.14%，比 2023 年增加了 0.8%。工业份额增长了 0.2%，建筑业增长了 1%。农业份额下降了 0.9%。[①]（如图 1—1）

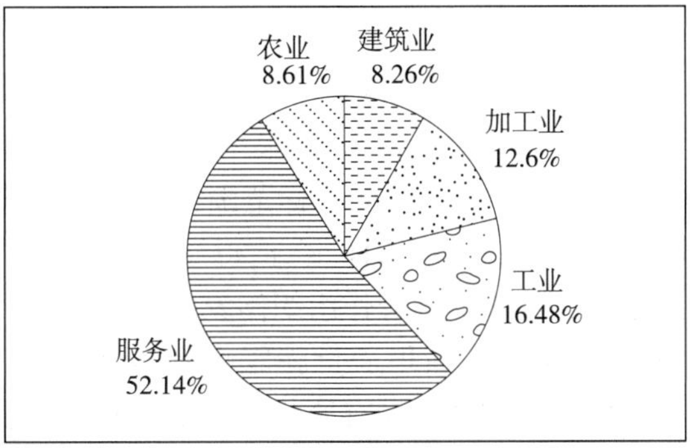

图 1—1 2024 吉尔吉斯斯坦 GDP 结构

2. 财政收支

2023 年，吉尔吉斯斯坦财政收入约 44.6 亿美元，支出约 43.2 亿美元，盈余 1.4 亿美元。[②] 2024 年，预算盈余达到 370 亿。在国家元首萨德尔·扎帕罗夫和他的团队的努力下，取得了以下成果：[③]

① 参见《服务、生产和税收如何影响 2024 年该国的经济》，https：//24. kg/ekonomika/316879_uslugi_proizvodstvo_inalogi_kak_oni_povliyali_naekonomiku_stranyi_v2024_godu/，2025 年 3 月 1 日访问。

② 参见商务部对外投资和经济合作司等编：《对外投资合作国别（地区）指南：吉尔吉斯斯坦》（2024 年版），第 11 页，载商务部“走出去”公共服务平台，http：//fec. mofcom. gov. cn/article/gbdqzn/，2025 年 2 月 25 日访问。

③ 参见《2024 年预算盈余达 370 亿——总统府》，https：//24. kg/ekonomika/317059_profitsit_byudjeta_v2024_godu_sostavil_37milliardov_administratsiya_prezidenta/，2025 年 3 月 1 日访问。

表 1—2 2024 年预算执行结果

项目	实际金额（十亿索姆）	计划金额（十亿索姆）	执行率
合并预算	686.9	602.1	—
政府预算收入	463.8	450.9	102.9%
税务部门收入	228.3	223.9	102%
海关部门收入	123	121	101.7%
非税收收入	100.6	92.8	108.4%
政府预算支出	426.4	—	—
利润	37.3	—	—

数据来源：吉尔吉斯共和国总统行政办公室。

3. 通货膨胀率

截至 2023 年底，吉尔吉斯斯坦通胀率 7.3%，较上年同期下降 7.4 个百分点。[①] 近年来，吉尔吉斯斯坦的通货膨胀率已从 2022 年的 14.7%下降到 2024 年底的 6.2%。这符合 5%—7%的目标范围，是可持续经济发展、创造有利商业环境和提高生活水平的重要条件。[②] 值得注意的是，吉尔吉斯斯坦的通货膨胀率仍然是该地区和欧亚经济合作组织国家中最低的之一。[③] 欧亚开发银行预测到 2025 年底，吉尔吉斯斯坦通货膨胀率将达到 5%。[④] 2024 年 12 月，吉尔吉斯斯坦消费者信心指数几乎没有变化，仅下降 0.1 点至 138.5 点。[⑤]

4. 中小企业数量

2024 年，共有 18100 家中小企业注册，比 2023 年（15100 人）增加了 20%。吉尔吉斯斯坦境内实际运营的中小型企业数量以首都比什凯克市最多，达到 11921 家。其次是楚河州（1974）、奥什州（1243）、贾拉拉巴德

① 参见商务部对外投资和经济合作司等编：《对外投资合作国别（地区）指南：吉尔吉斯斯坦》（2024 年版），第 11 页，载商务部“走出去”公共服务平台，http://fec.mofcom.gov.cn/article/gbdqzn/，2025 年 2 月 25 日访问。

② 参见《通货膨胀、稳定的汇率和银行监管 | 国家银行还讲述了什么》，https://24.kg/ekonomika/315676_inflyatsiya_stabilnyiy_kurs_ibankovskiy_nadzor_ochem_esche_rasskazali_vnatsbanke/，2024 年 3 月 1 日访问。

③ 参见《国家银行总结了 2024 年的结果 | 八大基本事实和记录》，https://24.kg/ekonomika/320990_natsionalnyiy_bank_podvel_itogi_2024goda_vosem_osnovnyih_faktov_irekordov/，2025 年 3 月 1 日访问。

④ 参见《吉尔吉斯斯坦经济将在 2025 年增长 8.7%——EDB 预测》，https://24.kg/ekonomika/322688_na87_protsenta_vyirastet_ekonomika_kyirgyizstana_v2025_godu_prognoz_eabr/，2025 年 3 月 1 日访问。

⑤ 参见《吉尔吉斯斯坦的通货膨胀和消费者信心 | 2024 年的变化》，https://24.kg/ekonomika/317415_inflyatsiya_inastroeniya_potrebiteley_vkyirgyizstane_chto_izmenilos_v2024_godu/，2025 年 3 月 1 日访问。

(860)、奥什州（625)、伊塞克湖州（535)、巴特肯州（376)、塔拉斯州(356) 和纳伦州（249)。[①]

5. 失业率

截至2024年1月1日，吉尔吉斯斯坦全国登记失业率为4.9%，在就业部门登记的失业人口总数为6.8万人。欧亚经济联盟（EAEU）的失业人数下降了18.1%。其中，吉尔吉斯斯坦的失业率降幅更为显著，达23.3%。截至11月底，该国在就业服务机构登记的失业公民人数为7.47万。[②] 根据国际劳工组织（ILO）发布的全球187个国家的失业率评级，在中亚国家中，吉尔吉斯斯坦的失业率最低，为3.3%。[③]

6. 最低生活水平

2024年吉尔吉斯斯坦人均最低生活水平为7963.72索姆/月，增长率为103.7%。根据规定，劳动年龄人口的最低生活费为每月8906.51索姆，退休年龄人口的最低生活费为每月7063.85索姆。儿童的最低生活费为每月6768.77索姆。其中，贾拉拉巴德州的最低生活保障标准最高，达8200索姆/月，而伊塞克湖州的最低生活保障标准最低，为7500索姆/月。[④] 具体可见下表。

表1—3　近五年按社会人口群体划分的最低生活保障标准

年份（年）	最低生活保障标准（索姆/月）
2020	5358.53
2021	6268.31
2022	7178.32
2023	7681.54
2024	7963.72

数据来源：吉尔吉斯共和国国家统计委员会。

---

① 参见《吉尔吉斯斯坦的中小企业数量增加了20%》，https://24.kg/ekonomika/320365_kolichestvo_malyih_isrednih_predpriyatiy_uvelichilos_na20protsentov_vkyirgyizstane/，2025年3月1日访问。

② 参见《吉尔吉斯斯坦的失业人数正在减少—EEC》，https://24.kg/obschestvo/318098_vkyirgyizstane_sokraschaetsya_chislennost_bezrabotnyih_eek/，2025年3月1日访问。

③ 参见《国际劳工组织：吉尔吉斯斯坦的中亚失业率最低》，https://24.kg/obschestvo/313639_mot_vtsentralnoy_azii_samyiy_nizkiy_uroven_bezrabotitsyi_vkyirgyizstane/，2024年3月1日访问。

④ 参见《吉尔吉斯斯坦国家统计委员会公布了吉尔吉斯斯坦的最低生活水平》，https://24.kg/ekonomika/317552_natsstatkom_ozvuchil_uroven_projitochnogo_minimuma_vkyirgyizstane/，2025年3月1日访问。

7. 社会消费品零售总额

2024 年 1—12 月，吉尔吉斯斯坦消费价格和费率增长 6.3%。其中，酒精饮料和烟草制品增长 11.4%；非食品产品增长 5.1%；食品和非酒精饮料增长 5.4%；为居民提供服务价格增长 8.1%。① 2025 年 1 月至 2 月，吉尔吉斯斯坦的消费者价格指数较 2024 年 12 月上涨了 1.6%。其中，食品和非酒精饮料的价格同比上涨 3.2%，是物价上涨的主要因素。酒精饮料和烟草制品的价格上涨了 1.7%。居民生活服务费用上涨了 0.8%。值得注意的是，非食品产品的价格下降了 0.6%。②

2023 年，吉尔吉斯斯坦服务业销售总额为 1.33 万亿索姆（约合 151.2 亿美元）。其中，商品零售批发及汽车维修服务销售额为 128.7 亿索姆（约合 146 亿美元），同比增长 28.6%；宾馆和餐饮服务销售额为 412 亿索姆（约合 4.7 亿美元），同比增长 38%。③

8. 债务

据吉尔吉斯斯坦财政部发布数据，截至 2024 年 11 月 30 日，国家债务余额 65.5 亿美元，占当年 GDP 的 37.3%。其中，内债 20.7 亿美元，占 GDP 的 11.8%；外债 44.8 亿美元，占 GDP 的 25.5%。统计期内，内债方面，短期债券 2642 万美元，长期债券 20.4 亿美元。外债方面，双边优惠贷款 20.2 亿美元，其中中国进出口银行贷款 16.5 亿美元，日本国际协力机构 1.4 亿美元；双边非优惠贷款 471 万美元；多边优惠贷款 24 亿美元，其中世界银行国际开发协会 7.3 亿美元，亚洲开发银行 7.2 亿美元，国际货币基金组织 3.4 亿美元，欧亚开发银行 2.6 亿美元；多边非优惠贷款 5634 万美元。④

9. 主权信用评级

2025 年，俄罗斯分析信用评级机构（ACRA）已将吉尔吉斯斯坦的国际

---

① 参见《2024 吉尔吉斯斯坦经济数据统计》，载中华人民共和国驻吉尔吉斯共和国大使馆经济商务处网，https：//kg. mofcom. gov. cn/jmxw/art/2025/art_d28444bd9eee46aa92f877cdb88b7b8d. html，2025 年 3 月 1 日访问。

② 参见《吉尔吉斯斯坦的价格。食品越来越贵，非食品产品越来越便宜》，https：//24. kg/ekonomika/322687_tsenyi_vkyirgyizstane_produktyi_dorojayut_neprodovolstvennyie_tovaryi_desheveyut/，2025 年 3 月 1 日访问。

③ 参见商务部对外投资和经济合作司等编：《对外投资合作国别（地区）指南：吉尔吉斯斯坦》（2024 年版），第 11 页，载商务部“走出去”公共服务平台，http：//fec. mofcom. gov. cn/article/gbdqzn/，2025 年 2 月 25 日访问。

④ 参见《截至 2024 年 11 月底吉国家债务余额 65.5 亿美元》，https：//kg. mofcom. gov. cn/jmxw/art/2025/art_6191d263d2824697a055f44792c75efa. html，2025 年 3 月 2 日访问。

长期信用评级（以外币和本国货币计算）上调至“B+”。[①] 2024 年 5 月，国际信用评级机构穆迪维持吉长期本外币发行人评级为“B3”，将吉尔吉斯斯坦主权评级展望由负面调整为稳定。[②]

10. 国际储备

截至 2024 年 12 月 31 日，吉尔吉斯斯坦国际储备总额为 50. 14 亿美元，相比于 2023 年的 32. 4 亿美元有所增加，创历史新高。其中，黄金储备 31. 98 亿美元，占比 63. 8%。据世界黄金协会 2024 年 12 月统计数据，吉尔吉斯斯坦国家黄金储备 38. 13 吨。[③]

（二）行政区划与人口分布

1. 行政区划

吉尔吉斯斯坦全国划分为 7 州 2 市：比什凯克市、奥什市及楚河州、塔拉斯州、伊塞克湖州、奥什州、贾拉拉巴德州、纳伦州、巴特肯州。州、市下设区，区行政公署为基层政府机构。比什凯克和奥什为吉尔吉斯斯坦主要经济中心城市。

比什凯克市（Bishkek，Бишкек）是吉尔吉斯斯坦首都，全国政治、经济、文化、科学中心，主要的交通枢纽。面积 130 平方公里，人口约 116. 5 万。1 月平均气温-4. 7℃，7 月平均气温 24. 5℃。比什凯克市还是中亚地区重要的工业城市，电力、机械、仪器、电器制造是其主要的工业部门。

奥什市（Osh，Ош）是吉尔吉斯斯坦第二大城市，人口 36. 7 万。1 月平均气温-2℃，7 月平均气温 28℃。位于南部的费尔干纳盆地，常常被称作“南方之都”。该城市拥有至少 3000 年的历史，苏联时期开始成为奥什州的行政中心。[④]

2024 年，楚河州成功吸引 440 亿索姆的投资。该州年内新开设了 22 家大型工业企业，如卡拉巴尔塔市纺织品工厂、伊塞克-阿塔区和克明区水泥厂以

---

① 参见《吉尔吉斯斯坦长期信用评级上调至 B+》，https：//24. kg/ekonomika/316833_dolgosrochnyiy_kreditnyiy_reyting_kyirgyizstana_povyishen_dourovnyav/，2025 年 3 月 2 日访问。

② 参见商务部对外投资和经济合作司等编：《对外投资合作国别（地区）指南：吉尔吉斯斯坦》（2024 年版），第 11 页，载商务部“走出去”公共服务平台，http://fec. mofcom. gov. cn/article/gbdqzn/，2025 年 2 月 25 日访问。

③ 参见《截至 2024 年底吉国际黄金储备量超 38 吨》，https：//kg. mofcom. gov. cn/jmxw/art/2025/art_dd9997cabb9943a28214a38dec115ce7. html，2025 年 2 月 12 日访问。

④ 参见商务部对外投资和经济合作司等编：《对外投资合作国别（地区）指南：吉尔吉斯斯坦》（2024 年版），第 4 页，载商务部“走出去”公共服务平台，http://fec. mofcom. gov. cn/article/gbdqzn/，2025 年 2 月 25 日访问。

及莫斯科区汽车制造厂，创造了超过6700个就业岗位。相比之下，2023年全州新增就业岗位仅略超3000个。此外，电商平台“柠檬购物”电商平台的正式上线。该平台帮助农民及其他生产商将产品销往吉尔吉斯斯坦国内外市场，成为区域经济数字化转型的重要成果。①

2. 人口分布

根据吉尔吉斯斯坦国家统计委员会数据，截至2024年1月1日，吉尔吉斯斯坦常住人口登记数量716.2万人，人口主要集中在奥什州（149万）、贾拉拉巴德州（133.6万）、比什凯克市（116.5万）和楚河州（108.7万）。其中，劳动力人口约271.3万人，占总人口约37.9%。在吉华人华侨约15万人，主要分布在比什凯克市、楚河州、奥什市、贾拉拉巴德州等地。② 截至2025年1月，吉尔吉斯斯坦常住人口为703万人。在过去的一年里，该国的人口增加了108709人。2024年人口自然增长率最高的地区为巴特肯州、奥什州和贾拉拉巴德州，而增长率最低的为比什凯克市和伊塞克湖州。③

在吉华人华侨约15万人，主要分布在比什凯克市、楚河州、奥什市、贾拉拉巴德州等地。

（三）基础设施

1. 陆运

吉尔吉斯斯坦是典型的内陆国家，没有出海口。该国最重要的运输方式是公路运输。公路总里程约3.42万公里，其中国家级、州级道路1.9万公里，其余1.52万公里为城镇、乡村及各类企业用路，境内无高速公路。公路与中国、哈萨克斯坦、乌兹别克斯坦、塔吉克斯坦等邻国联通。2023年，吉尔吉斯斯坦公路货物运输量4129.2万吨，占全国货运总量的80%以上，同比增长15%。④ 持中国驾照者需在当地换领吉驾照方可上路驾驶，吉尔吉斯斯坦车辆右侧通行。

---

① 参见《2024年，楚河州吸引了440亿索姆的投资》，https://24.kg/ekonomika/316004_v2024_godu_vchuyskuyu_oblast_privlekli_44milliarda_somov_investitsiy/，2025年3月2日访问。

② 参见商务部对外投资和经济合作司等编：《对外投资合作国别（地区）指南：吉尔吉斯斯坦》（2024年版），第4页，载商务部“走出去”公共服务平台，http://fec.mofcom.gov.cn/article/gbdqzn/，2025年2月25日访问。

③ 参见《吉尔吉斯斯坦人口增加了108709人》，https://24.kg/obschestvo/320740_chislennost_naseleniya_vkyirgyizstane_uvelichilas_na108_tyisyach_709_chelovek/，2025年3月2日访问。

④ 参见商务部对外投资和经济合作司等编：《对外投资合作国别（地区）指南：吉尔吉斯斯坦》（2024年版），第12页，载商务部“走出去”公共服务平台，http://fec.mofcom.gov.cn/article/gbdqzn/，2025年2月25日访问。

吉尔吉斯斯坦境内铁路交通不发达，自 1991 年苏联解体后，其铁路网被分割为互不相连的南北两部分，铁路总长度 423.9 公里，境内无高铁。境内可达比什凯克、伊塞克湖州巴雷克奇市。境外可至阿拉木图、卡拉干达、科克舍套、新西伯利亚、喀山、莫斯科等城市。目前，北部铁路长 322.7 公里，东起伊塞克湖西岸的巴雷克奇，向西经吉—哈边境与哈萨克斯坦铁路网相连，并可直达俄罗斯；南部铁路长 101.2 公里，自奥什至贾拉拉巴德。2023 年，全国铁路运输量 937.3 万吨，同比增长 16.8%。①

2. 水运

吉尔吉斯斯坦内河航运以伊塞克湖为主，有巴雷克奇和卡拉科尔两个港口，航线总长 189 公里，年货运量不超过 5 万吨。②

3. 空运

吉尔吉斯斯坦国际空港主要有位于首都比什凯克市的玛纳斯国际机场和位于南部的奥什国际机场。2023 年，航空货运量为 1.3 万吨，同比增长 42 倍。国内主要航线包括比什凯克—巴特肯、比什凯克—贾拉拉巴德、比什凯克—奥什。目前，中国直飞吉尔吉斯斯坦的航线有 4 条，分别是北京、乌鲁木齐、成都、西安往返比什凯克。③

4. 通信

2023 年，吉尔吉斯斯坦通信业实现产值 320 亿索姆（约合 3.6 亿美元），同比增长 14.3%。

（1）固网通信

运营商主要包括吉尔吉斯国家电信公司（Kyrgyztelecom）、Saima-Telecom 公司和 Megaline 公司。国家电信公司是吉尔吉斯斯坦国内最大的固网运营商，为国家控股企业（国有股份占公司的 77.84%），拥有 50 万用户。Saima-Telecom 公司和 Megaline 公司是吉尔吉斯斯坦通信市场放开后首批进入吉尔吉斯斯坦固网运营市场的私人公司，其中 Saima-Telecom 公司拥有 8000 个用户，

① 参见商务部对外投资和经济合作司等编：《对外投资合作国别（地区）指南：吉尔吉斯斯坦》（2024 年版），第 12 页，载商务部“走出去”公共服务平台，http://fec.mofcom.gov.cn/article/gbdqzn/，2025 年 2 月 25 日访问。

② 参见商务部对外投资和经济合作司等编：《对外投资合作国别（地区）指南：吉尔吉斯斯坦》（2024 年版），第 12—13 页，载商务部“走出去”公共服务平台，http://fec.mofcom.gov.cn/article/gbdqzn/，2025 年 2 月 25 日访问。

③ 参见商务部对外投资和经济合作司等编：《对外投资合作国别（地区）指南：吉尔吉斯斯坦》（2024 年版），第 12 页，载商务部“走出去”公共服务平台，http://fec.mofcom.gov.cn/article/gbdqzn/，2025 年 2 月 25 日访问。

业务覆盖范围仅限于比什凯克市及周边地区，Megaline公司为小运营商，网络小，以宽带为主。目前用户数约1万，业务覆盖吉尔吉斯斯坦北部地区、奥什市和贾拉拉巴德市。①

（2）移动通信

2023年，吉尔吉斯斯坦移动通信运营商主要包括“O!”公司、Megacom公司和Beeline公司。目前，吉尔吉斯斯坦运营商主要提供3G和4G数据传输，全国有70%以上的居民使用智能手机。②

（3）互联网

吉尔吉斯斯坦是山地国家，在山区铺设光缆的难度较大。70%的网络集中在比什凯克市等大城市，各地区无线网络需求大、发展快。网络零售、跨境电商、移动支付等服务平台建设刚刚起步。

根据吉尔吉斯斯坦通信监督监管局发布数据，截至2024年底，该国互联网活跃用户达710万，同比增长2.4%，较5年前增长22.4%。③

5. 电力

独立以来，吉尔吉斯斯坦电力基础设施有所发展。吉尔吉斯斯坦水电资源丰富，目前仅开发10%。电力消费每年增幅为3%—5%，南、北用电不均衡，北部用电比例占全国逾60%。加之天然气、煤炭和重油的价格上涨，人们普遍采用电力供暖和热水，这使冬季日用电量比夏季高出2倍多，新增发电能力不能满足与日俱增的用电需求，且设备老化及超负荷运转严重。④ 目前发电能力无法满足其国内需求，每年有约350亿千瓦时的缺口。2023年，吉尔吉斯斯坦全国发电138亿千瓦时，同比下降8.3%，冬季缺电限电较为严重。目前，吉尔吉斯斯坦国内电网与哈萨克斯坦、乌兹别克斯坦联通，每年从土库曼斯坦、乌兹别克斯坦、哈萨克斯坦等国进口电力，夏季发电高峰期可向邻国出口部分富余电力。目前，政府大力建设中小水电、光伏、风力等

① 参见商务部对外投资和经济合作司等编：《对外投资合作国别（地区）指南：吉尔吉斯斯坦》（2024年版），第13页，载商务部“走出去”公共服务平台，http://fec.mofcom.gov.cn/article/gbdqzn/，2025年2月25日访问。

② 参见商务部对外投资和经济合作司等编：《对外投资合作国别（地区）指南：吉尔吉斯斯坦》（2024年版），第13页，载商务部“走出去”公共服务平台，http://fec.mofcom.gov.cn/article/gbdqzn/，2025年2月25日访问。

③ 参见《2024年吉互联网活跃用户数量710万》，载中华人民共和国驻吉尔吉斯共和国大使馆经济商务处网，https://kg.mofcom.gov.cn/jmxw/art/2025/art_db5f572e508e45819c9de76a8ae5700e.html，2025年3月3日访问。

④ 参见《吉尔吉斯斯坦发展规划》，载环俄网，https://www.huanenet.com/jejst/1777.html，2025年3月3日访问。

可再生能源发电设施，资金来源主要依靠贷款和吸引投资，主要采用 EPC、BOT 等模式实施项目。①

（四）要素成本

1. 水、电、油、气价格

（1）水、电、气

吉尔吉斯斯坦水、电、气价格如表 1—4、表 1—5 所示：

自 2025 年 5 月 1 日起，吉尔吉斯斯坦将实行新电价。为提升电价体系透明度，用电类别将从 14 类精简为 7 类。②

表 1—4　吉尔吉斯斯坦国内新电价

用电类别	新电价（索姆）
居民用电（低于 700 千瓦时/高于 700 千瓦时）	1.37/2.6
社会公共机构用电	2.62
工业用电	3.34
商业用电	3.96
财政预算单位用电	4.09
高耗能工业用电	6.06
电动汽车充电站	5.31

表 1—5　吉尔吉斯斯坦国内水、气价格

币种	水（立方米）			天然气（立方米）	
	民用	工业用	其他	民用	工业用
索姆	10.45	12.95	18.5	20.95	25.32
美元	0.12	0.15	0.22	0.25	0.30

资料来源：中国驻吉尔吉斯斯坦大使馆经商处整理。

① 参见商务部对外投资和经济合作司等编：《对外投资合作国别（地区）指南：吉尔吉斯斯坦》（2024 年版），第 12—13 页，载商务部“走出去”公共服务平台，http://fec.mofcom.gov.cn/article/gbdqzn/，2025 年 2 月 25 日访问。

② 参见《5 月 1 日起，吉将实行新电价》，https://mp.weixin.qq.com/s/6zHYckp3UHHXS6IqvXvbxA，2025 年 3 月 3 日访问。

（2）汽油

2023 年 7 月，吉尔吉斯斯坦国内 95 号汽油的价格约为每升 72 索姆（约合 0.85 美元），92 号汽油的价格约为每升 69 索姆（约合 0.8 美元）。

（3）柴油

2023 年 7 月，吉尔吉斯斯坦柴油价格为每升 72 索姆，约合 0.85 美元/升。①

2. 劳动力工薪及需求

吉尔吉斯斯坦工业发展落后，约有 40%的劳动力务农，加之本国工作机会少、工资低，形成大规模的劳动移民群体，总数超百万，主要集中在俄罗斯。乌克兰危机爆发以来，受多方面因素影响，在俄务工的吉尔吉斯斯坦劳工数量大幅减少，目前约有 40 多万人；在哈萨克斯坦工作的有 6 万多人，其余则分布在欧盟、美国、阿联酋、韩国等地。同时，其本国建筑、纺织等领域多雇佣巴基斯坦、孟加拉国等国劳务人员。

在吉尔吉斯斯坦生活和工作的中国人约有 2 万人左右，主要从事商贸、餐饮等服务业及建筑业等。② 2024 年，超过 2 万名吉尔吉斯斯坦公民在国外务工。在吉尔吉斯斯坦劳动部下属公民海外公民就业中心支持下，有 4000 多名公民实现海外就业，其中 3800 人赴英国务工，400 多人前往韩国。此外，通过私营就业机构安排海外就业的公民超过 1.6 万人，主要目的地是土耳其、保加利亚、匈牙利和英国。目前吉尔吉斯斯坦境内注册从事海外就业服务的私营机构共 197 家。③

根据吉尔吉斯斯坦国家统计委员会的数据，2025 年 1 月至 2 月，所有经济领域的月均名义工资都有所增加。以下为具体行业增长率（截至 2025 年 2 月的统计结果）：④

① 参见商务部对外投资和经济合作司等编：《对外投资合作国别（地区）指南：吉尔吉斯斯坦》（2024 年版），第 24 页，载商务部“走出去”公共服务平台，http://fec.mofcom.gov.cn/article/gbdqzn/，2025 年 2 月 25 日访问。

② 参见商务部对外投资和经济合作司等编：《对外投资合作国别（地区）指南：吉尔吉斯斯坦》（2024 年版），第 24—25 页，载商务部“走出去”公共服务平台，http://fec.mofcom.gov.cn/article/gbdqzn/，2025 年 2 月 25 日访问。

③ 参见《英国、土耳其、意大利——吉尔吉斯斯坦劳动力的来源地》，https://24.kg/obschestvo/321825_velikobritaniya_turtsiya_italiya_kuda_napravlyayut_rabochuyu_silu_izkyirgyizstana/，2025 年 3 月 5 日访问。

④ 参见《吉尔吉斯斯坦的价格 | 食品越来越贵，非食品产品越来越便宜》，https://24.kg/ekonomika/322687_tsenyi_vkyirgyizstane_produktyi_dorojayut_neprodovolstvennyie_tovaryi_desheveyut/，2025 年 3 月 1 日访问。

表 1—6　吉尔吉斯斯坦各行业工资增长率

行业分类	工资增长率（单位:%）
信息与通信	32.3
行政管理	27.9
保险业	24.7
建筑业	39.6
酒店与餐饮业	27.2
房地产业	30.2

数据来源：吉尔吉斯斯坦国家统计委员会

3. 土地及房屋价格

吉尔吉斯斯坦商业用房销售以写字间、门市房为主。根据吉尔吉斯斯坦国家土地资源、土地登记、测绘和制图国家机构的报告，2025 年 1 月，首都比什凯克市的平均房价为每平方米 101991.95 索姆，约合 1166 美元（按吉尔吉斯国家银行最新汇率计算）。住宅平均售价为 129289.72 索姆/平方米，商业用房平均售价为 74300.09 索姆/平方米。考虑到比什凯克市对公寓的需求，可以预计房价将继续上涨。建筑材料价格上涨、通货膨胀以及美元兑吉尔吉斯国家货币的汇率波动，是导致房价上涨的主要因素。此外，建筑公司在建造住宅时，吉尔吉斯斯坦建设署对其要求的严格程度也可能影响房价。①

4. 建筑成本

吉尔吉斯斯坦本国建材供应相对稳定。2024 年 7 月，比什凯克市市场主要建材折合美元价格见下表。②

表 1—7　吉尔吉斯斯坦建材价格（2024 年 11 月）

品名	单位	出厂价格（索姆）
水泥出厂价	吨	90—115
C8 混凝土出厂价	立方米	51.18

---

① 参见《比什凯克房地产价格》，载吉尔吉斯斯坦国家通讯社，https：//cn.kabar.kg/news/%E6%AF%94%E4%BB%80%E5%87%AF%E5%85%8B%E6%88%BF%E5%9C%B0%E4%BA%A7%E4%BB%B7%E6%A0%BC/，2025 年 3 月 4 日访问。

② 参见商务部对外投资和经济合作司等编：《对外投资合作国别（地区）指南：吉尔吉斯斯坦》（2024 年版），第 25 页，载商务部“走出去”公共服务平台，http://fec.mofcom.gov.cn/article/gbdqzn/，2025 年 2 月 25 日访问。

（续表）

品名	单位	出厂价格（索姆）
C13 混凝土出厂价	立方米	53. 53
C18 混凝土出厂价	立方米	57. 06
C23 混凝土出厂价	立方米	60. 59
C28 混凝土出厂价	立方米	65. 29
C33 混凝土罐车装价	立方米	67. 65
C38 混凝土罐车装价	立方米	72. 35
C43 混凝土罐车装价	立方米	79. 41
砖块	块	0. 14
木材	立方米	282

资料来源：中国驻吉尔吉斯斯坦大使馆经商处整理。

（五）发展战略与规划

2018 年 11 月，在前总统热恩别科夫执政时期，吉尔吉斯斯坦出台了酝酿已久的《2018 至 2040 年国家发展战略》。2021 年 10 月，吉尔吉斯斯坦总统扎帕罗夫签署《2026 年前吉尔吉斯斯坦国家发展规划》，提出可持续发展目标。①

吉尔吉斯斯坦《2018 至 2040 发展战略》公布了 2018 至 2023 年具体要实施的项目，涵盖全国七州两市各个领域项目共 249 个，是未来几年内吉尔吉斯斯坦经济发展依赖的重点项目。2018 至 2023 年为战略发展第一阶段，将主要聚焦于建立公正的司法体系、大力发展经济以及大力发展地区三个方面。优先发展方向为能源、制造业、采矿业、轻工业、农业及农产品加工业、旅游业等领域；将进一步提高农产品生态标准，加强深加工，扩大优质农产品出口；将实施一系列大型项目，如 CASA-1000 项目、中吉乌铁路项目、卡姆巴拉金 1 号水电站、纳伦河上游梯级水电站、中吉天然气管道项目等。为促进地区发展，吉将完善地区基础设施，实施清洁饮用水项目和灌溉系统建设、改良项目，提升地区的医疗和卫生水平等。

---

① 参见商务部对外投资和经济合作司等编：《对外投资合作国别（地区）指南：吉尔吉斯斯坦》（2024 年版），第 14 页，载商务部“走出去”公共服务平台，http://fec.mofcom.gov.cn/article/gbdqzn/，2025 年 2 月 25 日访问。

1. 交通领域

目前，吉尔吉斯斯坦境内大部分公路、航空和铁路运输等基础设施已年久失修，由于自身经济困难，主要依靠外国或国际组织的援、贷款和各类投资。吉尔吉斯斯坦负责交通领域建设的主要政府部门是交通通讯部。

2023 年 2 月，吉尔吉斯斯坦内阁发布《2023—2030 年公路发展规划》，拟在“中亚国家经济合作计划”框架下实施修复比什凯克—纳伦—吐尔尕特公路等 4 条具有国际走廊意义的公路项目，并通过国家社会资本合作（PPP）等模式修建奥什州乌兹根市绕城公路等 8 个项目。①

2024 年 8 月，由吉尔吉斯斯坦交通部、技术监督局、楚河州政府和项目咨询公司组成的联合验收小组，对中铁五局海外分公司承建的吉尔吉斯 BK 公路项目进行综合检查，项目顺利通过最终验收。该项目位于吉国首都比什凯克西部，起点为比什凯克市，呈东西走向，终点为卡拉巴尔塔市，项目主体及增项工程长 52. 5 公里，是比什凯克至奥什的主干道路，也是连接哈萨克斯坦、乌兹别克斯坦的重要运输枢纽。②

2024 年 11 月，吉尔吉斯斯坦总统驻奥什州全权代表埃尔奇别克·詹塔耶夫访问乌兹根区，了解该国第一条收费公路建设的进展情况。路桥建设已经完成。路边安全围栏的安装和收费广场的建设工作已接近尾声。如果新路投入运营，比什凯克—奥什线路上的司机将不会进入乌兹根市，而是沿着环形公路行驶，这将显著减少道路拥堵，提高道路安全性。③

2025 年 1 月 23 日，中国路桥吉尔吉斯办事处代表公司与吉尔吉斯交通通讯部签署比什凯克北部绕城公路改扩建项目商务合同，该项目全长 33. 4 公里，其中项目包含比什凯克—纳伦—吐尔尕特公路 km0-9. 1 段，以及阿拉木图—比什凯克—塔什干公路 km230. 7-255 段。工程将采用“并行设计”模式，即施工与设计同步推进，以加快进度。④

2025 年 3 月 20 日，中国路桥吉尔吉斯斯坦办事处与吉交通和通信部成功签署比什凯克—奥什公路 Km193-245 段道路修复项目商务合同。该项目全长

---

① 参见商务部对外投资和经济合作司等编：《对外投资合作国别（地区）指南：吉尔吉斯斯坦》（2024 年版），第 14 页，载商务部“走出去”公共服务平台，http://fec. mofcom. gov. cn/article/gbdqzn/，2025 年 2 月 25 日访问。

② 参见《吉尔吉斯斯坦 BK 公路项目顺利通过终验并移交》，https：//mp. weixin. qq. com/s/mGH6oqySbCongXcfN7QsWQ，2024 年 9 月 2 日访问。

③ 参见《吉尔吉斯斯坦将开通首条收费公路》，载搜狐网，https：//www. sohu. com/a/831946063_12112 3766，2025 年 3 月 4 日访问。

④ 参见《中国路桥成功签署比什凯克北部绕城公路改扩建项目商务合同》，载中国路桥工程有限责任公司网，https://www. crbc. com/site/crbc/274/info/2025/46885204. html，2025-年 3 月 4 日访问。

约52公里，采用吉尔吉斯斯坦道路三级标准设计，为双向两车道。项目建成后，将进一步提升吉南北大通道的通行能力，大幅改善通行条件，助力区域经济一体化发展。①

2025年1月21日，吉尔吉斯斯坦交通与通信部宣布，2025年计划实施多个优先交通项目。其中，通过国家预算资金启动的项目包括：

- 修建比什凯克市绕城公路；
- 修复苏萨姆尔山谷段的比什凯克—奥什公路；
- 建设奥什—巴特肯—拉扎科夫公路的剩余路段；
- 重建列别金诺夫卡—水电站5号路段；
- 对克尔钦草场的道路进行大修；
- 修复其他具有国家重要性的道路。

此外，通过投资分配资金，将开展以下工作：

- 重建伊塞克湖环湖公路（巴尔斯孔至卡拉科尔段，全长75.2公里）；
- 重建苏萨姆尔—塔拉斯—塔拉兹公路（全长93公里）。②

在铁路领域，吉尔吉斯斯坦交通通讯部正在制定2021至2025年主要发展方向规划，包括铁路现代化改造，建立供电、信号和通讯系统，发展铁路基础设施，吉铁路与世界接轨，在铁路领域运用信息技术等。

2022年5月，吉尔吉斯斯坦内阁《发布2022—2026年铁路交通发展规划》，提出以建设中吉乌铁路为引领，实施铁路现代化改造等一系列发展举措。③

为实现2030年交通基础设施现代化目标，吉尔吉斯斯坦将重点推进铁路网络建设。特别是中吉乌铁路，该项目在过境运输和深化贸易方面发挥着重大作用。2025年2月，从1997年开始构想至今的中吉乌铁路吉尔吉斯斯坦境内段三座隧道工程正式启动施工招标。这不仅标志着中国与中亚的跨国铁路网络已取得实质性进展，也使中吉合作迈上新台阶。在中吉乌铁路的基础上，吉尔吉斯斯坦计划修建一条从巴特肯到乌兹别克斯坦浩罕市的铁路线，这是《2030年国家发展计划》的一部分。该计划旨在加强巴特肯地区的交通连通

---

① 参见《中国路桥成功签署比什凯克—奥什公路修复项目商务合同》，https://mp.weixin.qq.com/s/cMvpJ0u4b6lUfE_XWWdXiQ，2025年3月4日访问。

② 参见《吉尔吉斯斯坦计划在2025年实施多个交通优先项目》，https://mp.weixin.qq.com/s/lhu6wnkPqtypXbEbDCDs0g，2025年1月23日访问。

③ 参见商务部对外投资和经济合作司等编：《对外投资合作国别（地区）指南：吉尔吉斯斯坦》（2024年版），第14页，载商务部"走出去"公共服务平台，http://fec.mofcom.gov.cn/article/gbdqzn/，2025年2月25日访问。

性、促进贸易并在该地区创造新的就业机会。① 除铁路建设外，吉还计划在贾拉拉巴德新建国际机场，并对巴特肯和拉扎科夫机场进行现代化改造。②

2025 年 3 月，中国中车长春轨道客车股份有限公司、比什凯克市政府及吉尔吉斯斯坦铁路公司举行会谈，探讨项目的可行性，并计划通过公私合营（PPP）模式吸引外资。吉尔吉斯斯坦铁路公司则表现出对混合动力电动列车的浓厚兴趣，希望借助新技术降低碳排放，提高轨道交通的可持续性。若单轨铁路项目得以实施，将成为比什凯克市首个现代化轨道交通系统，不仅能缓解交通压力，还能缩短居民通勤时间，提高整体出行效率。③

吉尔吉斯斯坦还计划继续推进航空运输领域的自由化，以便国家在客运和货运方面最大限度融入国际航空线路。通过引入国际认可的投资者，以玛纳斯国际机场为基础创建和发展货运中心，提供国际物流服务。在奥什国际机场建立费尔干纳谷地客运中心，并在巴特肯州发展计划框架下对伊斯法纳机场进行现代化改造。以塔姆奇机场为基础建立邮政物流中心，融入国际邮政和贸易流通。在交通物流基础设施发展中，将采用现代数字技术，打造无缝衔接的过境走廊。④

2. 电力领域

吉尔吉斯斯坦负责电力领域建设的主要政府部门是能源工业部和国家电力集团公司。根据吉尔吉斯斯坦战略规划，需降低国家对碳氢能源的依赖程度；可行的解决方案包括更大规模地开发水电，并转向可再生能源。同时，需调整国内能源消费结构，推动经济技术现代化，尤其要应对气候变化带来的挑战。以下是在《2026 年前吉尔吉斯斯坦国家发展规划》中列举的有关水力发电发展重点的项目：⑤

• 建设大型水电设施：坎巴拉京斯卡娅水电站 1 号（Камбаратинская ГЭС-1）、上纳伦梯级水电站（Верхне-Нарынский каскад ГЭС）、苏萨梅尔-科科梅伦梯级水电站（Суусамыр-Кокомеренский каскад ГЭС）、卡扎尔曼梯

---

① 参见《继中吉乌铁路后，吉尔吉斯拟建巴特肯—浩罕线连接乌兹别克》，https://mp.weixin.qq.com/s/01KKuKAtlln3mtrtp3pugA，2025 年 3 月 12 日访问。

② 参见《吉乌或将开通新铁路线》，https://mp.weixin.qq.com/s/xiVbcOPk1xRxhCo4VOHfMA，2025 年 3 月 14 日访问。

③ 参见《吉尔吉斯斯坦比什凯克拟建单轨铁路，中企助力可行性研究》，https://mp.weixin.qq.com/s/jzA0bmhVK3-YwkDHE8JphQ，2025 年 3 月 22 日访问。

④ 参见《2026 年前吉尔吉斯斯坦国家发展规划》，载吉尔吉斯共和国司法部网，https://cbd.minjust.gov.kg/430700/edition/1096469/ru，2025 年 3 月 5 日访问。

⑤ 参见《2026 年前吉尔吉斯斯坦国家发展规划》，载吉尔吉斯共和国司法部网，https://cbd.minjust.gov.kg/430700/edition/1096469/ru，2025 年 3 月 5 日访问。

级水电站（Казарманский каскад ГЭС）等。

- 建设小型水力发电厂；
- 实施 CASA-1000 项目；
- 逐步将国有汽车运输车队分阶段过渡为电动汽车；
- 实施建筑物能源效率项目；
- 开发替代能源（太阳能和风能）。

为了促进可再生能源产业发展，吉尔吉斯斯坦政府还出台了一系列优惠政策，包括进口设备增值税免税、关税豁免、许可豁免、为可再生能源发电提供购电协议，以及对上网电价采用乘数系数等多个方面，力度可观。同时，政府还在国家战略层面制定了政策，例如，《2018—2040 年可持续发展战略》和《2026 年国家发展计划》，旨在提升可再生能源在国家能源结构中的比重。

为了促进私营企业投资可再生能源，吉尔吉斯斯坦主要依赖购电协议（PPA）机制，通过签订购电协议，可再生能源项目可以与电网公司或大型消费者建立直接的电力交易关系。吉尔吉斯斯坦 2022 年 6 月 30 日第 49 号法律《可再生能源法》还明确保障了可再生能源发电的非歧视性的并网权利，并要求电网公司为可再生能源电力输送提供便利。①

吉尔吉斯斯坦基础设施发展规划重点项目的资金来源部分由国家财政拨款，但主要依靠吸引外资，由国际金融机构提供贷款和援助。吉尔吉斯斯坦允许并积极鼓励外国投资者参与当地基础设施建设。外资在吉尔吉斯斯坦参与基础设施合作的主要模式以 EPC 为主。②

3. 数字经济

吉尔吉斯斯坦经济和商业部负责制定数字经济领域发展规划。政府制定的《2021 至 2023 年数字经济发展规划》，该规划将包括数字化教育、信息技术人才培养、改善数字基础设施、建设电子政务系统、创造条件发展数字经济。③ 2022 年 12 月，其内阁发布《2023—2026 年电子商务支持和发展规划》，旨在加快吉经济数字化转型，拉动国家经济发展。

4. 绿色经济

吉尔吉斯斯坦经济和商务部负责绿色经济领域政策制定与实施。2018 年，

---

① 参见《吉尔吉斯斯坦可再生能源投资法律指南》，https：//mp. weixin. qq. com/s/9eRB_TLibK-mTsmrmf_8OYg，2025 年 2 月 18 日访问。

② 参见《吉尔吉斯斯坦发展规划》，环俄网，https：//www. huanenet. com/jejst/1777. html，2025 年 3 月 5 日访问。

③ 参见《吉尔吉斯斯坦发展规划》，载环俄网，https：//www. huanenet. com/jejst/1777. html，2025 年 3 月 5 日访问。

政府颁布《吉尔吉斯斯坦——绿色经济国家规划》，鼓励发展绿色经济，支持发展绿色交通、绿色能源、绿色农业、绿色工业等，希望吸引投资和高新技术，促进经济社会可持续发展。[①] 2022 年 6 月，内阁发布《2019—2023 年绿色经济发展规划》。

（六）产业结构

1. 概况

2024 年，农业占吉尔吉斯斯坦 GDP 的比重为 8. 61%，工业占 16. 48%，服务业占 52. 14%。[②] 2024 年 1—12 月，工业产值约 5850 亿索姆（约合 67. 2 亿美元），同比增长 5. 5%。其中石油精炼增长 90%；木制、纸制品和印刷 30. 5%；食品（含饮品）和烟草制品 20. 1%；纺织和服装生产 15. 3%；医药 21. 7%；橡胶、塑料和建材 10. 8%；采矿 4. 0%。[③]

表 1—8　2019—2023 年吉尔吉斯斯坦各产业占 GDP 比重

（单位:%）

年份	农业	工业	服务业
2019 年	12. 1	17. 9	46. 9
2020 年	13. 5	21. 1	46. 3
2021 年	14. 7	18. 4	45. 2
2022 年	12. 1	16. 7	49. 1
2023 年	9. 7	16. 0	50. 8
2024 年	8. 61	16. 48	52. 14

资料来源：吉尔吉斯斯坦国家统计委员会初步数据。

吉尔吉斯斯坦经济规模较小，以中小企业、农户和个体工商户为主，大型企业主要集中在矿产、能源等领域，以外资企业或合资企业为主。主要大型企业有：库姆托尔黄金公司（KumtorGoldCompany）、奥同克有限责任公司

---

① 参见《吉尔吉斯斯坦发展规划》，载环俄网，https：//www. huanenet. com/jejst/1777. html，2025 年 3 月 5 日访问。

② 参见《服务、生产和税收。它们如何影响 2024 年该国的经济》，https：//24. kg/ekonomika/316879_uslugi_proizvodstvo_inalogi_kak_oni_povliyali_naekonomiku_stranyi_v2024_godu/，2025 年 3 月 6 日访问。

③ 参见《2024 吉尔吉斯斯坦经济数据统计》，载中华人民共和国驻吉尔吉斯共和国大使馆经济商务处网，https：//kg. mofcom. gov. cn/jmxw/art/2025/art _ d28444bd9eee46aa92f877cdb88b7b8d. html，2025 年 3 月 6 日访问。

（AltynkenCo.，Ltd.）、中大石油有限责任公司（ZhongdaOilRefineryCo.，Ltd.）等。①

2. 第一产业（种植业、林业、畜牧业）

（1）农业

农业是吉尔吉斯斯坦经济的基础产业。根据吉尔吉斯斯坦社会经济发展主要指标的年度快报，2024年1月至12月，农业总产值达到了3956亿索姆。2024年与2023年相比，实际增长率为106.3%（2023年为100.6%），这一增长主要得益于农作物产量增长10.3%和畜牧产品产量增长3.1%。农作物生产的高增长率（10.3%）源于农业作物产量的提高和播种面积的增加。此外，有利的自然气候条件也成为农业发展的关键因素。

农业部门对国内生产总值（GDP）的贡献为0.6个百分点，占GDP生产结构的8.6%。农业部门的融资支持仍在持续。截至2024年12月27日，在“农业融资-12”项目下，11665名农村生产者获得了总额为46.613亿索姆的低息贷款。其中，畜牧业的10218个主体获得了总额为41.8228亿索姆的贷款，种植业的1437个主体获得了总额为4.79亿索姆的贷款。该项目由“艾伊尔银行”和“埃尔迪克银行”共同实施，贷款总额为50亿索姆。②

（2）畜牧业

吉尔吉斯共和国拥有发展畜牧业的良好条件。吉尔吉斯斯坦的畜牧业主要以羊、马、骆驼、牛、驴等为主。其中，羊肉、牛肉、驼奶等产品在国际市场上具有较高的知名度。近年来，吉尔吉斯斯坦政府加大了对畜牧业的支持力度，鼓励农户扩大养殖规模。2024年，在动物识别和跟踪信息系统中，有250万头牲畜处于活跃状态。③ 随着全球经济的发展和人口的增长，人们对肉类、奶制品等畜产品的需求不断增加，为吉尔吉斯斯坦的畜牧业提供了广阔的市场空间。据农业部发布数据，2023年1—10月，吉尔吉斯斯坦出口牲畜14.4万头，其中牛4.27万头、羊9.67万只、马4200匹。④ 吉尔吉斯斯坦政府注重构建畜牧业产业链，通过政策扶持和资金投入，引导养殖户发展深

---

① 参见商务部对外投资和经济合作司等编：《对外投资合作国别（地区）指南：吉尔吉斯斯坦》（2024年版），第12页，载商务部“走出去”公共服务平台，http://fec.mofcom.gov.cn/article/gbdqzn/，2025年2月25日访问。

② 参见《吉尔吉斯斯坦2024年农业总产值达到3956亿索姆》，https：//mp.weixin.qq.com/s/lP1FqDC4eIJYAa_nSwCOnA，2025年1月16日访问。

③ 参见《吉尔吉斯斯坦登记250万头牲畜》，https：//cn.kabar.kg/news/250/，2025年1月24日访问。

④ 参见《1—10月吉尔吉斯斯坦出口牲畜14.4万头》，https：//baijiahao.baidu.com/s？id＝1782523824586921943，2025年3月8日访问。

加工产业，发展肉制品加工、乳制品加工等高附加值环节，从而显著提升产业链整体效益与产品市场竞争力。①

3. 第二产业（燃料动力工业、有色冶金工业、金属加工业、食品工业、建筑业等）

（1）工业

2023 年，吉尔吉斯斯坦工业产值为 4828 亿索姆（约合 54.9 亿美元），同比增长 2.7%。其中，采矿业产值约 482.8 亿索姆（约合 5.5 亿美元），增长 3.1%；加工制造业产值 3723.5 亿索姆（约合 42.4 亿美元），增长 2%；供电、供气、供热产值 497.5 亿索姆（约合 5.7 亿美元），同比增长 8.4%；供水及废料加工产值为 46 亿索姆（约合 0.5 亿美元），同比增长 5.8%。工业产品以满足本国市场为主，少数产品向俄罗斯及周边国家出口。②

在吉尔吉斯斯坦，工业生产衡量的是经济中工业部门中企业的产出。制造业是最重要的部门，占总产值的 78.1%。制造业中最大的细分行业是：金属（62.2%）；食品和烟草（16.1%）；橡胶和塑料（9.8%）；焦炭和石油制品（4.1%）。电力、燃气、蒸汽和空调供应占总产量的 15.1%，采矿和采石占 5.7%，供水、污水处理、废物管理和修复占 0.9%。③

2025 年 2 月 14 日，吉尔吉斯斯坦经济和商务部部长巴克特·瑟德科夫在内阁会议上宣布，2024 年，已启动价值 8.008 亿美元的 102 个工业项目。2025 年，计划启动价值 17 亿美元的 128 个工业项目。这些项目启动时间不会全安排在第四季度。第一季度末，至少 1—2 个大型设施投入运营。计划提供就业岗位达 15000 个，项目涉及各地区，例如，纳伦州将启动 17 个项目。④

（2）建筑业

从市场规模来看，吉尔吉斯斯坦建筑业目前正处于快速发展阶段。根据国家统计委员会的数据，2022 年 1—2 月吉建筑业总产值达到了 75.73 亿索姆（约合 0.89 亿美元），同比增长 1.9%，其中 2 月份产值为 50 亿索姆，同比增

---

① 参见《吉尔吉斯斯坦畜牧行业现状及发展历史》，https://www.zcqtz.com/news/4619370.html，2024-12-31。

② 参见商务部对外投资和经济合作司等编：《对外投资合作国别（地区）指南：吉尔吉斯斯坦》（2024 年版），第 11—12 页，载商务部“走出去”公共服务平台，http://fec.mofcom.gov.cn/article/gbdqzn/，2025 年 2 月 25 日访问。

③ 参见《吉尔吉斯斯坦数据（工业生产）》，载 TRADING ECONOMICS 网，https://zh.tradingeconomics.com/kyrgyzstan/industrial-production，2025 年 3 月 8 日访问。

④ 参见《2025 年吉将启动 128 个工业项目》，载丝路新观察网，http://www.siluxgc.com/static/content/jejsst/kgKyrgyzstan/2025-02-16/1340690772769406976.html，2025 年 3 月 8 日访问。

长 2%。吉尔吉斯斯坦建筑业不断积极引进和应用新技术、新材料和新工艺。例如，一些大型建筑项目开始采用预制构件、绿色建材和智能化管理系统等先进技术，提高了建筑效率和质量。同时，政府也加大了对科技创新的支持力度，鼓励企业开展技术研发和成果转化。①

4. 第三产业（旅游业、商业等）

（1）旅游业

2024 年，吉尔吉斯斯坦旅游业收入达 8.077 亿美元。2024 年 12 月，吉尔吉斯斯坦内阁批准《2030 年前旅游业可持续发展计划》，其中包括交通系统现代化、引进绿色技术、开辟独特路线、改善安全状况和实现服务数字化。2025 年，《康泰纳仕旅行者》（*CondéNastTraveler*）和《金融时报》（*Financial-Times*）等权威刊物将吉尔吉斯斯坦高山滑雪场列入最佳度假地名单。②

当前，吉尔吉斯共和国旅游发展支持基金参与了旅游环境的开发、基础设施和投资项目的实施。吉尔吉斯共和国旅游发展支持基金的主要目标，是通过支持基础设施和投资项目、为企业创造有利条件和开发旅游业人才潜力来促进旅游业的发展。2024 年，该基金继续实施其战略项目，包括休息点项目、基金会实施的生态步道项目、露营地项目、GoBus 公路运输服务项目以及博索戈接待旅游中心等，旨在加强旅游基础设施，创造新的就业机会，提高国家旅游的吸引力。2025 年，基金将开始实施“旅游基地”项目。该项目包括在全国各区建设旅游基地；根据该项目，企业家们不仅可以创建新的旅游设施，还可以对现有设施进行现代化改造。③

（2）金融业

欧亚开发银行报告称，2015—2024 年，国际金融机构对吉尔吉斯斯坦金融业融资 2.34 亿美元，占同期吉尔吉斯斯坦金融业融资总额的 24%，主要来自欧洲复兴开发银行、欧亚开发银行和世界银行。④

（3）银行业

银行业被称为国家经济发展的主要驱动力之一。2024 年，吉尔吉斯斯坦银行业发展活跃，主要指标均有增长。截至 2024 年底，银行业总资产达 8160

---

① 参见《吉尔吉斯斯坦工程建筑行业怎么样，发展态势如何》，载丝路印象网，https://www.zcqtz.com/news/3635079.html，2025 年 3 月 9 日访问。

② 参见《吉尔吉斯斯坦冬季旅游发展前景与路径探析》，https://mp.weixin.qq.com/s/_g-Rrmi6TliGoSedMgyHDA，2025 年 1 月 17 日访问。

③ 参见《吉尔吉斯斯坦正实施哪些举措发展旅游业》，https://mp.weixin.qq.com/s/RyPxtS00iqnVPvyqI-3BFw，2025 年 3 月 8 日访问。

④ 参见《国际金融机构加大对吉金融业融资力度》https://kg.mofcom.gov.cn/jmxw/art/2025/art_1b0a340632924d37bbf25a5a9a3c424b.html，2025 年 1 月 9 日访问。

亿索姆，全年增长 33%（+2020 亿索姆）。经济信贷持续增长：2024 年银行信贷总额达 3407 亿索姆，同比增长 32.2%（+829 亿索姆）。对银行的信任度提升推动了存款规模增长，2024 年存款总额达 5924 亿索姆，同比增长 37.3%（+1611 亿索姆）。银行业保持高流动性。①

（4）服务业

截至 2025 年 1 月，吉尔吉斯斯坦共有 41.32 万名纳税人，其中约 11.4 万名是贸易实体；购物中心有 6200 家实体；市场及小型市场有 51700 家。2024 年，吉尔吉斯斯坦批发和零售贸易的成交额达到 1.7 万亿索姆。国内主要大型批发市场包括多尔多伊贸易中心等，这些市场在确保该国的零售和批发贸易方面发挥着关键作用。②

（七）金融环境

1. 当地货币

吉尔吉斯斯坦货币为索姆，可自由兑换。近年来索姆汇率变化如下表所示：

表 1—9　2020 年—2023 年美元兑索姆汇率

年份	2020	2021	2022	2023
1 美元兑索姆	77.35	85.44	84.12	87.86

2023 年，吉尔吉斯斯坦国家银行美元兑换索姆年均汇率为 1∶87.86，欧元兑换索姆汇率为 1∶95.02。③ 2024 年，国内外汇市场形势保持稳定。美元汇率从年初的 89.8 索姆跌至年底的 87 索姆。④

吉尔吉斯斯坦国家银行宣布，从 2024 年 9 月 1 日起，将每日公布人民币兑换吉尔吉斯斯坦索姆的官方汇率，人民币加入官方汇率货币名单。目前，

---

① 参见《在外部压力下创纪录与稳发展——专访吉尔吉斯斯坦国家银行行长》，载吉尔吉斯斯坦国家通讯社网，https：//a0. icnn. cn/qjXfyN，2025 年 3 月 10 日访问。

② 参见《2024 年批发和零售贸易的营业额达到 1.7 万亿索姆》，https：//24. kg/ekonomika/317963_oborot_voptovoy_iroznichnoy_torgovle_v2024_godu_dostig_17_trilliona_somov_/，2025 年 3 月 1 日访问。

③ 参见商务部对外投资和经济合作司等编：《对外投资合作国别（地区）指南：吉尔吉斯斯坦》（2024 年版），第 22 页，载商务部“走出去”公共服务平台，http：//fec. mofcom. gov. cn/article/gbdqzn/，2025 年 2 月 25 日访问。

④ 参见《国家银行总结了 2024 年的结果丨八大基本事实和记录》，https：//24. kg/ekonomika/320990_natsionalnyiy_bank_podvel_itogi_2024goda_ vosem_osnovnyih_faktov_irekordov/，2025 年 3 月 11 日访问。

该行每日公布美元、俄罗斯卢布、欧元和哈萨克斯坦坚戈的官方汇率，人民币汇率每周公布一次。①

2. 外汇管理

吉尔吉斯斯坦外汇管理的主要法律依据是《外汇交易法》，以及吉尔吉斯斯坦政府与国际货币基金组织签署的有关协定。吉尔吉斯斯坦国家银行（NBKR）是外汇管理的主要机构，负责制定汇率政策、监管外汇市场，并对涉汇金融机构进行管理。

吉尔吉斯斯坦目前实行较为宽松的外汇管理制度，虽然境内的结算和支付原则上应使用索姆，且吉尔吉斯斯坦国家银行曾颁布 2022 年 3 月 11 日第 2022-P-09/14-1-(BS) 号决议禁止商业银行、货币兑换机构和小微融资信贷机构将美元现金汇到国外，但进出口合同以及跨境资本流动并不受此限制。因此，外国投资者仍可自由地以索姆或外币向吉尔吉斯斯坦境内出资或将吉尔吉斯斯坦境内的经营所得汇出境外，以及向外国承包商、供应商支付进出口合同价款，而无需取得任何前置审批或备案。②

吉尔吉斯斯坦实行浮动汇率制度，索姆在国内实行完全可兑换。在吉尔吉斯斯坦注册的商业银行可在吉尔吉斯斯坦境内和境外自由买进或卖出外汇。任何个人、机构、团体都可在商业银行、金融机构以及兑换点将索姆与美元进行自由兑换，无须任何手续，不受额度限制。吉尔吉斯斯坦中央银行每天根据银行间外汇市场的交易情况发布当日平均汇率，并以此作为确定商务交易价格和进行结算的依据。

吉尔吉斯斯坦《外汇交易法》还规定，吉尔吉斯斯坦本国公民和外国人只需履行规定程序（海关申报，向汇款银行出示相关文件和证明），均可自由携带、自由兑换货币出、入境，或将其汇出、汇入，不受金额限制。外资企业和商人可自由地将经营所得利润通过银行汇回或汇往第三国，需缴纳一定费用，手续简便。吉尔吉斯斯坦多数商业银行都是 S. W. I. F. T 协会成员，可通过电子支付方式进行国际汇款业务。目前，中吉两国商业银行之间汇路通畅。部分驻吉中资企业和商人已经利用吉尔吉斯斯坦的银行服务进行跨国汇款业务，提高了支付的安全性及人身安全保障。

在吉尔吉斯斯坦入境携带的外币现金无金额限制，但是等值外币现金超

---

① 参见《吉尔吉斯斯坦国家银行将人民币列入官方汇率货币名单》，载中国社会焦点网，https：//zgshjdw. com/a/diyidabankuai/toutiaozhuanlan/10539. html，2025 年 3 月 11 日访问。

② 参见《“带路”新篇：俄语国家法律图鉴——吉尔吉斯斯坦篇》，载金杜律师事务所网，https：//www. kwm. com/cn/zh/insights/latest-thinking/bri-legal-practice-introduction-to-laws-in-russian-language-countries-kyrgyzstan. html，2025 年 3 月 11 日访问。

过 1 万美元时须进行申报。携带外币现金出境有金额限制，外国居民禁止携带限额等值 5000 美元以上的外币出境，本国居民允许携带等值 10000 美元出境，超过限额部分将征收 10%的费用。①

3. 银行和保险公司

（1）银行

吉尔吉斯斯坦国家银行（NationalBankoftheKyrgyzRepublic，简称 NBKR）为吉尔吉斯斯坦中央银行。截至 2024 年底，吉尔吉斯共和国国家银行的资产规模达到创纪录的 5501 亿索姆。相比之下，2022 年和 2023 年的资产分别为 3964 亿索姆和 4461 亿索姆。②

截至 2024 年 7 月，吉尔吉斯斯坦有 23 家商业银行，包括吉尔吉斯投资信贷银行（KICB）、Aiyl 银行（AiylBank）、资本银行（CapitalBank）、德米尔银行（DemirBank）、Halyk 银行（HalykBank）等。吉尔吉斯斯坦没有明确的政策性银行，但银联体成员行——结算储蓄公司是完全国有并具有很多政策性职能的商业银行。截至 2025 年初，吉尔吉斯斯坦商业银行的贷款总额超过 3400 亿索姆。2023 年，这一数字为 2571 亿索姆。去年，总贷款组合增长了 32.5%（836 亿索姆）。其中，比什凯克的贷款发放量最大，发放的贷款价值超过 1704 亿索姆。③

表 1—10　按行业划分的信贷组合结构

行业	贷款总额（亿索姆）
工业	140
农业	474
贸易	899
建筑	136
抵押	392
消费	992

① 参见商务部对外投资和经济合作司等编：《对外投资合作国别（地区）指南：吉尔吉斯斯坦》（2024 年版），第 22 页，载商务部“走出去”公共服务平台，http://fec.mofcom.gov.cn/article/gbdqzn/，2025 年 2 月 25 日访问。

② 参见《在外部压力下创纪录与稳发展——专访吉尔吉斯斯坦国家银行行长》，载吉尔吉斯斯坦国家通讯社网，https://a0.icnn.cn/qjXfyN，2025 年 3 月 11 日访问。

③ 参见《商业银行贷款组合总额超过 3400 亿索姆》，https://24.kg/ekonomika/320747_sovokupnyiy_kreditnyiy_portfel_kommercheskih_bankov_prevyisil_340_milliardov_somov/，2025 年 3 月 11 日访问。

（续表）

行业	贷款总额（亿索姆）
其他	374

此外，国际金融机构如世界银行、国际货币基金组织、亚洲开发银行、欧洲复兴开发银行等在吉尔吉斯斯坦首都比什凯克均设有代表处。

（2）保险公司

截至2024年11月，吉尔吉斯斯坦共有16家保险公司。其收入较2023年增长1.4倍，达到38亿索姆，其中80.5%的收入来自保险费。①

2024年3月21日，总统签署《关于发展吉尔吉斯共和国保险市场措施》法令。根据该法令，国家机关、地方政府、国有及市政企业以及国有控股超50%的经济实体（含子公司）必须确保将资产负债表内的财产和民事责任保险业务委托至国家保险公司股份公司，并且年度预算编制中须包含资产负债表内财产和民事责任保险费用的资金安排。②

2024年10月31日，吉尔吉斯斯坦总统签署《关于修改吉尔吉斯共和国犯罪法典》的法律草案。该法案强制要求工业公司为员工购买保险，并对“必须为员工投保的高危生产设施”进行详细分类和划分界定标准。若运营高危生产设施的企业未为员工投保，将面临最高1.3万索姆的罚款。③

（3）外国企业可在当地开立银行账户

外国企业可在当地开立银行账户，开立要求和程序为：提交书面申请；填写表格；提交在吉尔吉斯斯坦司法部注册证书；当地税务部门出具证明；提交根据吉尔吉斯斯坦法律获得的经营许可；提交经认证的章程文件及其他银行要求提供的文件。④

外商投资企业可开设并持有本币账户或外币账户，如外商投资企业拟在吉尔吉斯斯坦境外开立离岸账户，需要向吉尔吉斯斯坦国家银行申请备案，

---

① 参见《吉尔吉斯斯坦保险公司签署价值1.2万亿索姆的合同》，https：//24.kg/ekonomika/311799_strahovyie_kompanii_kyirgyizstana_zaklyuchili_dogovoryi_na12_trilliona_somov/，2025年3月13日访问。

② 参见《总统签署了〈关于吉尔吉斯共和国保险市场发展措施〉的法令》，https：//24.kg/vlast/289588_ukaz_omerah_porazvitiyu_strahovogo_ryinkakr_podpisal_prezident/，2025年3月13日访问。

③ 参见《工业公司将有义务为员工投保。议会批准了该法案》，https：//24.kg/vlast/306833_promyishlennyie_kompanii_obyajut_strahovat_sotrudnikov_jkodobril_zakonoproekt/，2025年3月13日访问。

④ 参见商务部对外投资和经济合作司等编：《对外投资合作国别（地区）指南：吉尔吉斯斯坦》（2024年版），第23页，载商务部“走出去”公共服务平台，http://fec.mofcom.gov.cn/article/gbdqzn/，2025年2月25日访问。

并按季度定期向吉尔吉斯国家银行报告账户和存款情况。[①]

4. 融资渠道

吉尔吉斯斯坦银行规模较小，且贷款利率高。鉴于经济状况，吉尔吉斯共和国国家银行从 2024 年 4 月起开始逐步放松货币政策，将贴现率从 13%降至 9%。[②] 中资企业一般不在吉尔吉斯斯坦本地银行融资。

为支持中小微企业发展，自 2022 年 9 月以来，中小企业可获得无息贷款。截至 2025 年 1 月 1 日，无息贷款总额为 8451301018 索姆。11269 名企业家获得了贷款。9520 位企业家获得 100 万索姆以下的贷款，1749 位企业家获得 300 万索姆以下的贷款。该无息贷款项目将在全国范围内推行，将持续实施至 2027 年 7 月。[③]

就项目融资而言，吉尔吉斯斯坦法律未对基础设施项目的债股比作出强制性规定，允许投资人和贷款人根据项目具体情况协商确定融资结构。吉尔吉斯斯坦法律允许企业使用本土或外国银行贷款，且未对贷款审批设置特别限制，企业可以在动产、不动产、知识产权、股权等财产性权利上设立担保，并办理相应的抵押权或质权登记。[④]

2025 年 2 月 6 日，吉尔吉斯国家银行更新了针对银行及信用合作社的监管规则。

（1）银行主要变化如下：

①若申请抵押贷款，作为抵押品的现金或有价证券须直接存放于银行。

②政府计划项下发放的贷款被视为更可靠的信贷产品，由于国家提供还款担保，银行可相应降低对潜在损失的担忧。

③允许以在库商品为抵押发放贷款，但贷款期限不得超过货物存储期限。

④对无抵押贷款设定了额度上限；要求银行加强对大额贷款的持续跟踪，并对还款困难客户启动主动沟通机制；所有贷款相关的担保函必须使用国家语言；针对小额贷款将简化办理手续。

---

① 参见《“带路”新篇：俄语国家法律图鉴——吉尔吉斯斯坦篇》，载金杜律师事务所网，https://www.kwm.com/cn/zh/insights/latest-thinking/bri-legal-practice-introduction-to-laws-in-russian-language-countries-kyrgyzstan.html，2025 年 3 月 13 日访问。

② 参见《国家银行总结了 2024 年的结果。八大基本事实和记录》，https://24.kg/ekonomika/320990_natsionalnyiy_bank_podvel_itogi_2024goda_vosem_osnovnyih_faktov_irekordov/，2025 年 3 月 13 日访问。

③ 参见《财政部向企业家发放了 84 亿索姆的无息贷款》，https://24.kg/ekonomika/316786_besprotsentnyie_kredityi_na84_milliarda_somov_vyidelil_minfin_predprinimatelyam/，2025 年 3 月 13 日访问。

④ 参见《“带路”新篇：俄语国家法律图鉴——吉尔吉斯斯坦篇》，载金杜律师事务所网，https://www.kwm.com/cn/zh/insights/latest-thinking/bri-legal-practice-introduction-to-laws-in-russian-language-countries-kyrgyzstan.html，2025 年 3 月 14 日访问。

（2）信用合作社主要变化如下：

①通过政府扶持计划申请的贷款，信用合作社需提供免手续费现金提款服务。

②信用合作社需定期向客户通知债务金额、更新后的还款计划及账户状态。

③抵押人可申请替换抵押物，但需经信用合作社批准。唯一住房仅可通过法院裁决扣押。

④信用合作社需自行评估抵押物或聘请专业评估师，并积极处理不良贷款。穷尽所有追偿手段后，可对无法回收的贷款进行坏账核销。[①]

5. 信用卡使用

在吉尔吉斯斯坦境内较大的商服网点、酒店均可使用信用卡，如 Visa 卡和万事达卡等。中国国内银联卡可在吉尔吉斯斯坦主要商业网点使用。

6. 证券期货市场

吉尔吉斯斯坦股票交易市场成立于 1995 年，规模较小，只有吉尔吉斯电信、玛纳斯国际机场、吉尔吉斯工业建筑银行等 35 家企业的股票。截至 2023 年底，证券市场资本总规模约 1305 亿索姆（约合 14.9 亿美元），目前证券交易所共有 24 只股票和 13 只债券。[②]

2023 年，交易数量为 2024 笔，交易总额为 290.96 亿索姆。2024 年，吉尔吉斯斯坦证券交易所交易平台上共完成 2406 笔交易，总金额达 1097.79 亿吉尔吉斯索姆。其中：

（1）企业证券市场完成 1776 笔交易，总额为 1036.14 亿索姆；

（2）政府证券市场完成 620 笔交易，总额为 37.78 亿索姆；

（3）商品领域完成 10 笔交易，总额为 23.88 亿索姆。

与 2023 年同期相比，企业证券市场交易量增加了 760.72 亿索姆。2024 年，一级市场和二级市场的交易量均有所增长，具体如下：

一级市场：2024 年企业证券一级市场共达成 987 笔交易，交易总额为 992.05 亿索姆，较 2023 年增长 719.79 亿索姆。

二级市场：二级市场在报告期内完成 789 笔交易，交易总额为 44.09 亿

---

① 参见《银行和信用合作社的规则正在简化》，https：//24.kg/ekonomika/318910_pravila_dlya_bankov_ikreditnyih_soyuzov_uproschayut_samoe_glavnoe_chto_nado_znat/，2025 年 3 月 14 日访问。

② 参见商务部对外投资和经济合作司等编：《对外投资合作国别（地区）指南：吉尔吉斯斯坦》（2024 年版），第 24 页，载商务部“走出去”公共服务平台，http：//fec.mofcom.gov.cn/article/gbdqzn/，2025 年 2 月 25 日访问。

索姆，与 2023 年相比增加了 40.93 亿索姆。①

截至 2024 年底，吉尔吉斯斯坦证交所指数（KFB）达到 4073.94 点，总市值为 1410.97 亿索姆。2023 年底该指数为 2683.06 点，市值为 935 亿索姆。全年增幅达 51.84%。②

（八）经贸合作

1. 经贸协定

（1）区域经济合作

吉尔吉斯斯坦是古丝绸之路的重要枢纽，是连接欧亚的重要通道，对乌兹别克斯坦、哈萨克斯坦、塔吉克斯坦等中亚邻国辐射作用明显。自吉尔吉斯斯坦加入欧亚经济联盟以来，区域经济合作联系日趋紧密。此外，吉尔吉斯斯坦享受欧盟的普惠制优惠待遇。③

（2）自贸协定

吉尔吉斯斯坦系欧亚经济联盟成员国，货物贸易部分权限已让渡给联盟。根据联盟规定，成员国无权单独对外签署自由贸易协定。目前，吉尔吉斯斯坦作为欧亚经济联盟成员国，已与越南、新加坡、塞尔维亚、伊朗等国签署自由贸易协定。中吉尚未签署自贸协定，2025 年 2 月 5 日，在习近平主席和吉尔吉斯斯坦总统扎帕罗夫的共同见证下，中国商务部部长王文涛和吉尔吉斯斯坦经济和商务部部长瑟德科夫签署《中华人民共和国商务部和吉尔吉斯共和国经济和商务部关于启动〈中国和吉尔吉斯斯坦服务贸易和投资协定〉谈判的联合声明》，为双方进一步加强服务贸易和投资领域合作提供高水平制度性保障。

（3）标准化国际合作

吉尔吉斯斯坦目前已加入国际标准化组织（ISO，通讯成员）、国际电信联盟（ITU）、国际实验室认可合作组织（ILAC）、国际认可论坛（IAF），尚未加入国际电工委员会（IEC）。

吉尔吉斯斯坦本国采用的国际标准见以下链接：

---

① 参见《2024 年吉尔吉斯斯坦证券交易所交易额接近 1100 亿索姆》，载吉尔吉斯斯坦国家通讯社，https://cn.kabar.kg/news/20241100/，2025 年 3 月 14 日访问。

② 参见《过去一年，吉尔吉斯斯坦证券交易所指数的增长率接近 52%》，https://24.kg/ekonomika/318905_zagod_prirost_indeksa_kyirgyizskoy_fondovoy_birji_sostavil_pochti_52protsenta/，2025 年 3 月 15 日访问。

③ 参见商务部对外投资和经济合作司等编：《对外投资合作国别（地区）指南：吉尔吉斯斯坦》（2024 年版），第 16 页，载商务部“走出去”公共服务平台，http://fec.mofcom.gov.cn/article/gbdqzn/，2025 年 2 月 25 日访问。

https：//nism. gov. kg/ru/freepages/14；

https：//kca. gov. kg/page/38；

吉尔吉斯斯坦与欧亚联盟成员国基本实现标准互认。

2018 年 7 月，吉经济和商务部与中国认证认可监督管理委员会签署《关于合格评定领域的合作谅解备忘录》。①

2. 对外贸易

独立以来，吉尔吉斯斯坦一直保持较高的外贸依存度。乌克兰危机爆发以来，对欧运输通道南移，吉尔吉斯斯坦外贸因此受益，贸易规模猛增。

（1）贸易总额

据吉尔吉斯斯坦国家统计委发布数据，2024 年，全年外贸总额 160 亿美元，同比微增 0.9%，其中出口增长 13.1%，进口下降 2.4%。统计期内，吉尔吉斯斯坦与欧亚经济联盟成员国的相互贸易额约 50 亿美元，增长 8.5%，其中俄罗斯在相互贸易额中的占比达 71.2%，哈萨克斯坦 26.8%。②

（2）贸易伙伴

2024 年，吉尔吉斯斯坦主要贸易伙伴为中国、俄罗斯、哈萨克斯坦、英国、乌兹别克斯坦等国。主要出口国为英国、俄罗斯、中国、哈萨克斯坦、乌兹别克斯坦、瑞士等。

中国是吉尔吉斯斯坦最大的贸易伙伴，2024 年贸易总额为 55 亿美元。与此同时，吉尔吉斯斯坦对中国的商品出口达到 1.236 亿美元，而从中国的进口额大大超过这一数字，达到 54 亿美元，远超出口规模。

俄罗斯是第二大合作伙伴，贸易额为 35 亿美元。吉尔吉斯斯坦向俄罗斯出口的商品价值超过 10 亿美元，俄罗斯产品的进口额从而达 25 亿美元。

哈萨克斯坦是战略邻邦和重要的经济盟友。与该国的贸易总额达到 13 亿美元。吉尔吉斯斯坦的出口额为 4.184 亿美元，而从哈萨克斯坦的进口额超过 9.216 亿美元。

英国是吉尔吉斯斯坦商品（主要是贵金属）的主要市场。2024 年，对英国的出口额为 12 亿美元，而进口额只有 5550 万美元。值得注意的是，英国是吉尔吉斯斯坦主要作为出口国的贸易关系名单中唯一与吉尔吉斯斯坦保持贸易顺差关系的国家。

---

① 参见商务部对外投资和经济合作司等编：《对外投资合作国别（地区）指南：吉尔吉斯斯坦》（2024 年版），第 16 页，载商务部"走出去"公共服务平台，http://fec. mofcom. gov. cn/article/gbdqzn/，2025 年 2 月 25 日访问。

② 参见《2024 年吉外贸总额达 160 亿美元》，https：//kg. mofcom. gov. cn/jmxw/art/2025/art_9bfe10ab6b6f423fb80d5c0e1c9626bc. html，2025 年 3 月 16 日访问。

乌兹别克斯坦是吉尔吉斯斯坦在中亚地区重要的贸易伙伴之一。2024 年，两国之间的贸易额达到 8.528 亿美元。吉尔吉斯斯坦向乌兹别克斯坦出口 3.469 亿美元，自乌兹别克斯坦进口 5.059 亿美元。①

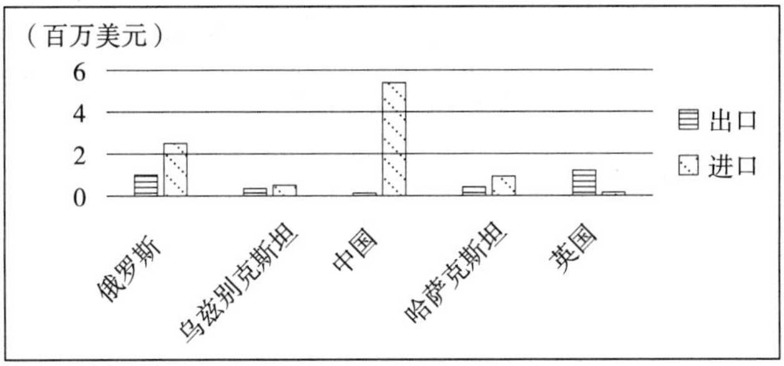

图 1—2　吉尔吉斯斯坦与主要贸易伙伴的贸易平衡（2024 年）

（3）贸易商品结构

吉尔吉斯斯坦目前以矿业为经济支柱，能源短缺、加工业落后导致吉尔吉斯斯坦以矿产出口为主、以能源和工业制成品进口为主的外贸结构在中短期内难以发生显著改变。出口产品主要为贵金属、农产品等，进口商品主要有机械设备、化工产品、石油产品、天然气、轻工纺织品等。②

2024 年，吉尔吉斯斯坦的外贸额为 160 亿美元。与 2023 年相比，增加了 0.9%。其中，出口额增长至 38 亿美元（增长 13.1%），进口额增至 120 亿美元（增长 2.4%）。在贸易总额中，与欧亚经济联盟（EAEU）成员国的相互贸易占比为 31.1%（其中出口占比为 38.6%，进口占比为 28.8%）；与非欧亚经济联盟国家的贸易额占总额的 68.9%（出口占第三国贸易的 61.4%，进口占 71.2%）。③

2024 年，吉尔吉斯斯坦积极出口各种商品，关键领域包括采矿业、石油产品、冶金业、机械工程业和纺织业。以下为年度出口额最高的十类产品（见表 1—11）。

① 参见《吉尔吉斯斯坦贸易地理：2024 年共和国出口和购买的产品（概述）》，https：//economist.kg/all/2025/02/20/torghovaia-ghieoghrafiia-kyrghyzstana-chto-eksportirovala-i-pokupala-riespublika-v-2024-ghodu-obzor/，2025 年 3 月 16 日访问。

② 参见商务部对外投资和经济合作司等编：《对外投资合作国别（地区）指南：吉尔吉斯斯坦》（2024 年版），第 17 页，载商务部“走出去”公共服务平台，http：//fec.mofcom.gov.cn/article/gbdqzn/，2025 年 2 月 25 日访问。

③ 参见《吉尔吉斯斯坦 2024 年的外贸额为 160 亿美元》，https：//24.kg/ekonomika/320087_vneshniy_tovarooborot_kyirgyizstana_v2024_godu_sostavil_16_milliardov/，2025 年 3 月 17 日访问。

表 1—11 吉尔吉斯斯坦的十大出口产品及出口额

排名	出口产品	主要出口国家	出口额（亿美元）
1	黄金	英国、中国、瑞士、阿拉伯	14
2	贵金属矿石和精矿	哈萨克斯坦、中国、乌兹别克斯坦	1.997
3	石油产品	土库曼斯坦、乌兹别克斯坦、中国和阿联酋	1.358
4	针织或纺织装饰品	俄罗斯、哈萨克斯坦	0.947
5	通信设备及其零件	俄罗斯、阿联酋	0.907
6	蔬菜、豆类	—	0.720
7	纺织机械辅助设备	—	0.679
8	铜废料	—	0.612
9	汽车和拖拉机零件	—	0.597
10	针织织物	—	0.561

2024 年，吉尔吉斯斯坦继续积极在国外购买商品，以满足人民和企业的需求。进口的主要份额是汽车、燃料和工业设备。①

表 1—12 吉尔吉斯斯坦的五大进口产品及进口额

排名	进口产品	主要进口国家	进口额（亿美元）
1	轻型汽车	中国、韩国、美国、格鲁吉亚、俄罗斯	17
2	洗碗机及相关设备	中国、土耳其、德国、白俄罗斯	12
3	石油产品	俄罗斯、哈萨克斯坦	7.117
4	车用汽油	俄罗斯、哈萨克斯坦	3.274
5	农业收割和脱粒机械设备	中国	2.797

2024 年，吉尔吉斯斯坦从欧洲国家进口的商品与 2023 年相比下降了 23%。总共进口了价值 8.51 亿美元的商品。截至年底，欧洲产品占进口总额

① 参见《吉尔吉斯斯坦贸易地理：2024 年共和国出口和购买的产品》，https：//economist.kg/all/2025/02/20/torghovaia-ghieoghrafiia-kyrghyzstana-chto-eksportirovala-i-pokupala-riespublika-v-2024-ghodu-obzor/，2025 年 3 月 16 日访问。

的 7%。[①]

表 1—13　吉尔吉斯斯坦主要进口伙伴国及进口情况

排名	国家	进口额（亿美元）
1	德国	2.517
2	意大利	1.175
3	法国	0.665
4	波兰	0.559
5	英国	0.555

3. 双向投资

据吉尔吉斯国家统计委网站消息，2024 年 1—9 月，吉尔吉斯斯坦吸引外国直接投资 7.47 亿美元，同比增长 14.1%。其中，中国对吉尔吉斯斯坦投资 2.21 亿美元，同比增长 40.3%，继续保持吉尔吉斯斯坦第一大投资来源国地位；俄罗斯对吉投资 1.93 亿美元，同比增长 46.3%，居第二位；土耳其对吉投资 7139 万美元，同比增长 65.2%，位居第三。[②]

4. 国际援助

吉尔吉斯斯坦独立以来至 2022 年 6 月，累计接受外国援助约 123 亿美元，其中，优惠贷款约 86 亿美元，占援助总额的 70%；无偿援助约 37 亿美元，占比 30%。援助主要用于国家财政、交通、能源、供水、农业、基础设施、卫生健康、国际收支、教育、国家治理、灌溉、环境等行业领域。其中，无偿援助主要用于国家财政（11.9 亿美元）、交通（4.4 亿美元）、能源（3.3 亿美元）、卫生健康（2.7 亿美元）、基础设施（2.5 亿美元）、农业（2.5 亿美元）、国家治理（2.4 亿美元）、供水（1.9 亿美元）、教育（1.8 亿美元）、灌溉（1.2 亿美元）等行业领域。

提供无偿援助的主要国家有：中国、俄罗斯、日本、瑞士、德国、美国、英国、土耳其、丹麦、荷兰等；参与实施的主要组织机构包括亚洲开发银行、

---

① 参见《2024 年，吉尔吉斯斯坦从欧洲国家进口的商品减少》，https://24.kg/ekonomika/320092_v2024_godu_import_tovarov_izstran_evropyi_vkyirgyizstan_sokratilsya_/，2025 年 3 月 17 日访问。

② 参见《前三季度吉吸引外资规模增长》，https://kg.mofcom.gov.cn/jmxw/art/2024/art_8999c165d44d4d7aaa98d5ff1013d621.html，2025 年 3 月 18 日访问。

世界银行、欧洲复兴开发银行、欧盟、美国国际开发署等。①

5. 经济特区（自由经济区）

(1) 比什凯克自由经济区

比什凯克自由经济区建立于1995年，占地面积约346公顷，位于比什凯克市近郊的玛纳斯国际机场附近。比什凯克自由经济区视同“境内关外”，设有单独的海关，注册管理实行封闭式管理，是吉尔吉斯斯坦最大的自由经济区。目前在该自由经济区正式注册并从事生产、经营活动的有来自中国、土耳其、印度、伊朗、沙特等23个国家和地区的100余家企业，该区生产的产品70%出口到哈萨克斯坦、俄罗斯、乌兹别克斯坦、土库曼斯坦及中国等周边国家。

2025年1月，吉尔吉斯斯坦总统签署《自由经济区法》修订案。该文件旨在支持在比什凯克自由经济区内开展经营活动的主体，为公平竞争创造条件，并消除与税法修正案相关的立法中的矛盾、漏洞和歧义。自由经济区内禁止从事特定活动，包括生产和销售应缴纳消费税的商品；但从事法律规定的各项组装、生产和销售的企业活动除外。②

(2) 高新技术园

为吸引信息技术企业，2013年吉尔吉斯斯坦设立高新技术园区，并对外招商，为编程人员和IT公司提供了一个开放的平台。该高新技术园区内注册企业可享受5%的企业所得税率（一般为10%），保险费为月平均工资的12%，企业需每季度缴纳收入的1%作为园区服务费。对在该园区注册的企业或个人，要求其至少90%的营业收入来自以下业务：信息系统的分析、设计和编程，信息技术和软件出口，建立和提供交互式信息服务等。③

6. 中吉经贸

(1) 双边贸易协定

2025年2月5至7日，吉尔吉斯斯坦总统萨迪尔·扎帕罗夫对中国进行

---

① 参见商务部对外投资和经济合作司等编：《对外投资合作国别（地区）指南：吉尔吉斯斯坦》(2024年版)，第18页，载商务部“走出去”公共服务平台，http://fec.mofcom.gov.cn/article/gbdqzn/，2025年2月25日访问。

② 参见《“比什凯克”自由经济区禁止生产应缴纳消费税的商品，但有一个例外》，https://24.kg/vlast/316519_vsez_bishkek_zapretili_proizvodit_podaktsiznyie_tovaryi_noest_isklyuchenie/，2025年3月19日访问。

③ 参见商务部对外投资和经济合作司等编：《对外投资合作国别（地区）指南：吉尔吉斯斯坦》(2024年版)，第36页，载商务部“走出去”公共服务平台，http://fec.mofcom.gov.cn/article/gbdqzn/，2025年2月25日访问。

了国事访问，并在北京与国家主席习近平举行会谈。双方签署了《关于深化全面战略伙伴关系的联合声明》，回顾了自 2023 年 5 月建立全面战略伙伴关系以来的合作成果，并商定进一步深化各领域合作。此次访问期间，双方签署了超过 20 项合作协议，涵盖外交、能源、基础设施、农业、科技、清洁能源、人工智能等多个领域，进一步夯实了中吉双边关系的经济和政治基础。①

表 1—14　近五年中吉政府签署的双（多）边经贸协议

<table>
<tr><th>协议名称</th><th>签署时间</th></tr>
<tr><td>中华人民共和国商务部和吉尔吉斯共和国经济商务部关于推动绿色发展领域投资合作的谅解备忘录</td><td>2022 年 2 月</td></tr>
<tr><td>中华人民共和国政府和吉尔吉斯共和国内阁中长期经贸合作规划（至 2030 年）</td><td>2022 年 7 月</td></tr>
<tr><td>中华人民共和国和吉尔吉斯共和国关于建立新时代全面战略伙伴关系的联合宣言</td><td>2023 年 5 月</td></tr>
<tr><td>中华人民共和国政府和吉尔吉斯共和国政府毗邻地区合作规划纲要（2023—2027 年）</td><td>2023 年 10 月</td></tr>
<tr><td>中华人民共和国商务部与吉尔吉斯共和国总统下属投资署、数字发展部关于加强数字经济领域投资合作的谅解备忘录</td><td>2023 年 10 月</td></tr>
<tr><td>中华人民共和国和吉尔吉斯共和国关于深化新时代全面战略伙伴关系的联合声明</td><td rowspan="3">2025 年 2 月，吉尔吉斯斯坦总统扎帕罗夫访华，中吉双方签署的文件（部分列举）</td></tr>
<tr><td>吉尔吉斯共和国经济和商业部与中华人民共和国国家发展和改革委员会在经济发展和改革领域签署谅解备忘录与合作</td></tr>
<tr><td>吉尔吉斯共和国经济和商务部与中华人民共和国商务部关于启动《吉尔吉斯共和国与中华人民共和国服务贸易和投资协定》谈判的联合声明</td></tr>
<tr><td>吉尔吉斯共和国数字发展部与中国国家发展改革委国家数据局关于加强数字经济领域合作的谅解备忘录</td><td rowspan="3">2025 年 2 月，吉尔吉斯斯坦总统扎帕罗夫访华，中吉双方签署的文件（部分列举）</td></tr>
<tr><td>吉尔吉斯共和国数字发展部和中华人民共和国国家发展和改革委员会关于扩大人工智能领域合作的谅解备忘录</td></tr>
<tr><td>吉尔吉斯共和国经济和商业部与中华人民共和国国家发展和改革委员会在经济发展和改革领域签署谅解备忘录与合作</td></tr>
</table>

中吉经贸合作主要机制为中吉政府间经贸合作委员会。2024 年 9 月，中吉政府间经贸合作委员会第十六次会议在北京举行。在两国元首的战略引领下，中吉关系实现跨越式发展，经贸合作保持良好势头。两国积极研究服务

① 参见中亚产业研究：《吉尔吉斯斯坦总统访华：深化战略伙伴关系，推进多领域合作》，https：//mp. weixin. qq. com/s/DPBAfTUFL9kwnLu9PWn34w，2025 年 2 月 8 日访问。

贸易和投资制度性安排，商签绿色矿产领域投资合作文件，加快基础设施互联互通，进一步充实中国—中亚经贸合作内涵。①

（2）中国对吉投资

据中国商务部统计，2023 年，中国对吉尔吉斯斯坦直接投资流量为-4208 万美元；截至 2023 年底，中国对吉直接投资存量为 14.85 亿美元。②

表 1—15　2019—2023 年中国对吉尔吉斯斯坦直接投资统计

（万美元）

年份	2019	2020	2021	2022	2023
年度流量	21566	25246	7643	1006	-4208
年末存量	155003	176733	153142	153701	148459

资料来源：中国商务部、国家统计局、国家外汇管理局《2023 年度中国对外直接投资统计公报》。

（3）承包工程和劳务合作

据中国商务部统计，2023 年，中国企业在吉尔吉斯斯坦新签合同额 1.9 亿美元，同比下降 7.8%；完成营业额 1.5 亿美元，同比下降 8.9%。累计派出各类劳务人员 483 人，年末在吉尔吉斯斯坦劳务人员 882 人。③

近年来，中吉两国贸易额屡创新高，双方投资和人员往来不断增长。2025 年 2 月 5 日，中国和吉尔吉斯斯坦签署了《中华人民共和国政府和吉尔吉斯共和国政府社会保险协定》。该协定共 25 条，明确了三部分内容：一是明确双方互免险种是养老保险。二是明确双方互免人群范围。具体包括双方在彼此国家工作的派遣人员、自雇人员、航海船舶和航空器上的雇员、国际运输企业人员、公务员、外交使团和领事馆人员等。三是明确协定的实施方式。双方主管部门将根据中吉社保协定签署行政协议，确定协定的实施机构，负责处理信息交换、出具参保证明等具体经办事宜。

中吉社保协定是中国与共建“一带一路”国家签署的首个社会保障协定，开启了中吉社会保障领域交流合作的新篇章，对进一步推动两国新时代全面

① 参见《中国—吉尔吉斯斯坦政府间经贸合作委员会第十六次会议在京召开》，https://mp.weixin.qq.com/s/HtQo6Ze2gX3IBZgFfoDUlg，2025 年 9 月 8 日访问。

② 参见商务部对外投资和经济合作司等编：《对外投资合作国别（地区）指南：吉尔吉斯斯坦》（2024 年版），第 20 页，载商务部“走出去”公共服务平台，http://fec.mofcom.gov.cn/article/gbdqzn/，2025 年 2 月 25 日访问。

③ 参见商务部对外投资和经济合作司等编：《对外投资合作国别（地区）指南：吉尔吉斯斯坦》（2024 年版），第 20—21 页，载商务部“走出去”公共服务平台，http://fec.mofcom.gov.cn/article/gbdqzn/，2025 年 2 月 25 日访问。

战略伙伴关系、构建中吉命运共同体具有重要意义。①

（4）电商合作

目前，俄罗斯电商平台 Ozon 已有超 250 万种产品可供吉尔吉斯斯坦客户直接从中国工厂订购，主要为服装、鞋类、家用电器和家居用品。买家可在下订单时选择最近的吉邮政作为配送点，订单运送时间约 3 周，境内享受免费送货。该公司指出，该平台来自中国的商品种类将增加数倍，平均价格比其他国家的同类商品低 15%，但由于配送时间较长，不会对当地卖家构成较大竞争。②

（5）境外园区

中国在吉尔吉斯斯坦投资开发的境外经贸合作区，代表性的有亚洲之星农业产业合作区。

2024 年 7 月 9 日，中国新疆・吉尔吉斯纳伦州喀什经济开发区产业园奠基仪式成功举行。喀什经济开发区把推进两国双园建设作为最大的改革，积极招引吉方优质企业进驻喀什经济开发区园区，全力解决企业落实工作中的各项问题，系统推进自贸试验区改革突破，进一步强化拓展与中亚、南亚国家园区（自由经济区）合作。③

---

① 参见《为何签署、有何作用？——人力资源社会保障部相关司局负责同志就中吉社保协定答记者问》，载中华人民共和国中央人民政府网，https://www.gov.cn/zhengce/202502/content_7002545.htm，2025 年 3 月 20 日访问。

② 参见《电商平台 Ozon 开始在吉售卖中国商品》，载中华人民共和国驻吉尔吉斯共和国大使馆经济商务处，https://kg.mofcom.gov.cn/jmxw/art/2025/art_10a4d67853154c46bfe145caa0781a3a.html，2025 年 3 月 21 日访问。

③ 参见《携手打造国际合作平台——中吉“两国双园”合作项目 | 中国新疆・吉尔吉斯斯坦纳伦州喀什经济开发区产业园奠基仪式成功举行》，载改革网，http://www.cfgw.net.cn/2024-07/10/content_25099717.htm，2025 年 3 月 22 日访问。

比什凯克阿拉套广场

比什凯克国立大学

第二章　吉尔吉斯斯坦法律体系概况

一、法律渊源

（一）法律发展历史

1. 苏联时期的法律遗产

吉尔吉斯斯坦在苏联时期的法律体系深受社会主义法系的影响，法律以成文法为主，强调国家对经济和社会生活的全面控制。① 苏联时期的社会主义法律体系以中央集权、计划经济和意识形态为主导，这些特征在吉尔吉斯斯坦独立后的法律改革中仍然有所体现。尽管吉尔吉斯斯坦在独立后转向市场经济，引入了个人权利保护的理念，但不可避免地在某些领域仍保有集体主义色彩，特别是在土地法、资源管理等方面。

2. 独立后的改革与发展

自 1991 年独立以来，吉尔吉斯斯坦的法律体系经历了深刻的改革与发展，旨在摆脱苏联时期的社会主义法律框架，建立符合市场经济和现代法治理念的法律体系。

吉尔吉斯斯坦在 1993 年颁布了独立后的首部宪法，确立了多党制、分权原则和基本人权保障。标志着吉尔吉斯斯坦从社会主义法制向现代法治转型。2010 年全民公决的新宪法进一步强化了分权原则，削弱总统权力，加强了议会和政府的职能。该《宪法》被认为是吉尔吉斯斯坦向议会制民主转型的重要里程碑。

1996 年，吉尔吉斯斯坦颁布了《民法典》，引入市场经济原则（如私有财产保护、合同自由），取代了苏联时期的《民法典》。该法典为市场经济的发展提供了法律基础。此外还颁布了新的《公司法》，规范了公司设立、运营和解散的程序；制定《破产法》，引入了现代破产制度，保护债权人和债务人

---

① 参见马文华：《吉尔吉斯斯坦法学教育的过去、现在和未来》，载《法学教育研究》2024 年第 3 期。

的合法权益；通过《投资法》，为国内外投资者提供法律保障和优惠政策，促进了外国直接投资和经济发展；进行税制改革，简化了税种和税率，提高了税收透明度，改革后的税制更符合市场经济的要求等。

吉尔吉斯斯坦独立后的法律改革与发展是其向市场经济和现代法治转型的重要组成部分。通过宪法改革、民商法律改革、司法制度改革等措施，吉尔吉斯斯坦逐步建立了符合国际标准的法律体系。

（二）吉尔吉斯斯坦法律体系的特点

1. 成文法主导

苏联时期的法律体系以成文法为主，法律条文明确、具体，强调国家对经济和社会生活的全面控制。吉尔吉斯斯坦独立后继承了这一传统，其法律体系仍以成文法为核心，法典编纂（如《民法典》《刑法典》）是法律体系的重要组成部分。吉尔吉斯斯坦法律体系以成文法为主要表现形式，各类法典、法律、命令等构成了法律体系的主体。根据《宪法》[①] 规定，法律和其他规范性法律文件的官方公布是其生效的必要条件。这种成文法主导的模式使得法律规范具有明确性、稳定性和可预测性，便于法律的实施和适用。

吉尔吉斯斯坦有权通过（发布）规范性法律文件的立法机关（官员）包括：总统、议会、政府、国家银行、中央选举和全民公决委员会、地方自治代表机关。同时，根据规定，吉尔吉斯斯坦的立法倡议权属于：（1）万名选民（公民倡议）；（2）总统；（3）议会议员（议会由90名议员组成）；（4）内阁总理；（5）最高法院就其职权范围内的问题；（6）人民库鲁尔泰（人民库鲁尔泰是社会代表性集会，人民库鲁尔泰作为咨询和监督性集会，就社会发展方向提供建议）；（7）总检察院就其职权范围内的问题。

另外根据《规范性法律文件法》的规定，通过的规范性法律文件必须进行登记。登记工作由以下主体负责（见表2—1）：

表2—1 规范性法律文件的登记主体

规范性法律文件	登记主体
宪法性法律、法典、法律和总统令	总统行政办公室
议会决议	议会办公厅
政府决议	政府办公厅

① 参见2021年《宪法》第6条第4款。

(续表)

规范性法律文件	登记主体
中央选举和全民公决委员会的文件	中央选举和全民公决委员会
国家银行的文件	国家银行
地方自治代表机关的规范性法律文件	地方自治代表机关办公厅

2. 法典化编纂

吉尔吉斯斯坦继承了大陆法系的法典编纂传统。法典的编纂有助于提高法律的系统性和科学性，促进法律的统一适用。早在2000年以前，吉尔吉斯斯坦就已经通过了一整套适用的新法典：《海关法典》（1992年）、《森林法典》（1993年）、《仲裁诉讼程序法典》（1996年）、《民法典》（1996—1998年）、《劳动法典》（1997年）、《刑法典》（1997年）、《刑事诉讼法典》（1999年）。①

另外需要注意的是，吉尔吉斯斯坦对规范性法律文件的修改，大多数情况下采取单独通过修正案的方式，由通过（发布）规范性法律文件的立法机关（官员），通过发布同类型的规范性法律文件，对规范性法律文件进行修改和（或）补充。具体规定如下：若对规范性法律文件进行的修改和（或）补充内容超过原文件（其结构要素）文本的一半，或者单独进行修改和（或）补充在技术上难以阐述或理解，则应将修改和（或）补充内容以规范性法律文件（其结构要素）新修订版的形式呈现。通过新修订版规范性法律文件时，现行规范性法律文件应同时被宣布失效。在其他情况下，可通过删除、补充或替换个别词语、句子、数字的方式，对规范性法律文件文本进行修改和（或）补充。

3. 多元文化融合

（1）苏联法律文化的延续

尽管独立后进行了法律改革，但苏联法律文化对吉尔吉斯斯坦法律体系的影响依然存在。在法律体系的架构以及一些法律概念和原则等方面，仍能看到苏联法律的影子。例如，在国家对经济的宏观调控、社会保障制度等方面，保留了苏联时期的部分法律理念和制度框架。

（2）伊斯兰法的影响

吉尔吉斯斯坦是一个具有深厚伊斯兰文化传统的国家，伊斯兰法在一定

① 参见陈波：《中亚投资法律风险与典型案例》，中国法制出版社2016年版，第41—42页。

程度上影响着当地的法律观念和实践。在家庭法、继承法等领域，部分伊斯兰法的原则和规范得到认可和适用，体现了对本土文化和传统的尊重。此外吉尔吉斯斯坦的法学本科课程还设有伊斯兰法课程。

（3）国际法律标准的吸纳

为了融入国际社会，吉尔吉斯斯坦积极吸纳国际法律标准和惯例。在人权保护、国际贸易、环境保护等领域，参照国际公约和标准制定国内法律，使国内法律与国际接轨，提升国家在国际舞台上的法律地位和形象。吉尔吉斯斯坦加入了《联合国反腐败公约》《儿童权利公约》等国际条约。这些公约为吉尔吉斯斯坦的法律改革提供了国际标准。吉尔吉斯斯坦还与多个国家签订了引渡条约和司法互助协议，这些协议在促进跨国犯罪打击和国际争议解决的同时，也促进了吉尔吉斯斯坦法律的改革。

（三）主要法律体系

吉尔吉斯斯坦的法律体系根源可追溯至罗马—日耳曼法系。1920 年之前，习惯法体系在吉尔吉斯斯坦境内长期占据主导，伊斯兰教法律在小范围亦有存在。苏联解体后，受意识形态及政治多元化影响，吉尔吉斯斯坦法律体系改革多围绕社会市场经济展开，注重保障个人权利与自由。1993 年《宪法》确立新市场原则，依据相关规定，吉尔吉斯斯坦的国家财产可归国家或私人所有，法律保障多种所有制形式并存且平等受保护。1998 年，吉尔吉斯斯坦再度修改宪法，引入土地私有制度。

根据 2021 年《宪法》的规定，议会是吉尔吉斯斯坦的立法机关，主要负责制定法律、修改宪法等立法事务，同时根据《关于吉尔吉斯共和国规范性法律文件法》（以下简称《规范性法律文件法》）的规定，立法机关有权就其职责范围内的问题，将立法权授予相应的国家机关和地方自治机关。立法机关通过颁布一项有关立法权授予的法案，以此完成立法权的授予工作。

2009 年 7 月 20 日通过的《规范性法律文件法》确定，吉尔吉斯斯坦的立法体系包括宪法、宪法性法律、法典、法律、总统令、议会决议、政府决议、国家银行决议、中央选举和全民公决委员会决议以及地方自治代表机关决议。公认的国际法原则和规范，以及根据吉尔吉斯共和国法律生效的国际条约，是吉尔吉斯共和国法律体系的组成部分。国际条约、公认的国际法原则以及规范的适用程序和条件由法律规定。

为便于读者构建对吉尔吉斯斯坦法律体系的整体性认知，下文将以我国法律体系为参照，把吉尔吉斯斯坦的法律划分为以下八大部门法。

（1）宪法及宪法性法律

宪法及宪法性法律在吉尔吉斯斯坦法律体系中占据核心地位，明确国家的根本制度、各项基本原则，规定国家机构的组织架构、运作规则以及公民所享有的基本权利与应履行的义务等诸多根本性问题。

具体包括《宪法》《国家主权宣言》《检察院法》《关于法官地位的宪法性法律》《宪法法院法》《议会议员地位法》《地方国家管理和地方自治机构法》《地方议会代表选举法》《地方议会代表地位法》《规范性法律文件法》等。

(2) 民商事法律

吉尔吉斯斯坦民商事法律以《民法典》为核心，广泛涵盖民事主体、物权、债权、知识产权、婚姻继承及公司、证券等商事规则，深受俄罗斯及独联体法律影响，为市场经济活动与民商事关系提供关键法律支撑。

具体包括《民法典》《非营利组织法》《家庭法典》《商品交换和外汇交易法》《担保基金法》《地块转让（改造）法》《公证法》《清真产业法》《旅游法》《关于保护传统知识的法律》《商业秘密法》《专利法》等。

(3) 行政法

吉尔吉斯斯坦行政法围绕行政管理活动展开，既涵盖明确政府架构、规范行政权力运行与程序的规则，又建立起行政监督及对行政相对人权益救济的途径，保障行政活动合法有序开展。

具体包括《违法法典》《道路交通法》《土地法》《内务机构法》《行政区划结构法》《对外移民法》《国内移民法》《许可证和执照制度法》《国家和市政服务法》等。

(4) 经济法

吉尔吉斯斯坦经济法通过财政、税收、金融等宏观调控法规把控经济走向，凭借反垄断、消费者权益保护等市场规制法律维护市场秩序，推动经济稳健发展。

具体包括《税法典》《非税收入法典》《预算法典》《经济自由区法》《银行和银行活动法》《广告法》等。

(5) 环境法

吉尔吉斯斯坦环境法致力于自然资源合理开发与生态环境保护，借土地、矿产资源管理规范以及污染防治、生态修复等制度，协调经济发展与生态平衡关系。

具体包括《环境保护法》《水资源法典》《森林法典》《节约能源法》《可再生能源法》《大气保护法》等。

(6) 社会法

吉尔吉斯斯坦社会法以劳动法保障劳动者权益，构建和谐劳动关系，通过社会保障法为民众提供养老、医疗等全方位保障，致力于提升社会福祉与公平。

具体包括《劳动法典》《住宅法典》《儿童法典》《教育法》《体育运动法》《宗教和宗教社团自由法》等。

（7）刑法

吉尔吉斯斯坦刑法明确各类犯罪构成要件及相应刑罚，秉持保护公民权益、维护社会秩序、预防犯罪的宗旨，为法治秩序筑牢坚实防线。

具体包括《刑法典》《犯罪法典》《打击资助恐怖主义活动和犯罪所得合法化（洗钱）法》等。

（8）程序法

吉尔吉斯斯坦程序法涵盖民事诉讼、刑事诉讼、行政诉讼等诉讼程序，以及仲裁、调解等非诉讼程序，为解决各类纠纷提供规范路径，确保司法公正与高效。

具体包括《民事诉讼法典》《刑事诉讼法典》《刑事执行法典》《行政诉讼法典》《律师法》《辩护法》等。

（四）当代吉尔吉斯斯坦的正式法律渊源

1. 宪法

宪法是具有最高法律效力的规范性法律文件，规定了调节最重要社会关系的基本原则和法律规范，为通过法律和其他规范性法律文件奠定了法律基础。明确宪法在吉尔吉斯共和国具有最高法律效力，直接适用。宪法性法律、法律和其他规范性法律文件依据宪法制定。法律不得在宪法规定之外的其他目的下，或超出宪法规定的程度，限制人权。

1993 年 5 月 5 日，吉尔吉斯斯坦议会通过独立后第一部宪法，规定吉尔吉斯斯坦是建立在法制、世俗国家基础上的主权、单一制民主共和国，实行立法、司法、行政三权分立，总统为国家元首。此后，宪法几经修改。2010 年 6 月 27 日举行全民公投通过了新宪法。根据新宪法，政体由总统制过渡到议会制。2016 年 12 月 11 日，举行修宪公投，将总统部分职权移交至政府。2020 年 11 月 17 日，议会公布宪法修正案草案，扩大总统权限。2021 年 1 月 10 日，就颁布新宪法改行总统制举行全民公投，超过 80%民众支持总统制。4 月，新宪法全民公投顺利通过。5 月，扎帕罗夫总统签署新宪法，国家政体由议会制改为总统制。①

宪法可由不少于 30 万选民、总统或议会全体议员 2/3 以上的提议，经总统指定的全民公决通过。宪法第一（宪法制度基础）、第二（公民的权利、自由和义务）、第五（宪法的通过、修改和补充程序）部分的修改和补充，可由不少于 30 万选民、总统或议会全体议员 2/3 以上的提议，经总统指定的全民公决通过。宪法第三（国家权力机关）、第四部分（地方自治）的修改和补充，由总统或议会全体议员 2/3 以上提议，由议会通过。议会应在收到修改宪法的法律草案后 6 个月内进行审议。修改宪法的法律需经议会至少三读，每次读数间隔 2 个月，由不少于全体议员 2/3 的多数票通过。吉尔吉斯共和国宪法法院应对《宪法》的修改和补充提出意见。禁止在紧急状态和戒严期间通过《宪法》和对《宪法》进行修改和补充。关于通过宪法、对宪法进行修改和补充的法律应由总统签署。宪法的修正案和增补案可以规定以新的措辞通过宪法。另外规定每年的 5 月 5 日为吉尔吉斯斯坦宪法日。

2. 宪法性法律

宪法性法律是吉尔吉斯共和国议会按照《宪法》规定的程序，就宪法确定的问题通过的规范性法律文件。根据《宪法》规定，宪法性法律、关于国界变更的法律，须经议会至少三读，由不少于全体议员 2/3 的多数票通过。

3. 法典

法典是系统规范同一社会关系的规范性法律文件。吉尔吉斯斯坦在立法过程中倾向于法典编纂形式。早在 20 世纪末，该国就已成功制定并通过了一整套全新法典。其中包括 1992 年出台的《海关法典》、1993 年颁布的《森林法典》、1996 年施行的《仲裁诉讼程序法典》、于 1996—1998 年间分阶段制定完成的《民法典》、1997 年生效的《劳动法典》与《刑法典》，以及 1999 年正式实施的《刑事诉讼法典》等。

4. 法律

法律是议会按规定程序通过，对相应领域最重要的社会关系进行调整的规范性法律文件。法律经议会三读通过，除非宪法另有规定，议会的法律，须由全体议员多数票通过。另外，议会通过的法律，应在 14 个工作日内提交总统签署。总统应在收到法律后的 1 个月内，签署或附上异议将其退回议会重新审议。若法律被附有异议退回，在重新审议时以原通过版本获得不少于

① 参见《吉尔吉斯斯坦法律制度》，载中国—中亚法律查明与研究中心，https：//www/nwupl. edu. cn/wgfczx/zef/116236. htm，2025 年 3 月 6 日访问。

全体议员 2/3 的多数票批准，则总统应在收到该法律后的 14 个工作日内签署。

5. 吉尔吉斯共和国总统令

吉尔吉斯共和国总统令是由吉尔吉斯共和国总统根据《规范性法律文件法》规定的要求发布的规范性法律文件。根据《宪法》规定，总统通过发布命令和指示来行使权力，这些命令和指示在吉尔吉斯共和国全境必须得到执行。

6. 吉尔吉斯共和国议会决议

吉尔吉斯共和国议会决议是议会就《宪法》规定由其负责的问题通过的，符合《规范性法律文件法》要求的规范性法律文件。吉尔吉斯共和国的议会，是最高代表机关，在其职权范围内行使立法权和监督职能。根据《宪法》规定，议会有权按照宪法规定的程序，修改和补充宪法；通过法律；对法律进行官方解释；按照法律规定的程序，批准或废除国际条约。根据《宪法》规定议会的决议，须由全体议员多数票通过。

7. 吉尔吉斯共和国政府决议

吉尔吉斯共和国政府决议是吉尔吉斯共和国政府在具有更高法律效力的规范性法律文件的基础上，根据《规范性法律文件法》规定的要求通过的规范性法律文件。

8. 吉尔吉斯共和国国家银行决议

吉尔吉斯共和国国家银行决议是吉尔吉斯共和国国家银行董事会依据并执行具有更高法律效力的规范性法律文件，在其权限范围内，符合本法要求而通过的规范性法律文件。

国家银行对吉尔吉斯共和国的银行体系进行监管，制定和实施吉尔吉斯共和国的货币信贷政策，制定和执行统一的货币政策，拥有发行货币的专属权力，实施多种形式的银行融资。

9. 吉尔吉斯共和国中央选举和全民公决委员会的决议

吉尔吉斯共和国中央选举和全民公决委员会的决议是吉尔吉斯共和国选举和全民公决中央委员会根据在其权限范围内具有更高法律效力的规范性法律文件，按照《规范性法律文件法》规定的要求通过的规范性法律文件。中央选举和全民公决委员会负责筹备和组织吉尔吉斯共和国的选举和全民公决。

10. 地方自治代表机关决议

地方自治代表机关决议是地方自治政府代表机构为解决地方重大问题，

在其权限范围内，根据并依照具有更高法律效力的规范性法律文件通过的、在相应地区具有法律约束力的规范性法律文件。根据《宪法》规定，地方国家行政机构在各行政领土单位的领土上行使行政权；地方国家行政机构的组织和活动由法律确定；地方国家行政机构应依据宪法、法律、总统和内阁的规范性法令行事；地方国家行政机构在其职权范围内通过的决定对各自领土具有约束力。

根据《规范性法律文件法》的规定，按照法律效力的程度，规范性法律文件按以下层级排列：（1）宪法、修改和补充宪法的法律；（2）宪法性法律；（3）法典；（4）法律；（5）总统令；（6）议会决议；（7）政府决议；（8）国家银行、中央选举和全民公决委员会的文件；（9）被授权制定规范性法律文件的国家机关，根据立法授权文件制定的规范性法律文件；（10）地方自治代表机关的规范性法律文件。

规范性法律文件不得与具有更高法律效力的规范性法律文件相抵触。

二、主要法律介绍（投资相关法律规定）

（一）贸易法律制度

吉尔吉斯斯坦经济财政部是对外经贸主管部门，其职能是制定并实施国家经济政策、开展对外经贸联系、协调建立市场经济体制、促进企业发展等。吉尔吉斯斯坦对外贸易活动的基本法律有《对外贸易法》《海关法》《许可证法》。①

1. 贸易管理的相关规定

（1）实行进口许可证管理的商品主要包括：

①密码设备及其备件，以及密码程序软件；

②武器和军事装备，用于武器生产专用配套产品，军事技术合作领域工程和服务（涉及商品名录由吉尔吉斯斯坦国防部另行规定）；

③防止战争毒害物质的设备及其配件（涉及商品名录由吉国防部另行规定）；

④军服及其标志（涉及商品名录由吉国防部另行规定）；

⑤军用产品的技术规范文件，包括设计文件和使用说明（涉及商品名录由吉国防部另行规定）；

① 参见《吉尔吉斯斯坦法律制度》，载中国—中亚法律查明与研究中心，https：//www/nwupl. edu. cn/wgfczx/zef/116236. htm，2025 年 3 月 6 日访问。

⑥火药、爆破物、引爆物和烟花制造设备；

⑦核材料、核技术、核武器及装备、特种非核材料、放射源及放射性废料；

⑧可能被用于制造大规模杀伤武器的民用材料、设备和技术；

⑨可能被用于制造武器和军用设备的部分原料、材料、设备和技术；

⑩贵金属、贵金属合金及其制品，贵金属镀膜材料及其制品，矿石，精矿粉，边角材料和废料；

⑪贵重天然石材及其制品，贵重天然石和再生材料及其制品；

⑫毒品和精神药物，导致麻醉的物品；

⑬剧毒物；

⑭危险废料；

⑮药品；

⑯公务用或民用武器；

⑰烟草；

⑱酒精及酒精制品；

⑲破坏臭氧层的物质及含有该物质成分的产品。

（2）实行出口许可证管理的商品包括以上名录中第①—⑭项和第⑯项，以及活牲畜、植物类的制药原料、战争物资、弹药、有色金属边角料和废料。[①]

2. 进出口商品检验检疫

（1）检疫范围与对象

对进出口商品实施检疫，包括动植物及其产品、食品、化妆品、药品、医疗器械等。依据《欧亚经济联盟条约》及吉尔吉斯斯坦国内立法，对涉及卫生、动植物健康、环境保护等方面的商品严格管控。如肉类、奶制品、蔬菜水果等农产品，以及可能携带病虫害、有害物质的商品重点检疫。

（2）检疫实施主体

由吉尔吉斯斯坦相关检疫部门负责，包括卫生检疫、动植物检疫、食品检疫等专业机构。这些部门依据法律授权，在口岸、边境地区及指定场所开展检疫工作。各部门协同合作，确保检疫工作全面、有效进行。

（3）进口商品检疫

申报与查验：进口商需在货物抵达前向检疫部门申报，提供商品相关信

---

① 参见《吉尔吉斯斯坦法律制度》，载中国—中亚法律查明与研究中心，https：//www/nwu-pl. edu. cn/wgfczx/zef/116236. htm，2025 年 3 月 6 日访问。

息和证明文件。检疫部门根据风险评估确定查验方式和比例，可进行文件审查、现场查验、实验室检测等。对高风险商品如活体动物、新鲜农产品，加大查验力度。

检疫标准与要求：遵循国际标准和吉尔吉斯斯坦国内法规，如食品安全标准、动植物卫生标准等。商品需符合特定的质量、安全、卫生指标，不得含有违禁物质、病虫害等。肉类产品需无疫病，食品添加剂需符合规定限量。

检疫处理：经检疫合格的商品准予放行；不合格商品视情况进行处理，如消毒、除害、退回或销毁。若商品携带病虫害，进行消毒处理；若不符合食品安全标准，予以退回或销毁。

（4）出口商品检疫

产地检验：在商品产地或加工场所进行检验，确保出口商品质量和安全符合目的地国家或地区要求。对农产品，检查种植、养殖过程中的用药、施肥情况；对工业产品，检验生产工艺和质量控制。

证书出具：检疫合格的出口商品，检疫部门出具相关证书，如卫生证书、植物检疫证书等。这些证书是商品进入国际市场的重要凭证，证明商品符合检疫要求。

特殊情况处理：对来自疫区或存在潜在风险的商品，采取额外检疫措施，如加强检测、延长隔离期等。若某国出现动物疫病，对来自该国的相关动物产品严格检疫。过境商品需符合吉尔吉斯斯坦的过境检疫要求，确保不传播病虫害和有害生物。

（5）违规处理

对违反检疫规定的行为，检疫部门依法进行处罚，包括罚款、没收货物、暂停或吊销相关经营资质等。若进口商虚报商品信息逃避检疫，将面临罚款和货物没收。进口商和出口商需承担因违规导致的一切后果，包括经济损失和法律责任。

3. 海关管理相关规定

吉尔吉斯斯坦海关机构由国家授权的主管机关、下属海关及相关国有企业构成，具有军事执法机关地位。主管机关负责领导管理，下属海关执行具体任务，国有企业辅助工作。主管机关由政府确定，其组织架构和管理模式需经政府批准；下属海关的设立、撤销和重组由主管机关决定。当下，海关总署隶属经济财政部，全境内共设 15 个海关。分布于 7 州（楚河州、奥什州、巴特肯州、贾拉拉巴德州、伊塞克湖州、纳伦州、塔拉斯州）以及比什凯克市，玛纳斯国际机场、比什凯克自由经济区内设有海关。中、吉边境的吐尔尕特口岸和伊尔克什坦口岸，分别在纳伦海关和奥什海关辖区。

（1）海关征税

税费种类：包括进出口关税、增值税、消费税、海关规费等。不同商品的关税税率不同，农产品进口关税在5%—10%，部分生活必需品零关税，汽车关税约17.5%，新能源汽车在2025年前零关税，奢侈品和非必需品关税可达30%；增值税率为12%，适用于多数进口产品；消费税针对烟草、酒精等特定商品，税率每年可能调整；海关规费涵盖货物查验费、监管费等，收费标准依服务项目和货物价值等因素确定。

缴纳规定：纳税主体为货物进出口相关方，缴纳期限通常在货物申报通关时，可通过多种方式缴纳。进口货物的收货人、出口货物的发货人或其代理人是主要纳税主体；缴纳方式包括银行转账、电子支付等；若逾期缴纳，将按每日0.09%收取滞纳金。

减免与退还：特定用途货物、国际组织及外交机构货物等可减免税费；多缴、错缴税费或货物退回等情况下可申请退税。用于人道主义援助、科研项目的货物，国际组织、外交机构及其人员的货物，在符合规定时可减免税费；因海关计算错误、纳税人误缴等原因多缴税款，或货物因质量问题退回时，可按规定申请退税。

（2）出口退税

利用进口原料加工复出口商品，凭相关许可证可退还原料进口时缴纳的关税和增值税；使用本地采购原料加工的出口商品，可退还增值税。企业需向海关等部门提交出口货物证明文件、加工过程资料等，证明符合退税条件。

（3）税收优惠

关税优惠：依据《欧亚经济联盟条约》确定进口关税优惠情形，政府可规定出口关税优惠。对用于特定产业发展、科研等的进口货物，可给予关税减免；政府根据经济发展需求，对部分出口商品给予关税优惠。

其他税费优惠：税收法律规定了增值税、消费税等其他税费的优惠条件。特定货物、特定主体的货物可享受减免，如人道主义援助货物、外交机构货物等。符合产业政策扶持的企业进口生产设备，可减免增值税；对特定文化、教育、医疗等领域的进口货物，可减免消费税。

（二）投资法律制度

吉尔吉斯斯坦与投资相关的法律制度包括《投资法》《经济自由区法》等。

1. 投资相关规定

(1) 外国投资者的权利保障

国民待遇与平等权利：在经济活动中，外国投资者享有与吉尔吉斯斯坦本国法人和自然人相同的国民待遇。在投资权利方面，不受国籍、民族、语言等因素影响，享有平等地位，但法律另有规定的特殊情况除外。

投资活动自由：在吉尔吉斯斯坦境内投资活动不受不合理干涉，可自由选择投资领域（除法律禁止外）、投资方式、资本规模、结构和组成。可自主决定与国内外主体开展经济合作，创建子公司、分支机构和代表处。

资产与收益处置权：外国投资者有权自由支配投资及其产生的收益，包括用于再投资、消费等合法目的。可在境内开设本币和外币账户，进行自由的货币兑换和资金转移。投资资产和相关信息的汇出不受限制，在符合规定的前提下，可自由将投资收益、清算所得等资金汇出境外。

知识产权保护：吉尔吉斯斯坦承认并保护外国投资者在知识产权方面的所有权利，涵盖专利、商标、著作权等。涉及建筑物和土地使用的情形，建筑物所有权转移时，土地使用权按规定一并转移；投资者还可依法依规租赁土地。

(2) 投资保障措施

投资稳定保障：若吉尔吉斯斯坦税收和非税法规发生变动，符合条件的外国投资者和投资企业在签署稳定协议后的10年内，有权选择对自身最有利的纳税条件。稳定协议的签订条件明确，如特定投资规模和期限要求，若投资者未履行投资义务，将面临协议解除和税费追缴。

免受征收保障：投资通常不会被征收（包括国有化、征用等类似措施），除非出于公共利益且依法定程序进行，同时需给予及时、充分、有效的补偿，补偿金额等同于投资被征收时的客观市场价值，包括预期利益损失。补偿需以可自由兑换货币支付，并按伦敦银行同业拆借利率（LIBOR）计算利息。

争议解决保障：投资争议解决途径多样，优先遵循投资者与吉尔吉斯斯坦政府事先约定的程序。若未约定，可通过双方协商解决；协商不成的，国内争议提交吉国司法机关解决，涉及外国投资者的争议，在双方书面同意的情况下，可提交国际投资争端解决中心（ICSID）或依据联合国国际贸易法委员会仲裁规则设立的仲裁机构处理。

(3) 投资活动相关规定

劳动法规适用：与吉尔吉斯斯坦公民建立劳动关系时，外国投资者需遵守吉尔吉斯斯坦劳动法规。同时，有权根据法律规定雇佣非吉尔吉斯斯坦公民作为员工，包括担任管理职务，员工的工资、报酬等收入可按规定自由汇出境外。

投资项目参与：外国投资者可参与吉尔吉斯斯坦政府组织的投资项目竞争选拔，以获取投资机会。对于符合条件的大型投资项目，可与政府签订投资协议，协议内容需符合法律规定，不得超出法定优惠和特权范围。

保险与注册：投资保险遵循自愿原则，可在境内或境外投保。在吉尔吉斯斯坦进行企业注册、变更注册和清算时，外国投资者需遵循吉尔吉斯斯坦《民法典》及相关法规，并额外提交特定文件，如外国法人的注册证明、外国自然人的身份证件等。

2. 自由经济区相关规定

自由经济区是吉尔吉斯斯坦部分实行特殊经济活动法律制度的区域；特殊法律制度是比普通经济活动管理更优惠的法规组合；一般管理局是管理机构；区内主体指完成注册登记的法人、分支机构等；登记册记录相关主体信息。设立自由经济区旨在促进特定区域社会经济发展，吸引投资，发展生产、交通、旅游等产业。有功能型和综合型两种类型，还确定了“纳伦”自由经济区适用特殊海关程序。自由经济区在指定区域设立，接受海关监管。政府规定区域建设、人员出入要求，未达标主体适用普通税收制度。可从多渠道融资，区内主体需按比例向预算缴费、向管理局付费。国家机关除法定情况外不得干涉区内主体经营活动。

自由经济区实行特殊货币制度，允许外币自由流通，与境外主体交易可自由选择货币结算。吉尔吉斯斯坦目前共有 5 个自由经济区，这些经济区分布在不同地区，各自具备独特的区位优势和发展特点，在促进吉尔吉斯斯坦的经济发展、吸引投资、推动贸易等方面发挥着重要作用。

吉尔吉斯斯坦的自由经济区优惠政策旨在吸引投资、促进经济发展，涵盖税收、海关、货币及经营等多方面，不同经济区在具体政策细节上存在差异。

（1）税收优惠

企业所得税：比什凯克自由经济区所得税税率为零；高新技术园区内注册企业所得税率为 5%（一般为 10%）；自由经济区内的企业符合条件可享受免税政策。年营业额低于 800 万索姆的企业，可选择按 4%或 6%的税率缴纳统一税。

其他税种：比什凯克自由经济区财产税、土地税为零。自由经济区企业出口商品时，向经济区管理委员会缴纳出口报关货值 1%—2%的“提供税收优惠服务费”，相比其他地区的税费征收，这一费用标准较低。输入自由经济区内的货物免征增值税、消费税及其他规费。

（2）海关优惠

自由经济区视同“境内关外”，设有单独的海关。外国投资者进出口关税及其他税费全免。货物在区内流转时，无须缴纳关税、增值税、消费税等。自由经济区生产的产品出口不受配额和许可证限制；来料加工产品增值达到一定标准，原产地可视为该经济区；转口到第三国的货物免征一切税费。

（3）货币外汇优惠

自由经济区内实行特殊货币制度，规定了外币的自由流通，包括法人实体和个人之间提供服务和结算。外国投资者可自由支配一切合法所得，经营所得利润及人员工资收入可自由汇往境外，且金额不受限制，不受货币在其境内外流通的限制（涉嫌触犯防止洗钱交易法规的活动除外）。

（4）经营便利优惠

外国投资者可在自由经济区从事吉尔吉斯斯坦法律允许的各类生产经营活动，包括零售贸易，经营活动范围较为广泛；简化外籍员工的出入境程序，方便企业引进国外人才；简化企业注册流程，减少企业设立的时间和成本。简化通关程序，提高货物进出口的效率。保证基础资源供应，包括水、电、运输等，为企业生产经营提供基础保障。

3. 高新技术园区相关规定

高新技术园区是指专注于促进高新技术产业发展的特定区域。其设立目的在于通过集聚高新技术企业、科研机构和创新人才，推动科技创新、成果转化和产业化，进而带动区域经济的高质量发展。高新技术园区对企业或个人的营业收入来源有规定，即至少90%需来自信息系统分析、设计、编程，信息技术和软件出口，建立和提供交互式信息服务等高新技术业务。

优惠政策如下：

（1）税收优惠显著

入驻企业享受低税率，如企业所得税率仅为5%（一般企业为10%）。对企业研发支出给予额外扣除优惠，最高可达120%，有效降低企业研发成本，激励企业加大创新投入。

（2）费用缴纳优惠

保险费为月平均工资的12%，企业每季度仅需缴纳收入的1%作为园区服务费。

（三）税收法律制度

1. 税收体系和制度

2022年1月18日吉尔吉斯斯坦出台新税法，根据该法规定，吉尔吉斯共和国应建立一般税制和特殊税制。一般税制是指纳税人根据本法典规定的国家和地方税纳税的税制，包括6项国家税，1项地方税。根据《税法》第37条的规定：

（1）吉尔吉斯共和国征收国家税和地方税。

（2）国家税为《税法》规定的在吉尔吉斯共和国全境必须缴纳的税种。

（3）地方税是指本法典规定的、由地方议会的规范性法令颁布的税种，在各行政区域单位的领土上必须缴纳。

（4）一般国家税种包括所得税、利润税、增值税、消费税、矿产资源使用税、销售税。

（5）地方税包括财产税。

特殊税制是一种税收制度，在这种制度下，根据《税法》的规定，采用特殊程序确定税款构成及其要素，以代替国家税和/或免除缴纳某些国家税和地方税的义务。特殊税制包括：①专利税；②基于单一税种的简化税制；③自由经济区的税收制度；④高科技园区的税收制度；⑤采矿税；⑥电子商务活动税；⑦对赌博活动征税；⑧对贸易区内有特殊待遇的活动征税。

2. 主要赋税和税率

个人所得税：纳税人包括本国公民、居民及非居民等。征税对象为经济活动产生的收入，计税基础是年收入扣除免税收入和规定扣除项后的余额。个人所得税标准税率为10%，但存在特殊情况。如对在优先边境居民点注册并开展活动的纳税人、符合特定条件的纳税人（如在某些特殊区域或行业工作的人员）、特定园区（如高科技园区和创意产业园区，不包括从事建筑物等服务和安保工作的人员）的居民和管理人员、具有Ⅰ或Ⅱ级残疾以及Ⅲ级听力残疾①的人员，其税率为5%。还有如标准扣除、社会扣除、财产扣除等扣除项目。税务代理人需履行相关扣缴义务，不同情况下扣缴计算方式有别，且要按规定时间和地点缴纳税款并提交报告。

利润税：纳税人涵盖本国组织、在本国通过常设机构活动的外国组织等。征税对象是经济活动产生的利润，计税基础为年度总收入减去免税收入和可扣除费用后的正数差额。标准税率为10%。不过，从事金矿、精金矿等开采和销售的企业，其利润税税率为0（但加工矿物而生产和销售的商品的利润除外）；自2024年7月26日起，对在吉尔吉斯斯坦境外开展活动所获利润（需单独记账，且境外活动定义为在境外销售货物且货物原产国不是吉尔吉斯斯

① 吉尔吉斯斯坦将残疾分为三个类别：Ⅰ级残疾为完全残疾，且需要持续照料；Ⅱ级残疾是完全残疾，丧失80%行动能力；Ⅲ级残疾为部分残疾，工作能力有限。

坦)，税率为3%。另外，小型企业可选择简化税制，根据不同活动类型和收入规模，按2%—6%的税率缴纳单一税（取代所得税、销售税和增值税）；从事加密货币挖矿的企业，需按15%的税率缴纳单一税（取代企业税、增值税和销售税）；从事博彩活动的企业，自2022年6月30日起，需按8%的税率缴纳博彩税（取代企业税、增值税和销售税），对于在线和电子（虚拟）赌场，2024—2025年税率为1%，2026年为2%，2027年起为3%。

增值税：税率为12%。但，出口货物和特定服务适用零税率。

消费税：涉及燃油产品、酒精类产品、金银饰物、烟草商品等特定商品。税率由吉尔吉斯斯坦政府确定，且每年公布一次，不同商品的具体税率会有所不同。

矿产资源使用税：除一般公司税外，从事采矿及相关活动的公司需缴纳特许权使用费和奖金税。特许权使用费基于销售矿产或加工矿产产品的收入或销售量等征收，税率根据矿产资源类型在1%—12%之间变化，或者按每立方米0.01—200索姆征收；奖金税是为使用地下资源进行勘探、开发等目的而一次性支付的费用，其税率由政府根据矿产类型、储量、许可区域大小等确定。

销售税：税率范围在1%—3%，具体由地方政府决定。

地方税：主要是财产税，该法中未明确给出其具体税率，实际执行中可能会依据地方规定有所不同。

3. 税收义务的履行

计算与缴纳：纳税人通常需自行计算应纳税额，即根据应税收入或应税行为，依据税法规定的计税方法确定应纳税金额。缴纳方式多样，可一次性全额缴纳，也可按规定分期缴纳；可直接缴纳，也可由税务代理人代扣代缴。缴纳期限明确，需严格遵守，否则将面临处罚。

纳税地点：一般按纳税人的税务登记地或经营地确定纳税地点，确保税收征管的属地性和规范性。

货币要求：通常以本国货币索姆缴纳，特定情况下，如外国组织无常设机构时，可按规定用外币缴纳。

（四）劳动与就业法律制度

《劳动法典》是吉尔吉斯斯坦规范劳动关系的重要法律，最新修订的《劳动法典》于2025年1月23日颁布实施，涵盖了劳动关系的各个方面，对劳动者和用人单位的权利义务进行了详细规定。

1. 劳动关系建立与解除

合同签订：劳动关系主要基于劳动合同建立，其订立形式包括书面和电子形式，需双方签字或使用电子数字签名，且应一式两份，双方各执一份。

必备条款涵盖合同基本信息、双方身份、工作地点、岗位、期限、工作模式、权利义务、报酬、劳动条件等。此外，还可约定试用期、保密、服务期等补充条款，但不得损害劳动者权益。特定情形下，如选举、任命、实际用工等，即便未签订书面合同，劳动关系依然成立。对未成年人、学生等特殊群体签订合同有额外要求，如需获得家长或相关机构同意等。

合同解除：经双方协商一致、合同期满、劳动者或用人单位提出、出现不可抗力等情况时，合同可解除。其中，用人单位解除合同需符合法定条件，部分情况还需提前通知并支付经济补偿。对孕期、哺乳期妇女，残疾劳动者等特殊群体，合同解除有严格限制，以保障其权益。合同解除或终止时，用人单位需出具证明，办理工作交接，支付应得报酬和经济补偿，劳动者需归还单位财物。

2. 工作时间与休息休假

工作时长：正常情况下，每周工作时间不得超过 40 小时，每日工作时长根据不同年龄段和工作类型有所区分，如 14—16 岁劳动者每日不超 5 小时，16—18 岁不超 7 小时。部分特殊工作或特殊群体适用特殊工作时间规定。如从事重体力、有害或危险工作的人员，每周工作时间不超 36 小时；从事创造性工作的人员，其工作时长可按规定协商确定。另外加班需经劳动者书面同意，且有严格时长限制，一般每日不超 4 小时，每周不超 20 小时。特殊情况下加班虽有例外规定，但也需符合相应条件，且加班需支付额外报酬。

休息休假：劳动者享有多种休息时间，包括日常休息、周末、法定节假日等，此外劳动者每年享有带薪年假，一般为 28 个日历日，部分特殊群体，如国家公务员、未成年人、残疾人等，年假时长可能更长。

3. 劳动报酬与福利

报酬支付：用人单位必须按时足额支付工资，劳动报酬支付形式多样，包括按时、按件或其他方式，且不得低于法定最低工资标准，截至 2025 年，其标准为每月 2865 索姆（约合人民币 241.88 元）。工资的确定取决于工作的数量、质量和复杂程度，同时要依据相关资格标准和职业标准进行考量。

支付时间：工资支付频率不低于每月 1 次，具体支付日期由集体合同或企业规定确定。若支付日恰逢节假日，则提前至前 1 个工作日支付。

特殊情况支付：在加班、工作时间外，夜间工作、节假日工作等特殊情况下，劳动者有权获得额外报酬。若因企业原因导致劳动者未完成正常工作量，企业仍需支付不低于平均工资的报酬；若因劳动者自身原因未完成工作量，则按实际完成工作支付报酬。

扣除限制：企业扣除劳动者工资需有法定依据，且扣除总额一般不得超过工资的20%，特殊情况下不得超过50%，以保障劳动者的基本生活需求。

福利待遇：用人单位有义务为劳动者提供法定福利，如社会保险，包括工伤、养老、医疗等保险。

吉尔吉斯斯坦社会保险主要涵盖劳动事故保险和职业疾病保险等。法律规定用人单位必须为劳动者办理强制性的社会保险，费用由用人单位承担。

当劳动者因工作遭受伤害或患上职业疾病时，有权依据社会保险的相关规定，向用人单位或相关机构提出赔偿要求。若劳动者不幸因工作原因死亡，其家属也能依据规定获得相应的丧葬补贴等福利。

针对从事特殊工作的劳动者，如在有害、危险或艰苦条件下工作的人员，提供额外津贴、缩短工作时间、增加年假等福利。在高海拔地区或偏远地区工作的人员，除享受津贴外，还可能获得额外的年假和其他保障。

4. *劳动争议解决*

（1）劳动争议类型

个体争议：指劳动者与用人单位在建立、变更、履行劳动合同，以及适用劳动法律法规、集体合同、企业内部规定等方面产生的分歧。例如，在工作条件、工资待遇、加班补偿等问题上的争议。

集体争议：是劳动者群体（或其代表）与用人单位（或其代表）在劳动条件、集体合同签订与执行等方面出现的未解决的矛盾，如集体要求提高工资、改善工作环境等引发的争议。

（2）争议处理机构

劳动争议委员会：由劳动者和用人单位代表组成，负责处理企业内部的个体劳动争议。其裁决具有一定的强制执行力，若一方不履行，另一方可以申请强制执行。

国家监管机构：负责监督劳动法律法规的执行情况，有权对劳动争议进行调查和处理，确保争议解决符合法律规定。

法院：作为最终的争议解决机构，受理各类劳动争议案件，依据法律作出公正判决。

（3）争议处理程序

个体争议处理：劳动者可选择向劳动争议委员会、国家监管机构或直接向法院提起申诉。处理过程需遵循法定程序，包括提交申请、调查取证、听证辩论等环节，以确保公正裁决。

集体争议处理：首先需通过调解程序，由专门的调解委员会进行调解。若调解不成，可进入仲裁或诉讼程序。在特定情况下，劳动者有权举行罢工，但需遵循严格的法律程序，如提前通知、确保最低限度工作的进行等。

（4）相关保障措施

权益保护：在争议处理期间，劳动者的合法权益受到保护，用人单位不得随意解除劳动合同或对劳动者进行报复。

强制执行：对于生效的裁决或判决，相关机构负责强制执行，确保劳动者的权益得到切实保障。

5. 雇佣外国人

吉尔吉斯斯坦在雇佣外国人方面有着较为系统的规定，涵盖工作许可、雇佣配额、劳动权益与义务、特殊情况及争议解决等多个方面，旨在规范外国人在吉国的就业活动，平衡本国劳动力市场与国际人才需求。

工作许可：以劳动为目的的外国公民、无国籍人士需在吉尔吉斯斯坦政府移民局登记并按程序取得工作许可，包括企业工作和个体商业行为从业者。工作许可分为授权雇佣外国员工的许可证和外国人或无国籍人士的工作许可证（个人卡）。申请时需按移民局要求准备相关文件，可通过电子或纸质形式提交。

雇佣配额：政府设定雇佣外国和无国籍雇员的年度配额，且按行业制定并依地区分配。企业须先获得招收外国劳动力许可证，再依据此证及雇佣配额为外籍劳工办理工作许可证。《就业许可证》规定的外籍劳工配额若自签发日起 3 个月内未使用则废止。

劳动权益与义务：外国劳动者享有与本国劳动者同等的劳动权利，如签订、变更和解除劳动合同，获得劳动报酬、休息休假、职业培训等。同时，需遵守吉尔吉斯斯坦劳动法规，履行相应义务，如遵守工作场所规定、保障劳动安全等。

特殊情况：部分人员可免办工作许可，包括拥有官方难民身份、政治庇护者、永久居民、监督技术设备安装人员、实习学生、外交和领事使团及国际组织雇员、外国记者等。工作许可证一般不可转让，特定雇主发放的许可证仅适用于该雇主。

雇佣限制：当吉尔吉斯斯坦国内市场能聘到合适的当地专业人员、申请数据不准确、雇员被解雇或雇主商业活动停止、存在非法行为等情况时，工作许可申请可能被拒绝或已发放的许可证会被吊销。

劳动争议解决：外国人与雇主发生劳动争议时，处理程序与本国劳动者一致，可通过协商、调解、仲裁或诉讼解决。在争议解决期间，外国人的合法权益受法律保护。

（五）工程承包法律制度

《城市建设和建筑法》规定，除民用住宅外，其他建筑工程实行许可制度。外国企业通常需在当地注册子公司，以子公司名义申请建筑许可证，该许可证由国家建筑建设及公共住房署颁发，无限期有效且全国通用。此外，还需办理施工许可证，施工许可证由领土建筑和施工监督机构根据建筑地点颁发，仅发给拥有土地合法所有权或使用权的个人或实体，有效期为预计施工期，必要时可续期。

人员资质：以从事劳动为目的的外国公民需在吉尔吉斯政府移民局登记，按规定程序取得工作许可。企业需根据招收外国劳动力许可证以及雇用外籍劳务配额为外籍劳务办理工作许可证。

在吉尔吉斯斯坦境内，允许开展有外国投资者参与的城市建设与建筑活动。国际合作形式丰富多样，涵盖了双边和多边的目标性计划与项目的开发及实施、建筑和城市建设项目的联合设计与建造（包括在国内和国外）、联合的科学技术研发与研究、经验交流、人员培训与进修，以及举办研讨会、会议、竞赛等。

外国公民、组织和公司在吉尔吉斯斯坦进行城市建设活动时，必须遵守相关法律，其参与受到吉尔吉斯斯坦许可制度的监管。在实施国际合同时，不允许外国主体在没有本国主体参与的情况下全权负责，以确保能够充分适应本地条件，遵循吉尔吉斯斯坦的规范性法律文件和法规要求。

（六）土地法律制度

1. 土地所有权与使用权

吉尔吉斯斯坦土地有国有、市政、私有等多种所有制形式。国有土地包括森林、水域、特殊保护区等用地；市政土地指城镇内除国有和私有外的土地；私有土地则由公民或法人依法拥有。

《土地法典》对外国人获取、使用和交易土地作出了一系列规定。

(1) 农业用地

严禁外国人获取农业用地所有权。若通过概括继受（如继承）获得农业用地所有权，需在规定时间内转让给吉尔吉斯人。如外国公民继承农业用地，需在一年内完成转让。

(2) 居民点内土地（位于城市、城镇、乡村等居民聚居区域范围内的土

地）

外国个人或法人可因执行抵押权获得居民点内土地的定期（临时）使用权或所有权，但需在两年内按吉尔吉斯斯坦《质押法》规定处置该地块。

（3）非居民点土地（非农业、非采矿用途）

可通过吉尔吉斯斯坦内阁决定，获得此类土地的固定期限（临时）使用权。在其他情况下，非居住用地可通过普通继承以固定期限（临时）使用提供、转让或转移给外国人。

（4）用于地下资源利用的土地

为利用地下资源，可向外国人授予位于居民点以外土地的临时使用权。申请时需提交申请书、标明坐标的地形图及占用产生的农业生产损失补偿费用计算表，私人土地所有者也可根据协议提供土地。

（5）边境地区土地

外国人、无国籍人以及除侨民之外的外国法人不得取得位于边境地区的土地用于定期（临时）使用或所有权。

特殊情况处理：当外国人通过继承等方式获得不符合其身份的土地权利时，必须在规定期限内进行处置。如未在规定期限内转让的不动产，将根据其类型和用途，由法院决定进行强制出售，出售所得款项将按规定处理。

吉尔吉斯斯坦土地使用期限分无期限和有期限（最长 50 年），不同用途和使用者的土地使用期限不同，且期满可协商延长。外国人获得的土地使用权均为有期限的使用权，期限通常不得超过 50 年，期满后双方可协商续期。在土地使用过程中，需遵守土地的指定用途，履行相应的保护和管理义务，如合理利用土地、保护土壤肥力、遵守环境保护规定等。

2. 土地交易

土地交易形式多样，包括买卖、赠与、抵押等，但需依法进行，且部分交易需进行国家登记。与土地使用权相关的交易需进行国家登记，以此保障交易的合法性和权益的稳定性，但无须公证。外国人进行土地交易时，需遵循吉尔吉斯斯坦的相关法律程序，交易价格由双方协商确定。例如，土地所有者或使用者向外国人转让土地权利时，需按照规定办理相关手续。

土地出让方式有多种，如政府划拨、招标拍卖等，不同方式适用不同条件和程序。例如，为公共利益可强制征用土地，但需给予合理补偿。土地转让需遵循相关规定，如部分土地转让需先分割并登记，且交易价格由双方协商确定。

3. 土地分类使用

农业用地优先用于农业生产，对其转让、使用有特殊规定，如土地份额有面积限制且部分为不可分割。

居民点土地依规划使用，用于建设、经营等活动需符合相关规定，公共用地使用也有明确规则。

工业、交通等用地用于特定项目建设，使用时需遵循相关行业规范和土地法规。

4. 土地纠纷解决

授权机关处理优先：因土地权利关系引发的纠纷，首先由提供土地的授权国家机关负责处理。在土地纠纷解决中，行政机关前置，可有效利用其专业和信息优势，快速处理部分纠纷，提高解决效率。

司法途径兜底：若当事人对授权国家机关的处理结果不满意，可将土地纠纷提交至法院，通过司法程序解决。司法途径为当事人提供了最终的救济手段，确保纠纷解决的公正性和权威性。对于涉及土地提供、征用和土地权利终止等纠纷，只能由法院进行审理，充分保障当事人的合法权益。

诉讼中的特殊措施：在土地纠纷诉讼过程中，若法院决定采取财产保全措施，如查封、扣押被告财产或冻结其资金，需在诉讼请求的金额范围内进行，且不能停止正在进行的建设项目施工和投入使用，以避免对正常建设活动造成不必要的影响。若建设方作为被告，为保证诉讼请求的实现，可在双方协商一致的情况下，从自己或他人的财产或建设项目中提供资金或财物作为担保。此时，需聘请独立的评估机构对用于担保的财产进行评估，确保担保财产的价值符合要求，保障双方的合法权益。

（七）环境保护法律制度

主要法律法规：《环境保护法》《水资源法典》《森林法典》《节约能源法》《可再生能源法》《大气保护法》等。涵盖环境保护原则、保护对象、保护措施以及违法行为的责任和纠纷解决机制等内容。

1. 环境保护原则

（1）优先保障人权原则：确保公民享有良好环境的权利，保障公民在生活、劳动和休息时免受不良环境影响，对因环境问题导致的健康和财产损害，公民有权获得赔偿。

（2）生态平衡原则：维持生态系统的稳定性，在经济和其他活动中遵守环保规则，注重自然资源的再生，防止对环境和人类健康造成不可逆转的后果。

（3）综合考量原则：实现社会的生态、经济和社会利益的和谐统一，综合解决资源保护和环境保护问题，避免片面追求经济发展而忽视环境影响。

（4）适度限制原则：通过规范和限制经济活动对环境的影响，实施强制性的环境影响评估，确保经济活动对环境的影响具有合理性和可控性。

（5）责任明确原则：严格遵守环保法律要求，对违反者追究责任，造成环境损害的主体必须承担赔偿责任，促使企业和个人积极履行环保义务。

（6）公开透明原则：在经济和其他活动中，公开解决环保问题的过程和信息，加强与社会组织和公众的联系，鼓励公众参与环保行动，兼顾国家、区域和国际利益。

2. 受保护的对象

（1）自然要素与生态系统：包括土地及其底土、土壤、水、森林、动植物及其基因库、大气、其他自然物体、生态系统，以及地球的气候和臭氧层等。

（2）特殊保护对象：具有特殊生态、科学、历史文化、审美、疗养价值的自然综合体和物体，以及珍稀或濒危的动植物物种及其栖息地。为保护这些对象，设立了各类特殊保护区域，如国家自然保护区、生物圈保护区、国家公园等。

3. 不同对象的保护措施

（1）自然资源利用方面：分为一般利用和特殊利用。一般利用是指公民基于自然权利对自然资源进行的利用，这种利用无须特殊许可，它源于公民的基本生存和生活需求，是自然赋予公民的权利。特殊利用是指对自然资源进行的各类需要从环境中获取（如开采、收集、挑选等）的利用方式，涵盖土地、矿产、森林、水、动植物以及大气等多种资源的利用。特殊利用涵盖多种资源，需遵循相关规定和限制，进行国家登记和社会经济评估，并缴纳费用。例如，特殊利用要在规定的资源使用限额内进行，确保资源的合理开发和利用。

（2）经济活动监管方面：各类经济活动需进行环境影响评估，项目规划、建设和运营要符合环保标准，采用环保技术和工艺，减少污染物排放。对涉及放射性材料、化学物质、生物等的活动实施严格管控，限制有害生物引入。

（3）区域保护方面：划分不同等级的生态脆弱区域，针对不同区域采取相应措施。在危机区域限制或禁止特定活动，开展生态恢复工作，所需资金由责任方和政府共同承担。

4. 环境违法行为的责任

（1）纪律责任：企业、机构的工作人员因未履行环保职责、违反环保法规和标准，需承担纪律责任；若导致企业等遭受损失，还需承担全部物质责任。

（2）行政和刑事责任：实施环境违法行为的人员，需承担行政和刑事责任，且承担行政责任不免除其赔偿环境损害的义务。

（3）民事赔偿责任：造成环境损害的主体，包括外国主体，需依据相关法律规定，全额赔偿对环境、公民健康和财产造成的损失。赔偿范围包括实际损失、恢复环境的费用、受害者的医疗费用等，多方共同造成损害的，承担连带责任。

5. 环境纠纷的解决

（1）国内纠纷解决：企业、机构和公民之间的环境纠纷，由地方政府、地方自治机构或环保部门按照法律规定的程序解决；超出其管辖范围的纠纷，由政府内阁或法院处理。

（2）国际纠纷解决：国际的环境纠纷依据国际法规则解决，确保在跨国环境问题上有明确的解决依据和途径。

（八）知识产权保护法律制度

基础法律主要包括：《民法典》《关于保护传统知识的法律》《商业秘密法》《关于保护版权及相关权利法》《专利法》《关于商标、服务标志和商品原产地名称法》《关于集成电路拓扑结构的法律保护法》《关于育种成果的法律保护法》。

对于侵犯知识产权者追究相应民事、行政及刑事责任。对侵犯知识产权的责任人没收其非法所得、处以5000—20000索姆的罚款，或处以3年以下有期徒刑。对集团犯罪的首犯处以3年以上，5年以下有期徒刑。

三、执法、司法与纠纷解决

（一）执法体系

吉尔吉斯斯坦行政机关的设置与职责在宪法性法律中有明确规定，2021年10月11日生效的《关于吉尔吉斯共和国部长内阁》详细规定了行政机关的组成结构、各层级职责、相互关系以及与其他权力部门和社会的互动等内容。

1. 行政机关的设置

结构组成：由总统、内阁、各部委、行政机构、总统在地区的全权代表和地方国家行政机构构成。总统是行政机关的核心领导，内阁在总统领导下工作，各部委、行政机构等各司其职，共同构成完整的行政体系。

内阁结构与组成：内阁由总理、副总理、部长和国家委员会主席组成，总理同时担任总统府行政长官。内阁结构由总统确定，可根据需要进行调整，且调整结构不影响内阁整体运作。

人员任命：内阁成员需经总统提名，并获得议会同意后任命。总统在规定时间内提交候选人名单，议会进行审议并作出决定，若议会未在规定时间内作出决定，则视为同意任命。

2. 行政机关的职责

总统职责：总统领导行政权，确定行政机关结构和组成，任免重要官员，制定内外政策方向，维护国家主权和领土完整，在国家治理中发挥核心领导作用。

内阁职责：作为最高执行权力机关，内阁负责执行宪法、法律和总统令，制定和实施国家政策，涵盖经济、社会、文化等各个领域，维护公共秩序，保障公民权利，促进国家发展。

各部委及行政机构职责：各部委和行政机构负责特定领域的行政管理工作，如经济发展、教育、卫生等，制定政策并监督执行，确保相关领域的有序运行。

地方行政机构职责：地方国家行政机构在地方层面行使行政权力，负责执行国家政策，处理地方事务，促进地方发展，同时需接受上级行政机关的领导和监督。

3. 行政机关与其他权力部门及社会的关系

与立法机关的关系：行政机关与议会相互协作又相互制衡。总统和内阁拥有立法倡议权，议会负责审议和通过法律，对行政机关进行监督，如审议总统提名的内阁成员任命，审查政府工作报告等。

与司法机关的关系：行政机关需保障司法机关的预算执行，与司法机关相互配合，确保法律的有效实施，维护公民的合法权益。

与公民社会的关系：行政机关通过多种方式与公民社会互动，保障公民权利，听取社会意见，促进公众参与国家治理，推动社会发展。

（二）司法体系

1. 法院系统

本国公民有权按照法律规定的方式和情况参与司法。审判体系主要由宪法法院、最高法院和地方法院组成。可依法设立专门法院，不允许设立特别法庭。

（1）宪法法院

宪法法院的核心职能是审查法律和其他规范性法律文件的合宪性，通过宪法审判实施宪法监督，以维护宪法制度的基础、公民的基本权利与自由，确保宪法的最高地位和直接效力。宪法法院的职责包括：对宪法做出官方解释；解决吉尔吉斯共和国法律和其他规范性法令是否符合《宪法》的问题；对吉尔吉斯共和国加入但尚未生效的国际条约的合宪性提出意见；解决国家权力机关之间的权限争议；对《宪法》的修改和补充法律草案提出意见；对针对总统提出指控的程序是否合规给出结论。宪法法院的裁决为最终裁决，不得上诉。宪法法院认定法律或其他规定违宪，应取消其在吉尔吉斯共和国境内的效力，并取消以被认定违宪的法律或其他规定为基础的其他规范性法令的效力，但法院判决除外。宪法法院认定下属法律或其部分内容违宪，则取消其在吉尔吉斯共和国境内的效力。

（2）最高法院

吉尔吉斯共和国最高法院是民事、刑事、经济、行政及其他案件的最高司法机关。最高法院依据法律规定的程序，对民事诉讼、刑事诉讼、经济诉讼、行政诉讼及其他诉讼的参与人的申诉，对法院裁决进行复审。最高法院全体会议对司法实践中的问题进行解释，解释对境内所有地方法院和法官具有约束力。

最高法院依据《宪法》第 85 条第 5 款的规定，就其职责范围内的事务享有立法倡议权，并就完善相关立法提出建议。最高法院的判决为终局判决，不得上诉。最高法院享有法人权利，包括对其拥有的财产进行处置的权利，以及依据吉尔吉斯共和国法律，作为由最高法院管辖的国家预算机构和其他组织的创办人的权利。

最高法院的常驻地为吉尔吉斯斯坦首都比什凯克市。

最高法院下设：刑事审判庭、民事和经济审判庭、行政审判庭、最高法院全体会议。最高法院全体会议（以下简称“全会”）由最高法院院长、副院长和法官组成。吉尔吉斯共和国总检察长和司法部长有权出席全会会议。根据最高法院院长的邀请，地方法院的法官、最高法院科学咨询委员会成员、护法机关和其他机关的代表可以参加全会会议。

（3）地方法院

一审法院：区法院、行政法院、市辖区法院、市法院。

二审法院：州法院、比什凯克市法院。地方法院的设立、重组和撤销，以及地方法院法官人数的变更，均由法律规定。

当地方法院被撤销时，其负责的司法事务将移交给其他有管辖权的法院。

被撤销法院的法官编制将转移至其他法院，法官则按照轮换程序进行调动。只有根据法官委员会的提议，才可变更地方法院法官的人数。

（4）传统法庭

在吉尔吉斯斯坦，公民有权设立阿卡斯卡洛夫法庭（传统法庭）。阿卡斯卡洛夫法庭依据法律规定的职权审理案件，旨在促使双方和解并作出不违背法律的公正裁决。阿卡斯卡洛夫法庭的裁决可按照法律规定的程序进行上诉。阿卡斯卡洛夫法庭的活动经费由地方预算提供。阿卡斯卡洛夫法庭的设立程序、职权和活动由法律规定。

（5）法官地位与任免

根据《宪法》规定，法官独立审判，仅服从宪法和法律；任何人无权要求法官就具体案件汇报，禁止任何干涉司法活动的行为，对法官施加不当影响的人，将依法承担责任；根据法官的地位，为其提供社会、物质和其他方面的独立保障。所有法院的法官均不可更换。他们在宪法规定的任期内担任职务并行使权力。法官除非按照《宪法》或宪法性法律规定的程序和理由，否则不得被提前免职、停职或终止其权力。

吉尔吉斯斯坦某一地区地方法院行使权力的法官，仅在宪法性法律规定的情况和理由下，可通过调动（轮换）至其他地方法院担任同等职务，以行使该地方法院法官的权力。根据宪法性法律规定的情况和理由，将在某一地方法院行使权力的法官调动（轮换）至其他地方法院，不视为违反法官不可更换性的要求。

法官享有豁免权，不得被拘留、逮捕、搜查或人身检查，除非其当场被抓获犯罪。因涉嫌犯罪或其他原因被拘留，或被强制带至任何执法机关的法官，若在拘留时无法确认其身份，在确认身份后必须立即释放。法官，包括在终止其权力和卸任后，不得因在行使法官权力期间的违法行为，以宪法性法律规定以外的程序被追究刑事责任或其他法律责任。除法律为保障他人安全规定的情况外，不得对法官进行人身检查。

法律对法官的条件、任免等都做了详细的规定。宪法法院法官须为吉尔吉斯共和国公民，年龄不低于 40 岁且不超过 70 岁，拥有“法学”专业高等法律教育背景，或在“法学”培养方向获得高等教育，并在相应方向获得“学士”学位后取得“硕士”学位，具有不少于 15 年的法律专业工作经验，掌握国语和官方语言。最高法院法官须为吉尔吉斯共和国公民，年龄不低于 40 岁且不超过 70 岁，拥有“法学”专业高等法律教育背景，或在“法学”培养方向获得高等教育，并在相应方向获得“学士”学位后取得“硕士”学位，具有不少于 15 年的法律专业工作经验，其中担任法官不少于 5 年，包括在一审法院工作3年、在二审法院工作2年，掌握国语和官方语言。宪法法院、最高法院法官由议会全体议员半数以上投票选举产生，由总统根据司法委员会的建议提名，同时考虑性别代表性，同一性别人员比例不超过70%，任期至退休年龄。宪法法院和最高法院院长由总统根据司法委员会（司法委员会由法官组成，法官人数不少于其成员总数的2/3，总统、议会、人民库鲁尔泰和法律界人士的代表占成员总数的1/3）的建议，经议会同意后，从宪法法院和最高法院法官中任命，任期5年。宪法法院和最高法院副院长由总统根据院长的提名任命，任期5年。地方法院法官须为吉尔吉斯共和国公民，年龄不低于30岁且不超过65岁，拥有“法学”专业高等法律教育背景，或在“法学”培养方向获得高等教育，并在相应方向获得“学士”学位后取得“硕士”学位，具有不少于5年的法律专业工作经验，掌握国语和官方语言。地方法院法官由总统根据司法委员会的提名首次任命，任期5年，之后任职至法定最高年龄。地方法院法官的提名和任命程序由宪法性法律规定。地方法院院长及副院长由最高法院院长从地方法院法官中任命，任期5年，任命时应考虑法官职业活动质量专业评估的结果。

宪法法院和最高法院院长由总统根据司法委员会的建议，经议会同意后，从宪法法院和最高法院法官中任命，任期5年。宪法法院和最高法院副院长由总统根据院长的提名任命，任期5年。吉尔吉斯共和国所有法院的法官，在其行为无可指责的情况下，可继续担任职务并行使权力。法官违反行为规范的要求，是依法追究其责任的依据。若地方法院法官违反行为规范要求，司法委员会可依据宪法性法律建议解除其职务。基于上述理由，除宪法另有规定外，议会可根据总统的提议，以不少于全体议员2/3的多数票，提前解除宪法法院和最高法院法官的职务。在宪法规定的情形下，总统根据司法委员会的建议，解除地方法院法官的职务。因违反行为规范要求而被解除法官职务的人，此后不得担任法官职务或法律规定的执法机关职务，并丧失法官享有的特权。

2. 检察院系统

（1）检察院的性质与职责

吉尔吉斯共和国检察院是国家机关，旨在确保法律的至高无上地位，维护法律的统一和加强法治，同时保护法律所保障的个人、社会和国家的利益。检察院构成一个统一的体系，其职责包括：监督吉尔吉斯共和国国家权力机关［不包括中央选举和全民公决委员会在选举和全民公决筹备及进行方面的活动、人权专员（监察专员）在监督公民宪法权利和自由遵守情况方面的活动］、地方自治机关、由国家和地方预算资助的国家和地方机构及组织、按照完全经济核算和自筹资金原则运作的国家和地方机构及企业，以及其他有国家参股的法人（以下简称主体）准确、统一地执行法律和其他规范性法律文件；监督从事侦查和调查活动的机关遵守法律和其他规范性法律文件的情况；监督国家法律统计和会计领域的合法性；监督刑事案件司法判决的执行，以及在实施涉及限制公民人身自由的强制措施时，法律和其他规范性法律文件的遵守情况；在法律规定的情况下，代表公民或国家的利益；在法庭上支持国家指控；按照《刑事诉讼法典》规定的程序和情形，进行刑事追诉；对《刑事诉讼法典》规定的国家机关公职人员提起刑事诉讼，并将案件移送相应的侦查机关进行调查；行使宪法性法律和其他规范性法律文件规定的其他职权。

检察机关确保法律的至高无上地位，维护法律的统一和加强法治；通过对《宪法》的遵守、法律和其他规范性法律文件的执行进行检察监督，保障任何公民的宪法权利和自由；在不违反法律要求以及国家秘密和其他受法律保护的秘密相关立法的前提下，公开开展工作；独立于国家机关、地方自治机关、商业和非商业组织，严格按照《宪法》、规范性法律文件以及按照法律规定生效的吉尔吉斯共和国参与的国际条约行使职权；采取措施制止违法行为，恢复被侵犯的权利，并依法追究违法者的责任；检察院构成一个统一的、集中化的机关和机构体系，下级检察官服从上级检察官和总检察长。检察官的服从关系包括：上级检察官在组织和活动问题上的指示对下级检察官具有强制性；下级检察官对上级检察官负责履行工作职责；上级检察官有权受理对下级检察官行为（不作为）和文件的申诉；上级检察官可终止下级检察官的行为，撤销或更改其文件。

（2）检察院体系的组成部分

检察院体系由以下部分组成：吉尔吉斯共和国总检察院；吉尔吉斯共和国军事检察院；各州、比什凯克市和奥什市检察院，以及专门检察院；区（市）检察院和卫戍区军事检察院。总检察院在日常管理中拥有用于社会生活和经济目的的资产。检察院机关和机构的设立、重组、撤销，以及其地位和职权的确定，由总检察长按照法律规定的程序决定，但需要从共和国预算额外拨款的情况除外，此类情况需与政府协商后决定。检察院机关拥有自己的标志——旗帜和徽章。其描述和官方使用程序由总检察长规定。

总检察院是检察院的最高机关，由总检察长领导。总检察长由总统按照《宪法》规定的程序任命和免职。总检察院具有法人资格。总检察长设有第一副手和副手，由总统根据总检察长的提议任命和免职。副总检察长可同时被任命为检察院系统内相应结构部门的负责人。总检察院的结构由总检察长确定。检察院机关工作人员的编制上限由总统批准。

各州、比什凯克市和奥什市检察院以及专门检察院的结构和检察官工作人员的职权由总检察长确定。各州、比什凯克市和奥什市检察院具有法人资格。各州、比什凯克市和奥什市检察院以及专门检察院的相关规定由总检察长批准。区（市）检察院和卫戍区军事检察院由相应的检察官领导，结构由总检察长的法律文件确定。

(3) 检察院内委员会的设置与运作

检察院内设委员会，检察院机关的委员会在总检察院、军事检察院、各州、比什凯克市和奥什市检察院设立的咨询机构。委员会成员包括相应检察院的检察官（主席）、其副手（按职务）和其他检察官。总检察院委员会的组成人员由总检察长批准。下属检察院委员会的组成人员由总检察长根据相应检察官的提议批准。委员会审议法治状况、总检察长命令和指示的执行情况、人员选拔和调配、检察院机关工作人员纪律责任的追究等问题，听取检察官、机构部门负责人的报告，以及其他与检察院机关组织和活动相关的问题。委员会的决定由其全体成员多数通过。委员会的决定通过相应检察官的命令和文件予以执行。委员会的工作程序由总检察长或相应检察官批准的议事规则规定。

（三）纠纷解决

1. 民事诉讼制度

(1) 一审程序

第一，起诉与受理。

原告提交诉状，法院审查受理，不符合条件则驳回或退回。被告可提出反诉，符合条件的反诉将与原诉合并审理。

【起诉状的格式与内容】起诉状应以机器打印的书面形式向法院提交。起诉状中必须写明：

①提交起诉状的法院名称；

②原告的名称、原告的住所地，或者如果原告是法人，则写明其所在地，以及如果起诉状是由代理人提交的，写明代理人的名称及其地址；

③被告的名称、被告的住所地，或者如果被告是法人，则写明其所在地；

④原告的诉求；

⑤原告提出诉求所依据的事实情况，以及证实这些事实情况的证据；

⑥如果诉讼请求需进行估价，则写明诉讼标的额；

⑦随起诉状提交的文件清单；

⑧起诉状中还可以写明其他对解决纠纷有意义的信息，以及阐述原告的各项要求。

【受理】法官在起诉状提交至法院之日起5个工作日内单独作出决定。

【反诉】被告有权在就案件作出裁决之前，向原告提出反诉，以便将反诉与原诉一并进行审理。反诉的提出应遵循关于起诉的一般规则。反诉的受理条件如下：

①如果反诉请求旨在抵销原诉请求；

②如果满足反诉请求将全部或部分排除对原诉请求的满足；

③如果反诉与原诉之间存在相互关联，且对它们进行合并审理将有助于更快速、正确地审理纠纷。

【经济案件的特殊规定】《民事诉讼法》规定，经济案件的审理由法院依据民事诉讼的一般规则进行，但需遵循本法所规定的特殊之处。经济案件是指源自商业及其他经济活动的案件，案件的当事人为法人和（或）未成立法人但依据法律规定程序取得个体经营者身份（以下简称个体经营者）并从事相关活动的公民，这些当事人有权依据《民事诉讼法》所规定的程序向法院寻求对其被侵犯或存在争议的权利及合法权益的保护。经济案件的一审由跨区法院审理。

起诉状应以书面形式提交给法院，需为机器打印文本，并由法人的负责人或其他为此专门授权的人员、个体经营者或其代理人签字。起诉状需加盖公章。个体经营者没有公章，不能成为拒绝受理诉讼、退回起诉状或不予审理的理由。除上述起诉状应写明的内容外，起诉状中还应写明：

①双方当事人的邮寄地址及其银行信息、电话号码、传真号码、电子邮箱地址（如有）；

②所追讨或存在争议金额的计算；

③原告的诉求，并注明所依据的法律及其他规范性法律文件，若对多个被告提起诉讼，则需写明对每个被告的诉求；

④在法律对该类纠纷或合同有规定的情况下，关于已采取措施与被告进行庭外纠纷解决的信息。

原告在提起诉讼时，有义务通过挂号信并附送达通知的方式，向案件的其他参与人发送起诉状副本及他们所没有的附随文件副本。起诉状还应附上：

①送达通知或其他文件，以证明已向案件的其他参与人发送了起诉状副本及他们所没有的附随文件副本；

②作为法人或个体经营者的国家注册证明副本、法人章程副本；

③若法律对该类纠纷或合同规定了庭外纠纷解决程序，需提供证明原告

已遵循该程序的文件；

④若提出了要求签订合同的诉求，则需附上合同草案。

法人、个体经营者或金融信贷机构的破产（无偿还能力）案件，由跨区法院根据法人债务人、个体经营者债务人的所在地，或者金融信贷机构的所在地进行审理。审理需依据民事诉讼程序规则，并遵循《民事诉讼法》第25章以及有关破产的法律法规所规定的特殊要求。

第二，审理前准备。

法院确定审理日期并通知当事人，当事人可申请证据保全、财产保全等措施，法院也可依职权进行相关调查取证工作。

第三，开庭审理。

遵循公开、直接言辞原则，对证据进行审查判断，听取当事人陈述辩论，根据情况作出判决、裁定，判决需说明理由并公开宣告。普通民事案件若适用普通程序，审理期限为自立案之日起3个月内。但如果遇到特殊情况，比如案件复杂、涉及多方当事人或证据繁多等，经法院院长批准，可延长3个月；如需进一步延长，则需报请上级法院批准。若适用简易程序，审理期限为自立案之日起1个月内，且该期限通常不能延长。

特殊类型案件，像恢复工作、追索抚养费、收养、指定监护人或托管人、将儿童送往寄宿学校等案件，审理期限为自受理之日起1个月内。强制公民入住精神病院的案件，法院需在受理案件后5日内审结。

经济案件的审理期限为自案件受理之日起2个月内，涵盖了案件准备和作出判决的时间。

（2）上诉程序

①上诉主体

上诉主体包括案件当事人、检察院，以及权利义务受判决影响的未参与案件的其他人。其中，当事人等可对一审未生效裁决上诉，检察院可针对特定案件提出意见。

②上诉期限与提交途径

上诉需在判决作出后30日内通过一审法院提交，特殊情况可申请恢复期限，且申请应在判决作出后3个月内提出。若上诉期限恢复，相关决定会记录在案，若恢复申请被拒，可按规定申诉，案件可能返回一审法院。

③上诉状形式与内容

上诉状需书面打印，包含上诉法院信息、上诉人信息、被上诉判决、上诉理由、请求、附件清单，必要时还需附上恢复期限申请和免交诉讼费申请，且上诉状需签名并附上相关证明文件。

④上诉受理与处理

上诉由上诉审法院受理，法院收到上诉状后，法官需在规定期限内将案件移送上诉审法院，并通知当事人。上诉状若存在问题可能被退回，当事人整改后可再次上诉，退回决定可申诉。被上诉人可提交答辩意见，上诉人也可撤回上诉，但撤回后通常不能再次上诉。

⑤上诉案件审理

上诉法院应在 2 个月内审理案件，审理时先由报告法官汇报案件情况，再听取当事人解释，审查证据并进行辩论，之后法院评议并作出决定。审理范围限于上诉请求，可审查新事实和证据，有权维持、变更、撤销原判决或发回重审。

（3）再审程序

①再审的主体与对象。

作出原裁决的各级法院，包括一审、上诉审和最高复审法院，都可能成为再审的主体，对自身作出的已生效裁决进行重新审查。可被再审的对象包括各级法院已生效的裁决，以及某些符合特定条件的决定，但一审法院未上诉的生效裁决通常不在再审范围内。

②提起再审的期限与理由。

期限：当事人等应在规定期限内提出再审申请，如对上诉审法院裁决的再审申请，需在裁决作出后 3 个月内提出（特殊情况为 1 个月）；对新情况或新发现事实的再审申请，需在相关情况确定后 3 个月内提出。

理由：分为基于新发现事实和基于新情况两种。新发现事实指原裁决作出时当事人未知且无法知晓的重要事实，如关键文件、虚假证据或犯罪行为影响裁决公正性等；新情况指原裁决作出后出现的影响裁决的情况，如宪法法院判定相关法律违宪、原裁决所依据的文件被撤销等。

③再审的申请与审查。

申请方式：申请人需向作出原裁决的一审法院提交书面申请，详细说明再审请求、原裁决情况、申请理由，并附上相关文件。

法院审查：法院在收到申请后，会在 1 个月内进行审理。审理过程中，申请人和其他相关人员需参加庭审，若经审查认为申请理由成立，法院将决定再审；若不成立，则驳回申请。一审法院的决定可上诉，上诉法院按规定程序审理；二审的决定不可上诉。

④再审的审理与结果。

决定再审的案件，法院将按照相关规定重新审理，全面审查案件事实和证据，依据法律作出新的裁决。新裁决可能维持、变更或撤销原裁决，若原裁决执行有误，还会涉及执行回转等问题，以保障当事人合法权益。

(4) 涉外民事诉讼

①涉外民事诉讼当事人的权利和义务。

外国公民、无国籍人、外国及国际组织在吉尔吉斯斯坦境内享有与本国公民和法人同等的民事诉讼权利，履行同等的诉讼义务。其民事诉讼行为能力，外国公民和无国籍人依个人属人法确定，外国组织依设立地法律确定，国际组织依相关国际条约或协议确定。但对于在其国内对吉尔吉斯斯坦公民和法人的民事诉讼权利有限制的国家的外国当事人，可采取对等限制措施。

②管辖权。

一般管辖：法院对涉外民事案件的管辖遵循多种规则。当被告是公民且在吉尔吉斯斯坦境内有住所，或被告是法人且在吉尔吉斯斯坦有营业所时，吉尔吉斯斯坦法院有管辖权。此外，在合同履行地、侵权行为地、财产所在地等与案件有密切联系的地点在吉尔吉斯斯坦境内的情况下，法院也可行使管辖权。

专属管辖：涉及位于境内不动产的权利纠纷、吉尔吉斯斯坦公民与外国人或无国籍人的离婚纠纷（双方均在吉尔吉斯斯坦境内有住所）、因运输合同产生的纠纷（运输方在吉尔吉斯斯坦有营业所）等案件，专属吉尔吉斯斯坦法院管辖。

协议管辖：当事人可书面协议变更某些案件的管辖法院，但专属管辖案件的协议管辖无效。若存在有效的协议管辖，法院可依被告申请对不符合协议管辖的案件不予受理。

③司法协助。

域外送达和取证：法院可根据法律或国际条约规定的程序，执行外国法院委托的送达文书、获取当事人陈述和证人证言、进行现场勘验等诉讼行为。若委托事项违反公共秩序或超出法院职权范围，法院可拒绝执行。同时，法院也可向外国法院提出类似委托，在无相关国际条约时，通过外交途径进行。

外国法院判决的承认与执行：外国法院的判决，包括关于认可和解协议的判决，在符合法律或所参加国际条约规定，或基于互惠原则的情况下，可在吉尔吉斯斯坦得到承认和执行。当事人需向有管辖权的法院提出申请，并按要求提交相关文件。法院会对外国法院判决进行审查，若存在特定情形，如一方当事人无行为能力、未得到合法通知、审判程序不合法等，可拒绝承认和执行。

④翻译。

民事案件的诉讼程序以国语或官方语言进行。对于不熟悉诉讼所使用语言的当事人，法院应解释并保障其有权了解案件的所有材料，用母语进行解释、陈述和提供结论，参与诉讼并提出请求，以及按本法典规定的程序使用翻译人员（聋哑翻译人员）的服务。司法裁决以诉讼过程中使用的语言交付给案件参与人。案件参与人提交的外文文件，需附上按规定程序认证的国语或官方语言译文。翻译人员可从民事诉讼参与人推荐的人员中由法院指定。

2. 商事仲裁

在吉尔吉斯斯坦进行仲裁，需注意仲裁适用范围、法院选择、仲裁协议、仲裁员相关问题、仲裁程序、裁决执行等多个方面，以确保仲裁的顺利进行和裁决的有效执行。

（1）适用范围

适用于公民权利关系引发的争议，包括投资争议和部分税务争议，但特定类型案件仲裁法院不予受理，如对司法执行人员决定的投诉、涉及个人和非财产家庭关系的争议等。

（2）仲裁法院选择

分为常设仲裁法院和临时仲裁法院。争议双方达成协议或法律规定时，争议可提交仲裁法院。普通法院发现存在仲裁协议时，应按规定处理，如拒绝受理、中止审理等。

（3）仲裁协议

双方可约定将现有或可能产生的争议提交仲裁，须采用书面形式，可作为合同条款或单独协议。内容应明确争议提交仲裁法院解决及具体仲裁法院，还可约定仲裁员人数、地点、语言、适用法律等。不符合规定的协议可能无效。

（4）仲裁员相关

资格与指定：仲裁员需为具有相应资格、独立公正的完全民事行为能力人，独任仲裁员或合议仲裁庭的首席仲裁员应具备法律专业资格。仲裁员人数应为奇数，指定方式多样，特定情况由常设仲裁法院院长指定。

回避与更换：仲裁员存在特定情形，如与当事人有利害关系等，需回避。回避申请应及时提出，相关争议依不同情况由仲裁法院或院长决定。仲裁员任期至案件裁决后60天结束，特殊情况可提前终止或延续，且可按规定进行更换。

（5）仲裁程序

程序确定：当事人可约定仲裁程序，未约定时由仲裁法院确定。仲裁地点和语言可由当事人约定或仲裁法院确定，仲裁过程保密。

文件提交与审理：申请人按规定提交申请书，被申请人可提交答辩书，双方可变更诉求。被申请人可提反请求，仲裁法院可依申请采取保全措施。当事人有责任提供证据，仲裁法院审查证据。仲裁可开庭或不开庭，应提前通知当事人，相关文件需送达对方。当事人未提交文件或未出庭，特定情况下不影响案件审理。仲裁法院可指定专家或进行鉴定，依情况制作庭审记录。

（6）仲裁裁决

裁决具有终局性，一经作出，当事人必须履行。由多数仲裁员通过，基于全面客观审查作出，可宣布裁决主文，理由部分应及时送达当事人。仲裁法院可依情况推迟作出裁决。当事人达成和解协议且仲裁法院认可的，仲裁法院确认协议并终结仲裁程序。裁决需书面并由仲裁庭成员签署，包含多方面内容，还可作出补充裁决、解释裁决，以及修正错误。

（7）裁决执行

裁决应按规定自愿履行，否则进入强制执行程序。对于在吉尔吉斯斯坦境内作出的仲裁裁决，申请执行的案件由地区法院及同级法院受理。申请执行的期限为自仲裁裁决作出之日起 3 年内，申请人需向法院提交书面申请，明确请求执行仲裁裁决的诉求。

3. 调解

调解作为一种灵活的纠纷解决机制，广泛应用于各国的司法实践中，吉尔吉斯斯坦于 2017 年 7 月 28 日颁布（2023 年 8 月 8 日修订）了《调解法》，主要目的是为调解纠纷建立法律基础，保护公民权益，促进商业和社会关系发展。

（1）适用范围

民事、家庭和劳动纠纷：涵盖公民之间、公民与法人或其他社会组织之间的各类民事权利义务争议，如合同纠纷、侵权纠纷等；家庭关系中的矛盾，像婚姻、抚养、继承等问题引发的纠纷；以及劳动者与用人单位之间产生的劳动争议，例如，工资报酬、劳动条件、劳动合同解除等方面的纠纷。

特定刑事纠纷：当法律明确规定的情形出现时，涉及刑事法律关系的纠纷也可适用调解。在一些轻微刑事案件中，若犯罪嫌疑人与受害者达成一致且符合相关法律规定，便可通过调解来解决纠纷。

适用范围的延伸：在各类合同中，当事人可以自行约定将调解作为解决公民、家庭、劳动纠纷的前置程序，这赋予了当事人更多的自主选择权，有助于在纠纷初期通过较为温和、高效的方式化解矛盾。

不适用调解的情形：如果纠纷涉及未参与调解人员的利益，调解通常不适用，因为这可能会对第三方权益造成影响，无法全面保障各方利益；当纠纷涉及法院认定的无行为能力人，且其法定代理人未参与调解时，也不适用调解，这是为了确保无行为能力人的合法权益得到妥善保护，避免因调解而遭受不利后果。

（2）调解员的选择

纠纷双方通过协商一致的方式，共同选定调解员或调解团队。这种方式充分尊重当事人意愿，有助于选择符合双方期望、具备解决纠纷能力的调解员，为调解成功奠定基础。调解员的资格条件如下。

积极条件：需年满 25 岁，具备成熟的心智和处理复杂事务的能力；拥有高等教育背景，保证具备丰富知识储备；完成调解相关额外教育培训，获得证明专业能力的证书；依据法律规定获取调解员资格认证，确保达到专业标准。

消极条件：公职人员因身份可能影响调解中立性；被认定为无或限制行为能力者，无法正常履行职责；有未处理犯罪记录者，信誉存疑，均不得担任调解员。

特殊情况处理：在被选定前，若存在可能影响独立性和公正性的因素，如与纠纷一方存在利害关系，调解员必须立即向双方当事人及所属的调解员组织如实报告。这一规定旨在让当事人充分了解情况，以便重新考虑是否选择该调解员，保障调解过程公平公正。

（3）调解流程

调解启动：调解程序起始于纠纷双方与调解员签订调解应用协议。在该协议中，需详细明确签订的日期、地点，纠纷各方及调解员的具体信息（包括姓名、名称、代表权限等）；同时，要精准描述纠纷事项、选定调解使用的语言、确定保密约定及违约后果，还要规定费用支付方式、调解期限、流程等关键内容。此协议为整个调解过程奠定基础，确保各方权利义务清晰明确。

语言选择：双方可根据自身情况协商确定调解过程中使用的语言，若存在语言沟通障碍，有权聘请翻译人员协助。对于涉及法院审理案件或服刑期间达成的调解协议，需使用国家官方语言签订。

参与人员：当事人原则上应亲自参与调解，若因合理原因无法亲自到场，可依法委托代表参与。在调解过程中，当事人还可借助律师、专家等专业人员的帮助，且经各方同意，其他人员也可参与调解。

时间限制：调解期限由调解应用协议确定，一般情况下，普通调解期限不超过 60 天；若涉及法院或第三方裁决的案件调解，期限不超过 30 天。经双方当事人与调解员协商一致，调解期限可适当延长，但延长时间同样有限制，不得超过 30 天。

（4）调解结果

达成协议：若双方在调解过程中达成一致意见，需签订书面调解协议。

协议中应明确签订的日期和地点、各方及代表信息、纠纷详细描述、参与调解的调解员信息，以及具体的协议条件、履行方式、期限和违约后果等内容。调解协议可选择由公证员或有权进行公证行为的公职人员进行公证，增强协议的法律效力。法院或第三方法院可依据调解协议确认和解协议，保障协议的执行。

调解终止：出现双方签订调解协议、调解员发现无法调解、一方或多方书面拒绝调解、调解期限届满、一方当事人死亡或法人终止等情况时，调解程序结束。

4. 政治解决途径

随着中国“一带一路”建设和企业“走出去”深入推进，企业面临的反倾销、反补贴、保障措施（“两反一保”）等案件日益增多，中国贸促会为企业提供“整链条、全覆盖”的经贸摩擦应对服务。在立案前，代表企业与国外商协会开展产业对话，消除分歧；在案件应对期间，组织行业企业积极开展游说应对工作；在中国企业受到国外“两反一保”措施后，帮助企业在国外法院提起司法救济诉讼，代表行业向外国政府反映情况。目前，中国贸促会已在全国设立 102 家贸易摩擦预警机构，建立起较为完整的经贸摩擦预警体系，不仅涵盖了大部分省区市，还覆盖了钢铁、重型机械、茶叶、平衡车行业、特种纸行业、电动工具行业、管道装备行业、陶瓷行业等几十个经贸摩擦重点多发行业。中国贸促会商事法律服务中心负责“两反一保”相关业务。①

5. 解决争议的双边协议

（1）中吉政府签署的双边经贸协议

表 2—2　中吉政府签署的双边经贸协议

协定名称	签署日期	生效日期
《中华人民共和国政府和吉尔吉斯斯坦共和国政府经济贸易协定》	1992 年 1 月 6 日	1992 年 1 月 6 日
《中华人民共和国政府和吉尔吉斯斯坦共和国政府关于鼓励和相互保护投资协定》	1992 年 5 月 14 日	1995 年 9 月 8 日
《中华人民共和国政府和吉尔吉斯共和国政府关于建立中吉政府间经贸合作委员会的协定》	1994 年 4 月 23 日	1994 年 4 月 23 日

① 参见《吉尔吉斯斯坦法律制度》，载中国—中亚法律查明与研究中心，https：//www/nwu-pl. edu. cn/wgfczx/zef/116236. htm，2025 年 3 月 6 日访问。

（续表）

协定名称	签署日期	生效日期
《中华人民共和国政府和吉尔吉斯共和国政府文化合作协定》	1994 年 4 月 23 日	1994 年 4 月 23 日
《中华人民共和国政府和吉尔吉斯共和国政府汽车运输协定》	1994 年 6 月 4 日	1994 年 6 月 4 日
《中华人民共和国政府和吉尔吉斯共和国政府科学技术合作协定》	1995 年 10 月 23 日	1995 年 10 月 23 日
《中华人民共和国政府和吉尔吉斯共和国政府进出口商品质量保证协定》	1995 年 10 月 23 日	1995 年 10 月 23 日
《中华人民共和国政府和吉尔吉斯共和国政府民用航空运输协定》	1996 年 7 月 4 日	1996 年 7 月 4 日
《中华人民共和国政府和吉尔吉斯共和国政府经济贸易合作协定》	1998 年 4 月 27 日	1998 年 4 月 27 日
《中华人民共和国政府和吉尔吉斯共和国政府关于对所得避免双重征税和防止偷漏税的协定》	2002 年 6 月 24 日	2003 年 3 月 29 日
《中华人民共和国劳动和社会保障部与吉尔吉斯共和国社会基金会合作协议》	2003 年 2 月 24 日	2003 年 2 月 24 日
《中华人民共和国政府与吉尔吉斯共和国政府知识产权合作协定》	2006 年 6 月 9 日	2006 年 11 月 8 日
《中华人民共和国商务部与吉尔吉斯共和国经济部合作备忘录》	2012 年 12 月 5 日	2012 年 12 月 5 日

（2）中吉政府签署的司法协助条约

表 2—3　中吉政府签署的司法协助条约

协定名称	签署日期	生效日期
《中华人民共和国和吉尔吉斯共和国关于民事和刑事司法协助的条约》	1996 年 7 月 4 日	1997 年 9 月 26 日
《中华人民共和国和吉尔吉斯共和国引渡条约》	1998 年 4 月 27 日	2004 年 4 月 27 日
《中华人民共和国和吉尔吉斯共和国移管被判刑人条约》	2015 年 12 月 10 日	2021 年 12 月 5 日

第三章　吉尔吉斯斯坦营商环境评估概况

一、企业准入

（一）监管框架

吉尔吉斯斯坦外商投资法律体系以其《投资法》为核心，形成了一套涵盖准入规则、权益保障与政策激励的完整制度框架。该法律体系明确实施“外资国民待遇”原则，除涉及国家安全及战略领域的航空运输（须经特别审批）、大众传媒等少数行业外，外国投资者在大多数经济领域中享有与本土企业完全对等的法律地位。这种开放的市场准入政策使吉尔吉斯斯坦成为中亚地区最具投资吸引力的国家之一，据世界银行《营商环境报告》显示，其跨境投资便利化指数在中亚五国中位列首位。

1. 投资者之权利义务

权利方面，在吉尔吉斯斯坦的国内外投资者享有以下权利①：

（1）国民待遇与最惠国待遇。政府不介入投资者的商业活动、保护投资者根据吉尔吉斯斯坦本国法与国际条约享有的利益并对相关利益的侵犯进行补偿。

（2）投资收益、收入的汇出与汇回、文件、财产不受限制地移出吉尔吉斯斯坦境外。

（3）保护投资者不受非法征收。征收包括国有化、征用，或者因吉尔吉斯政府机关的其他类似能够导致投资者资金被占用或者实质上剥夺投资者使用投资资本可能性的作为或者不作为。如果是基于公共利益的合法征收，吉尔吉斯政府应给予适当补偿。

（4）投资者自由使用在吉尔吉斯斯坦进行商业活动的一切收益。

（5）以任何形式在吉尔吉斯斯坦投资任何不与吉尔吉斯斯坦法律（包括

---

① 参见中国国际贸易促进委员会法律事务部、中国经济信息社编著：《“一带一路”国别法律研究（第二辑）：吉尔吉斯斯坦》，新华出版社 2018 年版，第 10 页。

许可法）相抵触的活动。

（6）外汇兑换自由。投资者可以自由转换任何币种。如果吉尔吉斯斯坦存在外汇兑换限制的立法，该种立法不适用于外国投资者，那么除非投资者从事的是洗钱等非法活动。

（7）自由获得任何公开信息与资料。

（8）设业权与财产获得权。投资者可以自由设立任何符合吉尔吉斯斯坦法律规定的法律实体（法人或非法人形式）、分支机构或者代表处、商业活动的管理架构。投资者可以自由获得包括政府债券在内的任何证券、股票、有形（土地除外）与无形财产。投资者可以参与国家财产的私有化商业活动，设立协会或者其他形式的组织。投资者可以根据法律的要求雇佣当地或者外国劳工。

（9）吉尔吉斯斯坦公共当局与其他政府机构认可并保护外国投资者的任何知识产权。

（10）自投资活动开始后的10年以内（或者条约规定的期间），如果投资、税收、关税等法律发生变化（除宪法与国家安全法律的变动、公共健康与环境保护法律的变动），投资者可以自由选择对其利益最大化的变更前或变更后法律进行适用。

（11）吉尔吉斯斯坦参与的其他双边、区域与多边条约规定的投资者的权利。

义务方面，吉尔吉斯斯坦要求投资者遵守其国家法律，特别是《生态法》《自然资源保护法》《劳动法》《公民健康保护法》等法律的要求。

2. 外资准入许可

吉尔吉斯斯坦的外资准入范围一般通过投资纲要、国家发展战略等政策性文件进行调整，在国家投资纲要的多次调整中，吉尔吉斯斯坦鼓励投资领域未发生显著变化，主要包括矿产资源勘探开发、交通运输、通信业、农业及农产品加工业、轻工业、电力工业、建材生产领域交通运输业、水力发电、旅游及相关产业。由于吉尔吉斯斯坦的地缘特点与经济特点，能源、农业与交通一直是吉尔吉斯斯坦吸引外资的重点领域。

吉尔吉斯斯坦在吸引外资方面采取了积极的政策导向，同时基于国家战略利益考量，对部分关键领域实施了差异化的市场准入管理；主要涉及面向基础公共服务的商业经营活动，以及事关国家基本经济活动的能源行业或有危害公共安全之虞的行业。具体而言，依据《许可证法》，下述商业活动须获取固定行为类型的许可证：在河流和水库上修建水坝；根据吉尔吉斯政府规定的清单进行狩猎和捕鸟；除法律规定外生产和销售药品、疫苗、血清和医疗设备；生产和销售乙醇；私人医疗和兽医诊所；博彩活动；吉尔吉斯共和国境内民用飞机的准入和证件发放，旅客、行李、货物和邮件的空运，飞机的设备和维修；城市规划以及住宅、公共和工业建筑和结构的设计和勘测工作；建造个人住房以外的建筑工程；私人侦探和私人保安活动，如果该活动与特殊设备的获取、持有、携带和使用有关；银行业务，但融资租赁业务、外币现金兑换交易、提供电子支付相关服务的活动除外；证券专业活动；保险活动；非国家养老基金活动；在邮政、电信、数据通信、广播领域的活动，包括设计、制造、建造和安装所需的网络、线路、结构、系统和设备（在目的地内组织通信使用除外）；含酒精饮料的生产和周转（为生产或销售、批发和零售而储存）；发电、输电、配电、电力和热电销售、石油和天然气加工；建设发电站、变电站和输电线路；审计活动；教育活动，不论教育水平和所有制形式（从事学前教育、初等教育、基础教育和中等教育的公共机构除外）；爆炸物和烟火物质及产品的进口、开发、生产和销售；生产、维修、买卖武器和弹药；开发、制造和销售用于军事目的的产品和提供相关服务；利用、放置、销毁和掩埋有毒材料和固体废料，包括放射性废物；运输（包括越境运输）有毒物质及生产废料；破产程序管理人的活动；法律实践（私人公证和辩护）；汽车客运和货运、国际汽车客运和货运、航空、水运、铁路运输。

此外，由于吉尔吉斯斯坦矿产资源丰富，不乏外资选择投资矿产开发行业。若中企选择在吉矿产领域进行投资开发，须特别注意，吉政府已于 2021 年对《地下资源法》进行了修改，核心要旨就在于增强吉尔吉斯共和国对本国矿产资源的控制权。其中规定，国家级区块必须全部由吉尔吉斯共和国国有控股公司开发。即使在非国家级项目开发中，吉尔吉斯共和国也必须占有一定比例，并为其国有公司提供优先获得矿产资源的权利。该规定不涉及已经开发的矿产项目。

3. 法人实体类型

境外企业在吉尔吉斯斯坦从事投资活动的，可依据业务需求选择代表处、分公司、子公司等多类运营载体。

不同类型的运营载体在活动权限和风险承担等方面均存在差异：代表处的功能主要在于代表外国公司并维护其利益，仅能从事市场调研、品牌推广等非经营性活动，而无法进行签署商业合同等经营性活动。分公司则可在母公司授权范围内从事经营活动，但其亦不具有独立的法人地位，在从事经营活动时发生的法律风险须与母公司承担连带责任。子公司作为独立的法人实体，在债务清偿、法律诉讼等方面均能够与母公司实现风险隔离。另须注意的是，根据《民法典》第105条，外国投资者若选择设立子公司，其法律形式必须符合吉尔吉斯共和国法人实体类型，主要包括有限责任公司（LLC）、封闭式股份公司（CJSC）、开放式股份公司（OJSC）以及合伙制企业（含普通/有限合伙）等。实践中，绝大多数的外资企业选择有限责任公司形式，少数采用封闭式股份公司形式，其余类型则多适用于特殊行业或大型跨国企业。

（二）公共服务

吉尔吉斯斯坦的“一站式”系统（https：//www.e-gov.kg）是为简化企业开办流程而设计的集成化服务平台，旨在通过单一窗口集中处理企业注册、税务登记、社会保险登记等多项手续。该系统由吉尔吉斯斯坦司法部牵头，联合国家税务服务局、社会保险基金等部门共同运营，适用于本地企业和外资企业。

1. 信息可获得性

吉尔吉斯斯坦设立国家投资署，致力于促进外国投资，并帮助国际公司在吉尔吉斯斯坦寻找商业机会，为企业在规划、启动乃至业务扩展的各个阶段提供免费咨询与支持服务，包括投资项目信息、投资环境介绍、政策法规解读等，并协助投资者办理投资准入的相关手续。① 此外，吉尔吉斯斯坦各行业均有相应的协会组织，如工商会、矿业协会、农业协会等。这些协会了解本行业的发展状况、市场动态和投资机会，能为投资者提供行业特定的投资准入信息，包括行业标准、技术要求、资质条件等。吉尔吉斯斯坦工商会可为企业提供贸易促进、投资合作、信息咨询、法律咨询等服务，帮助企业拓展国际市场，组织企业参加国内外展会，开展商务对接活动等，其还承担着一些公共服务职能，如对商品进行检验、私有物的独立评估等。②

2. 信息透明度

以矿业领域为例，吉尔吉斯斯坦在资源招标、拍卖以及技术评估等环节均体现了较高的透明度。《地下资源法》对矿业投资准入有详细规定，包括许可证申请、地下资源使用权的获取方式（招标、拍卖和“先到先得”原则）、国家参股要求等信息都有明确公开。例如，招标适用于国家级地下资源的特定区域，出现招标需求时，吉尔吉斯斯坦招标委员会会发布招标公告，公告

---

① 参见《关于国家机构》，载吉尔吉斯斯坦国家投资署官方网站，https：//invest.gov.kg/about-national-agency/about/，2025年4月19日访问。

② 参见《吉尔吉斯斯坦工商会：吉尔吉斯斯坦工商会与陕西省贸促会签订框架合作协议》，载搜狐网，https：//m.sohu.com/a/682504491_120404645/，2025年4月19日访问。

内容包括申请时间、流程等详细信息。拍卖也有明确的适用情况和操作流程。同时，吉尔吉斯斯坦是《采掘业透明度倡议》（EITI）的参与国，该倡议旨在促进矿业和采掘业的收入透明度和问责制，将发布信息的机制制度化，以打击采掘业中的腐败现象。目前 EITI 覆盖了吉尔吉斯斯坦 95%以上的矿业收入，进一步提高了吉国矿业领域的透明度。①

然而，法律规定与实际执行之间可能存在差异，这可能导致投资者在实际操作中遇到一些与公开信息不一致的情况。世界银行《营商环境报告》指出，吉尔吉斯斯坦的企业可能面临非正式费用压力，这也在一定程度上影响了投资准入信息的透明度。此外，有报道称吉尔吉斯斯坦政府在近两年通过了一些限制获取重要信息的法律，这同样可能对投资准入信息的透明度产生负面影响。②

（三）企业开办效率

在吉尔吉斯斯坦开办企业在注册环节涉及司法部、国家统计委员会和国家税务局。司法部在吉尔吉斯斯坦各个州、区均设有州、区管理局，国家统计委员会则主管企业注册资料在国家统一投资目录的录入，国家税务局则负责涉税相关注册事宜。创办人向吉尔吉斯斯坦司法部申请注册企业时须提交注册申请和其他必要文件（取决于企业形式）。注册股份公司的，应当出具已向银行缴足 50%注册资金的证明文件。若创办人为外国公民，则应出具其本人的护照复印件或其他能够证明个人身份的文件。注册登记卡须在吉尔吉斯斯坦国家统计委员会领取，办理周期通常为 2 个工作日。需注意，注册文件均需附带经过公证的吉、俄文译文。个体业主由统计委员会依所在地注册；分公司与代表处注册程序与法人相似，需提交补充文件；自由经济区企业在管委会注册，企业和个体业主均需在税务部门登记，登记时法人和自然人需提供相应文件，登记后获得单独税号，首次登记还将获取纳税信息清单。③

在吉尔吉斯斯坦从事特定投资活动所需之许可证由主管许可活动的政府当局（许可人）授予，颁发执照的政府当局名单由法律和吉尔吉斯政府法案

---

① 参见《采掘业透明度倡议（EITI）》，载中亚地理门户网站，https：//geoportal-kg. org/extractive-industries-transparency-initiative-eiti/，2025 年 4 月 19 日访问。

② 参见《分析：吉尔吉斯斯坦是如何丧失其透明度的》，载有组织犯罪和腐败报告项目（OCCRP）网站，https：//www. occrp. org/en/feature/analysis-how-kyrgyzstan-is-losing-its-transparency，2025 年 4 月 19 日访问。

③ 参见商务部对外投资和经济合作司等编：《对外投资合作国别（地区）指南：吉尔吉斯斯坦》（2024 年版），第 52—53 页，载商务部“走出去”公共服务平台，http：//fec. mofcom. gov. cn/article/gbdqzn/，2025 年 2 月 25 日访问。

规定。其他国家颁发的执照如果符合国际条约的规定，吉尔吉斯斯坦予以承认。

一般而言，取得许可证需要向主管当局提交以下材料：（1）标准申请表；（2）证明文件的副本（个人用）；（3）申请费和执照许可费缴费证明副本；（4）法律实体或个体企业的注册证明副本；（5）已获吉尔吉斯政府批准的某些商业活动许可证管理条例中规定的文件副本。

许可人不得向申请人要求法律或规章规定之外的任何文件。为取得许可证而提交的所有文件均须主管当局妥善登记。申请人可以通过许可证颁发机构的网站来申请许可证，在线填写并提交申请表和原件的扫描件。通过在线申请后，申请人会收到许可人的确认通知，告知申请人收到在线申请的日期和提交的文件清单，申请人可以在申请表中注明申请电子许可证。许可证一般会在提交申请表和所有要求文件之日起30天内颁发。值得注意的是，使用无线电频谱要求的许可证需要吉尔吉斯斯坦与邻国进行协调，许可证的授予期限可根据情况延长。

二、经营场所的获得

（一）监管框架

1. 不动产交易规则及其限制

吉尔吉斯斯坦法上的不动产系指土地、矿藏、森林、多年生之物、建筑、设施以及所有土地附着物。不动产所有权、不动产权利负担以及不动产交易受《不动产权利与交易国家登记法》拘束，相关登记程序须依法进行。根据吉尔吉斯斯坦的法律，以下权利的变动采登记生效模式：所有权；商业管理权；经营性控制权；永久土地使用权；抵押或质押权；3年以上的暂时使用、租赁、转租权；地役权；经批准而享有的设计、建设以及使用不动产的权利；因法令而生的权利；根据吉尔吉斯斯坦法律使用自然资源的权利；因财产的合法化而生的权利。

吉尔吉斯斯坦的土地可以通过招投标、拍卖或者直接出售的方式获得。以下情况可以直接通过出售的方式获得对土地的权利，且相关销售合同必须在当地登记机关登记，但并不需要公证：（1）对相关地块有在先固定期限使用权的私有建筑或者设施（包括未完成的）；（2）经两次拍卖后仍未能售出的；（3）地块与私人建筑或者设施的部分相连接，而该部分是为私人建筑或者设施的进出、利用便利性的提高或者功能的扩展，前提是该地块无法作为独立的不动产单位使用，以及该地块对第三人的出售可能违反建筑或者设施所有人的权利；(4) 地块与私人建筑或者设施的部分相连接或者毗邻，该建筑或者设施需要建设或者保有停车场，该地块对第三人的出售可能违反建筑或者设施所有人的权利。①

对于住宅财产，“公民与法人可以不受限制地获得住宅性财产权，权利取得的法律依据包括：政府或者地方当局的行为；合法的合同与交易行为；司法行为；法人权力机关进行重整的决定；建筑的合伙经营人；其他法律规定的发生根据。2013 年之后，外国人获得住宅性物业不再需要获得此特别许可，只需要根据相关法律进行登记即可。对于非住宅性不动产而言，吉尔吉斯斯坦法律并没有对外国人获得非住宅性物业的直接限制。外国人可以获得权利存续期不超过 50 年的娱乐、基础设施或者旅游性不动产，但必须经过议会的同意”。② 此外，吉国法律还规定了特殊的无偿用地情况，包括：国防、电力、水利、交通运输、邮电，以及国家住房规划、自然保护区、医疗卫生设施、娱乐和历史文化建筑等的用地；社会公共性的工业生产用地；法律确定的其他项目。如果希望获得上述无偿使用的土地，公民应该向上述土地的管辖机构递交申请，③ 管辖机关审查后根据申请的先后顺序在闲置土地中划拨。

在吉尔吉斯斯坦，私主体之间可以通过买卖、赠送、交换、抵押等意思自治方式，或者直接依据《土地法》的相关规定通过继承、法人重组等方式来转让土地，无须权力机关批准，但必须符合《土地法》规定的期限要求。例如，该法规定，农业用地的使用人在获得土地财产权后的 5 年之内不得对该土地进行买卖。私主体对土地的使用期限通常可以分为无限期和定期，但外国人只能对土地进行定期使用（临时使用）。定期期限最长不得超过 50 年，若需要逾期使用，则土地交易的双方应该进行协商。④

“土地交易和土地权属变更必须在国家管辖当局进行登记，除法律另有规定外，一般登记后无须公证，登记内容具体包括土地权利转让、转移、限制、地役权、抵押、终止等事项。须特别注意的是，除非法律另有规定，外国人在吉国直接依据法律获得的任何不动产所有权（如继承、重整概括继受等）必须在 1 年内转移给吉尔吉斯共和国国民。如果在 1 年内没有将所有权转移，

① 参见中国国际贸易促进委员会法律事务部、中国经济信息社编著：《“一带一路”国别法律研究（第二辑）：吉尔吉斯斯坦》，新华出版社 2018 年版，第 151 页。

② 中国国际贸易促进委员会法律事务部、中国经济信息社编著：《“一带一路”国别法律研究（第二辑）：吉尔吉斯斯坦》，新华出版社 2018 年版，第 152 页。

③ 申请书中应该说明的事项包括：(1) 土地用途；(2) 申请的必要性；(3) 所需土地的标准；(4) 申请土地所在的地段位置；(5) 使用期限。此外，申请人还应该提交相关申请文件的副本。

④ 参见中国国际贸易促进委员会法律事务部、中国经济信息社编著：《“一带一路”国别法律研究（第二辑）：吉尔吉斯斯坦》，新华出版社 2018 年版，第 152—153 页。

那么法院将会根据国家有关当局或者地方当局的请求强行销售，或者根据国家或公共性的需要而直接指定给公共当局所有，并向外国所有人支付低于销售成本的价款。”①

外国人②在吉尔吉斯斯坦使用土地须遵循以下规则：第一，吉国农用地所有权禁止向外国人出让，故外国投资者使用吉国农用地仅得通过租赁的方式，租期不得超过50年，可申请续期，相应的租赁合同须在当地土地管理部门进行登记。第二，按吉尔吉斯斯坦抵押法规定可以用贷款或住房抵押的方式，在居民区（城市、镇、农村居民点）范围内划分一块地供外国人定期（临时）使用或转让财产权。第三，由吉政府划分居民点外的一块非耕地给外国人以定期（临时）使用权。在其他情况下，可按各种定期（临时）使用的合法程序向外国人转让，转交一块居民区外的土地。另需注意，吉尔吉斯斯坦明确禁止外国人在边境30公里范围内拥有土地。外资企业购买工业用地须预先取得内阁特别许可，且租赁协议中必须载明土地恢复原状条款。建筑法规体系以抗震设防、节能保温和无障碍设计为核心，所有新建项目须通过国家建筑监督局的7阶段审查流程，包括地质勘探合规性审查、消防疏散模拟及施工过程的3次节点验收，违规行为将面临罚款。

当事人因土地关系发生纠纷的，应当依法由国家授权的土地划分机关进行裁决，如果当事人不服土地行政机关的裁定，可以向法院提起诉讼。但存在例外情形，对于因划分土地、没收土地和终止土地权利引起的土地纠纷，鉴于这三种行为的作出机关本身就是土地划分机关，土地划分机关就是这三类纠纷的一方当事人，因此只能将纠纷交至法院处理。违反上述法律法规的土地权利人，承担相应的民事、行政或刑事责任。③

2. 环保监管体系

吉尔吉斯斯坦环保监管规范以《环境保护法》和《生态鉴定法》两部基础性、综合性法律为主干，延展出自然资源保护法体系和污染防治法体系两

---

① 中国国际贸易促进委员会法律事务部、中国经济信息社编著：《“一带一路”国别法律研究（第二辑）：吉尔吉斯斯坦》，新华出版社2018年版，第156页。

② 外国人包括外国自然人和外国法人。外国自然人包括外国公民和无国籍人。外国法人则是指满足以下某一条件的法人：（1）根据外国法律设立并登记；（2）由一个或者一个以上的外国自然人或者法人所有；（3）由一个或者一个以上的外国自然人或者法人根据书面合同控制或者管理，该控制人或者管理人有权销售有投票权的多数股份，有权指定公司执行或者监管机构的主要成员；（4）在吉尔吉斯登记并至少有20%的注册资本由外国国民、无国籍人或者法人所有；（5）根据国际条约或者协定设立。

③ 参见中国国际贸易促进委员会法律事务部、中国经济信息社编著：《“一带一路”国别法律研究（第二辑）：吉尔吉斯斯坦》，新华出版社2018年版，第158页。

大分支，该两大分支共同组成了吉国的环保监管规范体系。自然资源保护法体系包括了《水法》《森林法》《矿藏法》《山区法》《农业用地管理法》《土地法》《渔业法》《动物法》《植物保护法》等，污染防治法体系则包括《生产和生活废物法》《尾矿和矿山废物法》《危险物生产工业安全法》《居民安全放射法》《居民传染病保健福利法》等。此外，为保障环境法规的有效实施，吉国还制定了一系列配套的环境法规，如《关于合理利用自然资源和保障生态安全的国家监督条例》《关于国家生态鉴定的条例》《关于对拟从事活动的环境影响评估程序指南》等。另外，吉尔吉斯斯坦的环境保护部、国家自然保护委员会等部门也制定了若干关于水资源、土地资源、大气保护、动植物的专门规范。

吉尔吉斯斯坦环境监管体系的实施以国家负责制的基本制度架构展开，由中央部门以及国有企事业单位进行管理。中央部门包括国家自然资源部、环境保护与森林署，国有企事业单位则包括国家地质与矿产资源署、农业与土壤改良署、卫生部、紧急状况部、国家科学院地质研究所等。其中，国家自然资源部专门负责各类自然资源的管理。环境保护和森林署则是吉国生态环境安全政策的执行机构，下设“两司两局”——狩猎司、森林生态系统发展司、森林狩猎制度管理局、贾拉拉巴德坚果林跨区域管理局，以及林场、林管区、森林保护站。国家地质与矿产资源署主要负责地质勘测、矿产资源勘探和开发许可证的管理与发放事项，并持续监管正在开采的国有或私有矿山；其下设地质部、生产部、矿管部三部门。在地方，则由州或市一级的地方政府具体颁发土地分配证书、实施地方矿产资源勘查和开发规划、监督矿业活动、确保勘测勘探和资源开发活动符合吉国环境保护标准。一旦发现可能威胁人生命健康、危害吉国经济发展和生态环境保护的开发活动，地方政府有权对相关主体采取限制性措施。①

“违反环境法相关的环境纠纷和财产纠纷由人民代表会议、特别授权的国家环境保护机构、国家仲裁机构或者有管辖权的法院解决。不在其管辖范围的争端将由内阁的委员会解决。不同国家企业之间的环境纠纷将由来自争端国的相同数量的代表组成的委员会解决。如果委员会不能解决此类纠纷，则由联邦条约确立的程序解决。”②

环境违法者根据各自的过错分别承担纪律、民事、行政和刑事责任。具

---

① 参见中国国际贸易促进委员会法律事务部、中国经济信息社编著：《“一带一路”国别法律研究（第二辑）：吉尔吉斯斯坦》，新华出版社 2018 年版，第 183—184 页。

② 中国国际贸易促进委员会法律事务部、中国经济信息社编著：《“一带一路”国别法律研究（第二辑）：吉尔吉斯斯坦》，新华出版社 2018 年版，第 191 页。

体过错情形包括："违反环境保护标准、规定、规章、说明书等技术规范性文件的要求；没有完成国家生态评估的要求；在企业、设施、移动设备等的规划、选址、设计、施工、改造、启动、运营和清算中违反生态要求；未按照法律要求处理许可，在没有获得授权的情况下倾倒污水或污染物影响环境；在无许可证、许可证期满、超过自然资源的使用限额的情况下使用自然资源；未能遵守限制污染、倾倒或排放污染物的相关规定，对环境产生物理或其他有害影响；未能采取措施消除对环境的事后影响；没有或者错误地使用为环保目的的设施、设备、仪器和工具；环保设施迟延使用；未能遵守国家环境管制机构的指示；未经国家环境保护机构的许可对环境装置和设备进行清算；在贮存、运输、使用、净化和处理工业、家庭和其他废物时违反环境要求；在处理放射性和有害化学物质时违反生态要求；拒绝及时、完整提交或者错误提交环境质量信息、自然资源使用信息、污染源的信息和废物处理的信息等。这些违法行为的责任并不排除违反土地法、水法、森林法、矿产资源法、保护大气和动植物法等法律的责任。企业和公民必须依照吉尔吉斯斯坦法律规定的程序和数额，对因违反环境法律而造成的损害进行赔偿。根据吉尔吉斯斯坦的法律规定，民事责任和刑事责任的诉讼时效均为 20 年。责任人不但要承担恢复生态环境、补偿受害人损失等民事责任，而且还要承担由此产生的刑事责任。"①

（二）公共服务

1. 不动产交易服务

早在 2011 年，吉尔吉斯斯坦就在世界银行的支持下开展土地和不动产登记项目，实现了电子化登记、在线信息查询等功能，并且将交易处理时间缩短至不到两天。② 借助土地和不动产登记项目和电子登记系统，公众可在线查询不动产信息，提高信息透明度，便于交易双方了解不动产相关情况。同时，电子登记系统运用数字技术实现工作流程自动化，利用卫星地理参考技术改进地理信息获取，同时实施国际财务管理和会计标准，加强财务透明度，提高登记系统的可靠性。虽然目前线上服务系统整体而言还不够成熟，但吉政府这一努力方向有助于提高不动产交易信息的透明度和可获取性，减少线下

---

① 中国国际贸易促进委员会法律事务部、中国经济信息社编著：《"一带一路"国别法律研究（第二辑）：吉尔吉斯斯坦》，新华出版社 2018 年版，第 191—192 页。

② 参见《吉尔吉斯斯坦的土地与房地产登记系统展现出全球范围内的良好实践范例》，载世界银行官方网站，https://www.worldbank.org/en/news/press-release/2011/10/12/land-and-real-estate-registration-system-in-kyrgyzstan-displays-global-good-practices，2025 年 4 月 19 日访问。

办理的时间和成本。

2. 环境许可审批

从事野外作业项目（如道路建设、矿产开发）的在吉投资企业于项目实施前，需在吉尔吉斯斯坦国家环境保护与森林署办理相应的环保评估手续，审批时间取决于具体的投资项目类型，短则两周，长则数月。环保与森林署收到申请后，会先对提交材料的完整性和合规性进行审查，若材料齐全且符合要求则予以受理。随后，根据项目的性质和规模，组织相关专家或委托专业机构对项目开展环境影响评估，评估内容涵盖对生态系统、水资源、大气环境、土壤等多方面的影响分析。对于可能对周围环境和居民产生较大影响的项目，会进行公示以征求公众意见；公众可在规定时间内对项目提出意见和建议，环保部门会综合考虑公众反馈，并要求项目方对合理意见进行回应和整改。① 对于从事矿产开发的企业，另需在能源工业部办理环保审批手续。② 若项目存在较高生态环境风险，企业还需要办理环保方面的强制保险。

3. 城市规划许可审批

2025 年 3 月，吉内阁总理阿德尔别克·卡西马利耶夫在一次工作会议上启动了为期 100 天的改革，大型建筑获得许可证时间从 180 个工作日缩短至 50 个工作日，中型建筑从 90 个工作日缩短至 30 个工作日，小型建筑实行简化制度，15 个工作日内发放许可证。还主张为建设过程的政府机构建立统一监管框架，规范审查评估和发放许可证的期限，简化相关程序并取消过时规范。③ 同月，比什凯克城市规划总局基于自动化信息系统推出了官方电报机器人服务，旨在简化市民获取城市建设、建筑规范和施工许可信息的流程。该机器人整合了 14 类高频咨询问题，并计划引入人工智能技术优化应答精准度。④

① 参见《中国企业投资吉尔吉斯斯坦的环境法律风险及其应对》，载陕西省商务厅官方网站，https：//sxdofcom. shaanxi. gov. cn/sy/ztzl/sxsydmymcgzz/flfw/202310/t20231023_ 2500781. html，2025 年 4 月 19 日访问。

② 参见《全联环境商会特刊 | 中亚国家环境治理情况报告之吉尔吉斯斯坦》，载环保在线，https：//www. hbzhan. com/news/detail/184026. html，2025 年 4 月 19 日访问。

③ 参见《吉尔吉斯斯坦全面推进建筑业发展》，载新浪网，https：//finance. sina. cn/2025-04-11/detail-inesvcmn4748367. d. html，2025 年 4 月 19 日访问。

④ 参见《比什凯克城市规划总局推出电报智能问答机器人》，载吉尔吉斯斯坦国家通讯社（KABAR）网站，https：//cn. kabar. kg/news/比什凯克城市规划总局推出电报智能问答机器人/，2025 年 4 月 19 日访问。

（三）不动产交易流程及其成本

在吉尔吉斯斯坦进行不动产交易所需遵循的流程如下：首先，确定目标房产并进行实地考察，了解房屋的实际情况和周边环境。其次，与卖方或开发商进行谈判，确定购房价格和付款方式。再次，签订购房合同并支付定金或全款。最后，办理产权过户手续，缴纳相关税费，完成购房流程。[①] 在登记机关进行登记时，需提交按规定格式填写的申请表、不动产产权证明文件、能够说明不动产单元技术特征的文件（技术说明书）以及付款收据。文件清单可能会因交易方是个人还是法人而有所不同，可能会要求提供额外文件。交易成本涵盖多个方面：税费上，个人若持有房产少于 1 年，出售时需缴纳 10%的所得税，超过 1 年则无需缴纳；法人的税收取决于其税收制度，一般税收制度下，需缴纳所得税、增值税、销售税等，简化税收制度下适用统一税率。购房者还需支付一定比例的契税和印花税，具体税率依房产价值和位置而定。[②] 此外，尚需支付律师费和登记费用。

三、市政公共服务设施的便利

（一）监管框架

吉尔吉斯斯坦在电力、水资源及互联网等市政公共服务领域构建了以国家为主导、国际合作为补充的政策法律框架，旨在追求国家基础设施的可靠性、安全性与可持续发展目标。

1. 电力法规政策框架

吉尔吉斯斯坦电力供应法规政策框架的核心是其《电力法》。该法规定，外国投资者从事电力生产、传输、分配、销售及进出口业务须向吉尔吉斯斯坦能源机关申请许可证，但利用可再生能源发电和自用发电除外。明确了电力行业运营原则，包括市场公平性（输电许可证持有者无垄断权、配电企业履行普遍服务义务）、供电质量与责任（因企业责任供电中断超 1 小时需支付违约金，不得因居民欠费直接中断供电超 3 个月）、用户权益保障（供电企业为居民用户免费安装电表，困难用户可获得补贴，电价调整需提前公示）等方面。还规定新建电站须进行环境影响评估，企业应承担污染防治费用，涉

---

① 参见《吉尔吉斯斯坦当地买房子最新政策及一般价格介绍（吉尔吉斯斯坦购房政策价格指南）》，载丝路印象，https：//qifu. zcqtz. com/article/811256. html，2025 年 4 月 19 日访问。

② 参见《吉尔吉斯斯坦房地产交易的法律层面》，载格拉塔国际律师事务所网站，https：//gratanet. com/publications/legal-aspects-of-real-estate-transactions-in-kyrgyzstan，2025 年 4 月 19 日访问。

外纠纷可提交国际仲裁，违反规定的企业将面临行政、民事或刑事责任。

2. 供水法规政策框架

吉尔吉斯斯坦水资源供应法规政策框架的法律基础是吉尔吉斯斯坦《水法》，该法明确规定水资源为国家财产，依法从水体中提取的水资源可成为法人、自然人及无国籍人士的财产，但禁止以任何直接或间接方式侵犯国家对水体和水资源的所有权。此外，该法还确立了诸项原则：在水资源利用和保护领域开展经济和其他活动时，需遵循以人为本原则，优先考虑人的生命和健康，为其工作和休息提供良好条件；合理利用和保护水资源；遵守水法律法规，对违法违规行为承担不可推卸的责任；在解决水资源利用和保护问题时保持透明度，与民众和社会组织紧密联系；水资源和水体使用付费；开展国际水事合作等。国际合作与援助方面，吉尔吉斯斯坦积极与国际开发协会、世界银行等国际组织合作，通过签署协议获得贷款和赠款，用于新建和修复饮用水供应及废水处理系统等项目。这些国际合作有力推动了吉尔吉斯斯坦饮用供排水基础设施的完善与发展。①

3. 互联网接入法规政策框架

2010 年吉尔吉斯斯坦成立了国家通信局作为监管机构，负责规范电信行业，确保所有公民能够获得价格合理且可靠的互联网服务。其职责涵盖对互联网服务提供商（ISP）的监管，包括颁发运营许可证、监督服务质量等，以保障互联网接入服务的正常开展。2019 年，吉政府启动了旨在将互联网接入扩展到农村地区的计划，通过在农村地区铺设光纤电缆，为居民提供高速互联网。这一举措旨在改善国内互联网基础设施分布不均衡的状况，从而提高农村地区的互联网接入率，缩小城乡数字鸿沟。2020 年，吉尔吉斯斯坦国家通信局出台了新规定，要求互联网服务提供商为客户提供可靠和高质量的互联网服务。这包括对网络稳定性、带宽速度、服务中断时间等方面的要求，以保障用户能够获得良好的上网体验。

（二）公共服务

1. 供电服务

基础设施方面，曾经吉尔吉斯斯坦电力基础设施薄弱，长期没有独立的输电网络。苏联时期建成的中亚统一电力系统，使吉尔吉斯斯坦中部水电站

① 参见《中科院中亚生态与环境研究中心与吉尔吉斯斯坦政府开展饮用水净化试点项目》，载中国科学院官方网站，https：//www. cas. cn/yx/201708/t20170831_ 4612937. shtml，2025 年 4 月 19 日访问。

的供电需要通过乌兹别克斯坦的电网输送到北部和南部地区。[①] 为解决电力供应问题，2009 年起，中国企业特变电工开始参与吉尔吉斯斯坦能源领域建设。在特变电工的帮助下，吉尔吉斯斯坦建成了“达特卡—克明”输变电工程等项目，极大提升了该国电网的独立性和安全性，改善了电力基础设施状况。[②] 目前，吉尔吉斯斯坦的全国供电由多家位于不同区域的国有电力公司负责。吉政府大力建设中小水电、光伏、风力等可再生能源发电设施。

社会保障方面，依据《电力法》，输电许可证持有者除了输电经营管理，无部门或地域垄断权；配电企业需履行普遍服务义务，保障服务区域内所有用户的电力供应。禁止电力能源企业向多户住宅、独立住宅、商业及工业设施传输电力，除非相应设备功率允许。供电企业必须免费为居民用户安装电表，对于经济困难的用户，政府相关机构会提供直接补贴。

2. 供水服务

吉尔吉斯斯坦的供水存在诸多问题。首先是稳定性不足，在城市地区，尽管部分居民已接入供水系统，但服务中断情况频繁。在一些较小的城市中心，每天供水中断时间可能长达 12 小时或更久。主要原因是大多数的供水系统建于 30 多年，甚至有些建于半个多世纪前，多已达到或接近使用寿命，供水管道等设备破损和故障问题多发。而且，由于水处理不充分且水质检测频率低，供水水质往往也不能达标。此外，供水的覆盖范围也较为有限，城市地区的供水覆盖率高于农村，但在二级城市和地区中心，供水接入率远低于首都比什凯克，部分地区只有 60%的居民能获得供水。[③] 近年来，在国际金融机构的支持下，吉尔吉斯斯坦开展了一系列城市供水网络和污水处理设施的升级改造项目，供水服务水平得到了一定提升。

3. 互联网服务

吉尔吉斯斯坦固网通信的运营商包括国家电信公司、Saima-Telecom 公司和 Megaline 公司，移动通信运营商则主要包括“O!”公司、Megacom 公司和 Beeline 公司。互联网在吉尔吉斯斯坦的普及率提高很快，全国 70%以上的居

---

① 参见《“让百姓用上本国电”》，载国家能源局官方网站，http：//www. nea. gov. cn/2013-05/07/c_ 132364868. htm，2025 年 4 月 19 日访问。

② 参见《特变电工“点亮”夏夜里的吉尔吉斯斯坦》，载新华网，http：//www. xinhuanet. com/world/2019-06/15/c_ 1124627719. htm，2025 年 4 月 19 日访问。

③ 参见《吉尔吉斯斯坦迈向可持续城市供水——中亚项目》，载中亚项目网站，https：//centralasiaprogram. org/archive/central-asia-research-paper/towards-sustainable-urban-water-supply-in-kyrgyzstan/，2025 年 4 月 19 日访问。

民使用智能手机。[①] 吉尔吉斯斯坦首都比什凯克等大城市互联网较为普及，住宅小区等均可接入国际互联网，大部分酒店、餐厅提供无线上网服务，运行有 GSM、3G 和 4G 移动通讯网络。但在二级城市、地区中心以及农村和偏远地区，存在网络覆盖不足且稳定性差的问题。[②] 此外，其国的网络安全问题也比较突出。根据吉尔吉斯斯坦媒体“24k”于 2023 年 1 月 27 日的报道，超过 10 万吉尔吉斯斯坦网络用户受到网络攻击的影响，19%的吉尔吉斯斯坦政府、企业等部门网络受到过网络攻击的负面影响。为提高网络安全能力，吉尔吉斯斯坦近年来积极加强国际合作：2023 年，吉尔吉斯斯坦内阁下属的国家个人数据保护局与欧安组织比什凯克项目办公室联手开展了为期两天的培训，旨在加强网络安全、个人数据保护以及提高医疗保健和教育领域的网络安全意识和能力；同年 10 月，吉尔吉斯斯坦与欧盟合作的“全球门户计划”（Global Gateway）则聚焦建设中亚数字枢纽。[③]

（三）水电及互联网接入成本

用电成本方面，就居民用电而言，700 千瓦时以内部分电价为 1.37 索姆/千瓦时，超过 700 千瓦时的部分电价为 2.60 索姆/千瓦时。对于部分贫困家庭，吉政府提供 0.5 索姆/千瓦时的补贴电价，以减轻其生活负担。就工业用电而言，以克明区为例，其电价为 5.04 索姆/千瓦时。冬季电力短缺是吉尔吉斯斯坦电力供应面临的突出问题之一，迫使其不得不从邻国进口电力，这就使得电价成本出现一定程度的波动。[④]

用水成本方面，民用水价为 10.45 索姆/立方米，工业用水价为 12.95 索姆/立方米，其他用途水价则为 18.5 索姆/立方米。[⑤] 此外，吉尔吉斯斯坦的互联网接入成本较低，在 2025 年全球互联网成本最低国家排名中，吉尔吉斯斯坦位列第 8，每 GB 成本为 0.17 美元。[⑥]

---

① 参见商务部对外投资和经济合作司等编：对外投资合作国别（地区）指南：吉尔吉斯斯坦》（2024 年版），第 13 页。

② 参见《吉尔吉斯斯坦》，载中国领事服务网，http：//cs. mfa. gov. cn/zggmcg/ljmdd/yz_645708/jejsst_ 646578/，2025 年 4 月 19 日访问。

③ 参见《2023 年欧亚地区网络安全态势综述》，载多彩编程网，http：//www. coloradmin. cn/o/1555018. html？ action=onClick，2025 年 4 月 15 日访问。

④ 参见《吉尔吉斯斯坦自 5 月 1 日起实施新电价标准》，载微信公众号“中亚丝路推荐官”，2025 年 3 月 27 日；《吉尔吉斯斯坦投资与运营成本综合分析：含水电油气、劳动力、土地与建筑、税收成本等》，载微信公众号“盈天中亚”，2025 年 4 月 17 日。

⑤ 参见商务部对外投资和经济合作司等编：对外投资合作国别（地区）指南：吉尔吉斯斯坦》（2024 年版），第 24 页。

⑥ 参见《2025 年世界上最昂贵，最便宜的互联网》，载微信公众号“道地旅程”，2025 年 2 月 1 日。

四、劳动者保护

（一）监管框架

吉尔吉斯斯坦自2004年便制定了《劳动法典》，成为调整吉尔吉斯斯坦全国劳动关系的基本法。整部法典共446条，分为9个部分、44章。第一部分包括第一章“立法目的”和第二章“劳动关系及劳动各方权利义务”；第二部分以“社会合作伙伴关系”为中心展开，所谓“社会合作伙伴关系”系指在国家权力机关、用人单位联合会以及工会参与下的劳动关系；第三部分具体规定了劳动合同的签订、变更、内容、效力、期限、终止等诸问题；第四到第七部分分别是关于劳动报酬、劳动培训、劳动保护的各类规定；第八部分和第九部分则分别规定了合同当事人应当承担的损害赔偿义务和劳动争议的解决方式。整部法典内容丰富，涵盖了劳动关系的各方面。

1. 劳动合同

依据吉尔吉斯斯坦《劳动法典》，吉国的用人单位应当与劳动者签订劳动合同。劳动合同是指劳动者与用人单位之间就用工要素签订的合同。合同应采用书面方式，但不签订书面用工合同不影响劳动关系的成立。用人单位应在合同签订后的3日内通过决议、指令等方式正式通知劳动者。劳动合同的履行期限可以是无固定期限、不超过5年的固定期限或者法律规定的其他期限。固定期限劳动合同是指除非法律明文规定，由工作的形式与条件决定劳动关系不可能是无固定期限的劳动合同。对于固定期限劳动合同而言，如果在合同届满之日双方均没有终止劳动关系的意愿而继续根据合同行事，那么该种合同就被认为是无固定期限合同。如果书面劳动合同中没有明确载明用工期限，则推定为是无固定期限劳动合同。法律禁止用人单位在没有正当理由的情况下签订侵害劳动者根据法律享有的利益与权利的固定期限劳动合同。①

2. 劳动年龄

吉尔吉斯斯坦法定的劳动者年龄为16周岁，但若经过劳动者代表部门或有关劳动机关研讨后允许的，15周岁未成年人亦可订立劳动合同；或经未成年人监护人、父母一方书面同意，14周岁亦可订立劳动合同，但令其承担的

① 参见中国国际贸易促进委员会法律事务部、中国经济信息社编著：《“一带一路”国别法律研究（第二辑）：吉尔吉斯斯坦》，新华出版社2018年版，第164页。

工作不得损害其身体健康，也不得影响学业。①

3. 试用期

出于判断劳动者能否胜任相应工作岗位要求的考虑，劳动关系当事人可约定试用期限，但需符合法律规定："试用期必须明确规定在劳动合同之中，除非法律另有规定，一般岗位的试用期不得超过 3 个月，高级会计师、高级经理、部门经理、代表处主管以及其他分支机构的主管等岗位试用期不得超过 6 个月，但可以经双方同意后延长。但下列若干情形不得规定试用期：一是未满 18 周岁的劳动者；二是依法通过竞聘上岗的劳动者；三是用人单位根据与其他用人单位之间的协议，从对方单位借调来的劳动者；四是如果劳动合同约定的期限不足两个月，也不得设置试用期；五是法律法规中规定的其他情形。如果劳动者在试用期内的表现表明其不能胜任该工作，用人单位可以终止合同。但必须提前 3 日以书面形式通知劳动者，且应当在通知函中说明劳动者不能胜任工作的考量因素与合同终止理由。如果在合同试用期内劳动者欲主动解除劳动合同，其亦可提前 3 日同样以书面方式通知用人单位，但通知函可不附理由。如果在试用期结束以前用人单位并未终止合同，即认为劳动者能够胜任工作，劳动合同的所有事宜应由相关法律调整。用人单位对劳动者工作的各项调整，包括劳动内容、劳动合同内容的实质性变更、同一用人单位不同劳动地点的调整，以及将劳动者转移给另一用人单位工作，均须经过劳动者的书面同意。"②

4. 劳动工时

吉尔吉斯斯坦《劳动法典》将劳动者的工作时间分为正常工作时间、短时工作时间和兼职工作时间三类情形。"正常工作时间是指除非法律另有特别规定，每周不超过 40 小时的工作时间，劳动者与用人单位可以在每周 40 小时以内自行约定工作时间。短期工作时间是指工作时间短于正常工作时间，以下情况每周工作时间上限由法律规定：第一，劳动者年龄在 14—16 周岁，每周不得超过 24 小时；劳动者年龄在 16—18 周岁，每周不得超过 36 小时。第二，从事体力劳动或者危险工作（可能损害身体健康或者身心健康）的劳动者，每周不得超过 36 小时。第三，伤残等级为一类与二类的劳动者，每周最长工作时间不得超过 36 小时，享受与一般劳动者同工同酬的待遇。第四，对于怀孕妇女和作为父母一方需要照顾年龄 14 周岁以下生病家庭成员的劳动

① 参见《劳动法典》第 12 条。

② 中国国际贸易促进委员会法律事务部、中国经济信息社编著：《"一带一路"国别法律研究（第二辑）：吉尔吉斯斯坦》，新华出版社 2018 年版，第 166 页。

者，用人单位在审查过医疗结论和劳动者的请求后，必须安排非全日制工作”。①

5. 工资

劳动者的工资必须以索姆结算，不得采用本票、债券等其他现金替代品支付。吉尔吉斯斯坦的法定最低工资为每月 840 索姆，尚不包括附加费、红利、奖金等激励性支付，也不包括在极端天气或核辐射等极端物理条件下的支付以及社会福利范畴的支付。“用人单位应当按时向劳动者支付工资，至少每月支付一次。如果支付日是法定节假日，应在节假日前 3 天支付工资，否则应向劳动者每日承担 0. 15%的利息。如果用人单位无法支付工资，应向劳动者每日承担 0. 5%的利息。如果存在一人身兼两职、多工种或者在人员短缺的情况下的暂时性兼任，用人单位应向劳动者支付不少于这种额外付出正常工资 30%的工资。夜间工作为正常工作的 1. 5 倍/小时。超时工作，前两个小时为正常工作的 1. 5 倍/小时，两小时后是正常工作的 2 倍/小时。法定节假日工作的工资不低于正常工作日的两倍。工厂歇业、关闭或者空闲状态下，用人单位需要向劳动者支付正常工资的 2/3，除非这种空闲是由劳动者自身的过错引起的。用人单位如果违反了发放期限或克扣劳动者的报酬，则应按照延迟发放的天数每日支付 1 个工作日未付工资的 15%。如果用人单位在解雇劳动者时违背了工资支付期限，则应额外支付每个工作日未付工资的 50%”。②

6. 涉外的劳动关系

“外国人有权在吉尔吉斯斯坦自由选择职业，但必须提供教育背景或者工作经验等支撑材料，并获得吉尔吉斯斯坦劳动与移民部的工作许可，相关部门综合考虑雇佣对本地经济的影响以及对岗位的稀缺性等因素进行判定。雇佣外国劳动者的用人单位应当在移民当局的专用银行账户缴存保证金，在外国劳动者实际从事工作时退给用人单位。外国国民在吉尔吉斯发生的劳动关系（无论与外国公司还是本国公司）受到吉尔吉斯共和国《劳动法典》以及其他含有劳动法条款的规章的调整。外国劳动者的数量配额是由吉尔吉斯政府在每年开始前 4 个月根据国家利益以及当地劳动市场的情况进行确定。”③

---

① 中国国际贸易促进委员会法律事务部、中国经济信息社编著：《“一带一路”国别法律研究（第二辑）：吉尔吉斯斯坦》，新华出版社 2018 年版，第 167 页。

② 中国国际贸易促进委员会法律事务部、中国经济信息社编著：《“一带一路”国别法律研究（第二辑）：吉尔吉斯斯坦》，新华出版社 2018 年版，第 168—169 页。

③ 中国国际贸易促进委员会法律事务部、中国经济信息社编著：《“一带一路”国别法律研究（第二辑）：吉尔吉斯斯坦》，新华出版社 2018 年版，第 171 页。

（二）公共服务

吉尔吉斯斯坦的劳工社会保险体系及就业辅导服务主要由国家法律框架和政府部门主导实施，旨在保障劳动者权益并促进就业。社会保险方面，雇员社会保险共占工资总额的 27.25%，其中由雇员承担 10%，雇主承担 17.25%（其中，15%为养老保险，2%为医疗保险，0.25%则是劳动者健康保险）。2024 年 7 月吉国通过新版社会基金费率法令，将企业社会保险费率下调至 12.25%，由雇员承担 10%，雇主承担 2.25%，国家财政供养机构等 7 类单位除外。①

就业辅导服务方面，吉尔吉斯斯坦劳动和社会发展部运营的 "Zanyatost" 就业门户会实时发布职位信息并匹配求职者与雇主。针对弱势群体，吉政府推出定向项目，如 "妇女再就业计划" 为家庭主妇提供缝纫、护理等技能培训，并配套儿童托管服务；"残疾人职业融合" 项目则与企业合作开发适应性岗位。国际合作方面，国际劳工组织和欧盟通过技术援助项目也强化了吉尔吉斯斯坦的职业培训体系。2021 年吉尔吉斯斯坦联合德国联邦经济合作与发展部开启就业与职业能力提升项目，支持开展短期职业培训，让失业人员掌握与就业热门领域相关的技能和资质。此外，它还基于社会合作模式，推动并完善学校的职业指导工作。雇主、学校、青年组织、公共就业服务机构和家长携手合作，帮助学生在职业和教育选择上做出决策。他们开展职业指导游戏、组织企业参观活动、进行职业倾向测试、举办社会合作圆桌会议以及其他活动，为学生提供有关劳动力市场、潜在职业发展路径和教育选择的有用信息。帮助毕业生做出更优的培训、职业和教育选择。②

（三）效率与成本

普通员工试用期最长 3 个月，经理或高级职位试用期最长 6 个月。在试用期内，任何一方均可提前 3 天书面通知对方解除合同，并说明解雇原因。对于有固定期限的合同，普通员工试用期最长 3 个月，经理或高级职位试用期最长 6 个月。在试用期内，任何一方均可提前 3 天书面通知对方解除合同，并说明解雇原因。通知期限一般短于无固定期限合同，具体在合同中明确规定。若合同未规定，可根据固定期限合同的时长来确定通知期限。关于解雇

---

① 参见商务部对外投资和经济合作司等编：对外投资合作国别（地区）指南：吉尔吉斯斯坦》（2024 年版），第 37 页。

② 参见《吉尔吉斯斯坦的就业与职业能力提升项目》，载德国国际合作组织网，https://www.giz.de/en/worldwide/15301.html，2025 年 4 月 20 日访问。

补偿金，因裁员、健康原因、资质不足被解雇的，员工有权获得至少相当于两个月平均工资的离职补偿金；被征召服兵役或替代民事服务的，员工有权获得至少相当于3个月平均工资的离职补偿金。①

劳动纠纷首先由企业层面的劳动争议委员会处理。该委员会是三方机构，由劳动者、雇主和相关工会的同等代表组成。劳动者向委员会提交书面投诉，委员会会尝试促成双方和解。若和解失败，委员会将在10天内举行听证会并作出决定。劳动者对委员会决定不服的，可向地区法院上诉。地区法院是吉尔吉斯斯坦司法系统中的一审法院，设有专门的劳动纠纷法庭。地区法院受理来自劳动争议委员会的上诉案件及其管辖范围之外的劳动纠纷（如集体劳动纠纷），以及与政府机构或工会有关的劳动纠纷。法院诉讼程序遵循吉尔吉斯斯坦民事诉讼的一般结构，实行正式的证据和程序规则。对地区法院的判决不服，还可进一步向更高法院上诉。法院处理劳动纠纷的效率因案件复杂程度而异；简单案件可能在数月内审结，但复杂案件，尤其是涉及多方利益或法律适用争议的案件，可能需要较长时间，从立案到最终判决可能耗时数年。②

五、金融服务的获得

（一）监管框架

1. 担保交易制度框架

吉尔吉斯斯坦的担保制度主要由《民法典》和《质押法》共同规范。吉尔吉斯斯坦法律允许以不动产（土地、建筑物等）、动产（设备、存货、车辆等）、合同权利和应收款（应收账款、购电协议等关键合同）、银行账户现金、股权以及知识产权等多种资产作为抵押物。不动产抵押需在国家注册机构进行登记，优先顺序通常按登记时间确定。动产质押可通过在统一国家登记处或公证处登记来设立，登记时间亦是优先顺序的关键。银行账户质押需签订银行账户质押协议和托管协议，并获得银行配合，银行托管账户的建立时间与优先性相关；股权质押则需签订股权质押协议，并在法人实体登记册中进

① 参见《吉尔吉斯斯坦的雇佣关系终止情况》，载Rivermate官网，https：//www. rivermate. com/guides/kyrgyzstan/termination，2025年4月20日访问。

② 参见《吉尔吉斯斯坦的争议解决》，载Rivermate官网，https：//www. rivermate. com/guides/kyrgyzstan/dispute-resolution，2025年4月20日访问。

行登记。[①] 据世界银行《2020 年营商环境报告》，吉尔吉斯斯坦担保权执行平均耗时 2.1 年，成本占担保物价值的 18%，效率在 190 个经济体中排名第 142 位。

2. 商业信贷监管体系

商业贷款活动主要由《银行和银行业活动法》《国家银行法》《外汇交易法》等法律规范共同规制。《银行和银行业活动法》和《国家银行法》是吉尔吉斯斯坦银行业监管的基础法律，规定了国家银行的职责、权力，以及银行的设立、运营、监管等方面的规则，为商业信贷活动提供了基本的法律框架，对商业银行最低注册资本数额、单一借款人贷款数额、集团关联方的贷款数额等事项均作出了限制。吉尔吉斯斯坦对商业信贷机构的设立进行严格审批，只有符合法定条件，如具备足够的注册资本、合格的管理人员等，才能获得国家银行颁发的牌照，进入商业信贷市场。同时，对外资银行在本国设立代表处、子公司或合资企业也有相应的规定和审批程序。《外汇交易法》管理外汇交易，规范了商业信贷活动中涉及外汇的相关行为，如规定了居民和非居民在外汇交易方面的权利和限制，以及对金融机构的监管要求等，确保外汇市场的稳定和有序，维护商业信贷中外汇交易的正常秩序。

3. 电子支付法律框架

吉尔吉斯斯坦的电子支付法律框架以《电子商务法》《信息技术与信息保护法》为基础。《电子商务法》明确了电子合同的法律地位，确保在线达成的协议与传统纸质合同具有同等的可执行性。承认电子签名和各种数字文档，为电子商务活动中的电子支付提供了基本的法律保障，营造了可靠的在线商业环境。《信息技术与信息保护法》建立了数据保护和隐私权利的协议，要求商家在电子支付过程中遵循特定的数据保护和隐私标准，以保护支付信息的安全，符合国际标准，有助于维护消费者对在线交易的信任。

（二）公共服务

1. 信贷融资服务获取

2024 年 12 月 30 日，吉尔吉斯斯坦政府在首都比什凯克举行了专题会议，研究出台新的税收优惠政策，如减免某些税种或延长缴税期限，以增强中小微企业的现金流管理能力，间接便利企业获取信贷融资。同时探索降低贷款

---

① 参见《降低风险，掘金吉尔吉斯斯坦：项目融资法律指南》，载微信公众号“江律法评”，2025 年 2 月 19 日。

利率或提供长期低息贷款的可能性，以减轻中小微企业的融资负担。设计有效的信贷保险方案，分散贷款违约风险，鼓励金融机构向中小微企业提供更多资金支持。积极吸引国际组织和捐助者的关注和支持，共同启动优惠融资项目，为中小微企业发展注入新动力。如通过与世界银行等国际金融机构合作，获得资金和技术支持，推动吉国金融市场的发展和信贷融资的便利化。①

2. 征信机构运作

CRIF KG CJSC 是吉尔吉斯斯坦的一家重要征信机构，不仅收集金融领域的数据，还管理来自替代数据源的信息，如电信公司、保险公司、公用事业公司的数据，特别是吉尔吉斯斯坦集中在名为 Tunduk 单一平台上的电子政务信息。此外，还注重与欧亚经济联盟（EAEU）成员国之间的跨境数据交换，对签署信息交换协议的国家开展相关数据交流工作。CRIF 公司凭借其在全球设计和开发信用信息系统的经验，通过先进的技术平台管理吉尔吉斯斯坦相关组织发送的信息，将所有关于信用申请人可靠性的数据整合并巩固到一份报告中，为金融机构和其他相关方提供全面的信用评估依据。CRIF 利用其在提供全方位贷款解决方案方面的全球公认经验，开发了一系列增值服务，在客户信用的识别和评估方面提供显著优势，帮助金融机构更好地做出信贷决策，降低信用风险。②

（三）效率与成本

吉尔吉斯斯坦的金融机构在处理贷款申请时，通常需要对借款人进行信用评估、抵押物审核等一系列流程。一般来说，对于一些小额贷款或信用良好的借款人，银行可能会在较短时间内完成审批并发放贷款。但对于大额贷款或复杂项目的贷款申请，由于风险评估和审核程序更为严格，可能需要数月时间才能完成审批流程。吉尔吉斯斯坦央行规定的贴现率为 6.5%。截至 2021 年 3 月，国家银行设定的贷款利率为 6%，商业银行平均贷款利率为 25%，其中本币贷款利率为 22%—26%，外币贷款利率为 15%—18%。③ 不同类型的金融机构贷款利率也有所差异，小额信贷机构的利率通常会高于商业

---

① 参见《中吉乌铁路启动，吉尔吉斯斯坦推出重磅扶持计划激活中小微企业活力》，载微信公众号“无限宝贝”，2025 年 1 月 6 日。

② 参见《CRIF 收购吉尔吉斯斯坦的信用局》，载 CRIF 官方网站，https://www.crifhighmark.com/news-events/press-releases/2021/september/crif-acquires-credit-bureau-in-kyrgyzstan，2025 年 4 月 20 日访问。

③ 参见《吉尔吉斯斯坦货币、外汇、证券、银行、保险业发展情况》，载环俄网，https://www.huanenet.com/jejst/1781.html，2025 年 4 月 20 日访问。

银行。除了利息支出，借款人在获取信贷时可能还需要支付一些其他费用，如贷款手续费、抵押物评估费、保险费等。这些费用也会增加借款人的实际融资成本。

六、税收服务及政策

（一）公共服务

1. 征税机关

海关和税务机关是吉尔吉斯斯坦主要的税收征管机关。“海关负责征收的是关税以及涉及进口时的增值税与消费税，其他税种均由国家税务机关负责。税务机关一般通过测算或者由纳税人自行申报的方法进行确定后，采用查账、核定、自缴、代扣以及定额缴纳的方式进行税款征收。税务机关可以在出示相关检查命令的情况下，对纳税人的纳税情况进行核查。核查的方式可分为书面检查与现场检查两种手段。书面检查是通过对纳税人的相关信息进行电话询问、质询的方式进行核实。现场检查是指对纳税人的账务、存货与实际经营状况进行勘验检查，分为定期检查、对第三人的检查、非定期检查等情况。其中，税务执法机关有权在以下情况下进行不定期检查：①重组；②个体工商户终止经营时；③收到纳税人的申请；④在税务机关收到证明纳税人有没有证据计算税款的文件。为保障税款的征收，税务机关对欠缴人可以采用强制执行、保全、行使税收代位权等措施。对于违反税法规定的行为，相关责任人可能承担行政和刑事责任”。[①]

2. 税务审计

吉尔吉斯斯坦税务审计的对象涵盖了各类企业和个人纳税人。不过，根据吉尔吉斯斯坦法律，银行、由吉尔吉斯斯坦国家银行授权的其他组织、保险机构、首次公开发行证券的上市公司、投资基金、私人养老基金等特定组织必须接受外部审计。[②] 对于其他主体，审计则是可选的，但在税务机关进行税务审计时，所有纳税人都有义务配合提供相关资料和信息。纳税人有权要求税务机关出示审计的依据和授权文件，对审计结果有知情权，并且在认为审计结果不合理时有权进行申诉和辩护，必要时可以聘请专业的税务顾问或

---

① 中国国际贸易促进委员会法律事务部、中国经济信息社编著：《“一带一路”国别法律研究（第二辑）：吉尔吉斯斯坦》，新华出版社 2018 年版，第 134—136 页。

② 参见《吉尔吉斯斯坦的会计与审计》，载 HG. org 网，https：//www. hg. org/legal-articles/accounting-and-audit-in-the-kyrgyz-republic-4921，2025 年 4 月 20 日访问。

律师提供帮助。

3. 税务争议解决

吉尔吉斯斯坦处理税收争议采用“行政前置+司法救济”的双轨机制。行政申诉须在收到税务决定30日内向原机关提交书面材料，陈述自己的理由和诉求，税务机关会对纳税人的申诉进行审查，并根据具体情况作出维持、变更或撤销原决定的复议决定。如果纳税人对行政复议结果不满意，或者直接选择不通过行政复议程序，那么可以向行政法院提起诉讼。行政诉讼遵循吉尔吉斯斯坦的一般诉讼程序，法院会依据相关税法和证据规则对案件进行审理，并作出判决。在诉讼过程中，纳税人有权利聘请律师或专业税务顾问来维护自己的权益。从2023年起，吉尔吉斯斯坦允许纳税人将税务争议提交仲裁。纳税人可选择将税务争议提交给仲裁庭或行政法院解决。法律明确规定了税务机关同意仲裁，且仲裁机构必须已运营至少60个月才能受理税务案件。①

（二）效率与成本

纳税人需在税务机关送达决定之日起30天内提出申诉。税务机关收到申诉后，将进行审查并作出复议决定，对于较为简单的案件，可能在较短时间（如几周）内完成审查；但如果案件较为复杂，涉及多方证据或法律解释问题，可能需要数月时间。如果最终纳税人选择向行政法院提起诉讼，诉讼程序遵循吉尔吉斯斯坦的一般诉讼程序。原告提起诉讼，法院受理后向被告寄送传票，被告需在收到传票之日起15个工作日内递交书面答辩材料。之后进入正式的审理阶段，简单案件可能在几个月内审结，但复杂的税务争议案件可能需要一两年甚至更长时间，尤其是涉及重大金额或复杂法律问题的案件，可能还会经历上诉等程序，耗时更久。成本方面，涉争议的纳税人需要支付诉讼费，诉讼费的金额根据案件的性质和标的额而定。若聘请律师或专业税务顾问，则需支付更多费用。

七、商业纠纷解决途径及解决的效率

（一）纠纷解决途径

吉尔吉斯斯坦的商业纠纷解决机制融合了大陆法系传统、后苏联时期的

---

① 参见《吉尔吉斯斯坦的税务争议仲裁：是潜在的良方还是即将到来的失败?》，载Wolters Kluwer网，https：//arbitrationblog. kluwerarbitration. com/2023/07/07/tax-dispute-arbitration-in-kyrgyzstan-a-potential-cure-or-a-looming-failure/，2025年4月20日访问。

法律改革成果以及国际商事仲裁的实践需求，形成了以《民法典》、各类商事法规为基础，以《民事诉讼法典》《仲裁程序法典》和《调解法》等为核心，辅以国际条约和区域协定的多层次法律框架。

1. 司法诉讼

吉尔吉斯斯坦的法院体系包括宪法法院、最高法院和地方各级法院（包括地区或城市法院、州法院或比什凯克城市法院等）。原则上，地区或城市法院将负责审理其管辖范围内的民商事案件，且通常由独任法官审理；一审法院作出裁判后，对判决不满的当事方可在上诉期内向二审法院（州法院或比什凯克城市法院）提起上诉，二审程序将由三位法官组成的合议庭审理，二审判决作出即生效；取得生效判决后，当事人对判决结果不满仍有机会就已生效的判决向法院提起再审程序。吉尔吉斯斯坦诉讼程序的语言为吉尔吉斯语或俄语，但不掌握吉尔吉斯语或俄语的当事人可在翻译协助下参与审理且有权以其母语进行发言。实践中的司法效率常受制于案件积压和专业法官稀缺，世界银行《2020 年营商环境报告》数据显示，商事案件平均审理周期长达 420 天，促使市场主体更倾向选择替代性纠纷解决机制。

2. 仲裁

《仲裁程序法典》是吉尔吉斯有关仲裁庭组建和仲裁程序实施的基本法。吉尔吉斯斯坦境内建立了较多的仲裁机构，外国私人贸易商或者投资者均可选择将纠纷提交此类仲裁机构进行仲裁。实践中，吉尔吉斯斯坦工商会国际仲裁院和中亚国际商事仲裁院的案件受理量占据主导地位。根据《仲裁程序法典》第 1 条第 2 款、第 3 款之规定，除非吉尔吉斯斯坦参加的国际条约为仲裁庭确立了运行规则，则适用国际条约的规定；其余各类型的仲裁机构的运行程序均要遵循《仲裁程序法典》。仲裁庭程序在法律规定的框架内运行，其在案件的审理过程、特别程序的履行以及获得法院的执行方面均具有法律效力。①

3. 调解

调解制度方面，作为替代性争议解决机制的重要组成部分，《调解法》构建了强制调解前置程序、保密原则（调解过程陈述不得作为诉讼证据）和专业调解员认证体系（需完成司法部认可的培训课程）当事人有权在法律程序启动之前或之后的任何时间签订调解协议。如果在民事诉讼程序期间当事人

① 参见中国国际贸易促进委员会法律事务部、中国经济信息社编著：《“一带一路”国别法律研究（第二辑）：吉尔吉斯斯坦》，新华出版社 2018 年版，第 249 页。

签订了调解协议，法院应暂停该程序，直到调解结束。若当事人通过调解解决了争议，他们可以签订和解协议，该协议需经法院批准，法院程序将终止。如果一方拒绝遵守经法院批准的和解协议条款，另一方可以向国家法院申请强制执行该协议。

4. 国际条约与协定

在国际条约与协定层面，吉尔吉斯斯坦通过《关于法院管辖权与判决执行的明斯克公约》和《阿拉木图议定书》与独联体国家建立判决互认机制，同时作为《华盛顿公约》缔约国，外国投资者可直接依据双边投资协定将争端提交国际投资争端解决中心。例如，2022 年加拿大矿业公司 Centerra Gold 就库姆托金矿国有化争议提起的仲裁案即适用该机制。

（二）公共服务

1. 诉讼公共服务

吉尔吉斯斯坦最高法院网站公布最高司法机构的活动和组织信息，包括地方法院信息、可旁听案件清单、判决全文、最高人民法院全体会议决议和审判工作总结等，同时对案件当事人个人信息进行模糊处理后公开，以保障公众知情权和当事人隐私。此外，吉尔吉斯斯坦最高法院还设有高等司法学院，通过持续举办培训研讨会来培训和提高本国法官的专业素质，确保法官具备高水平的专业能力，以保证司法质量。① 同时，吉尔吉斯斯坦积极推进司法系统数字化建设，按照国家司法发展目标规划，自动化信息系统正逐步扩展到整个司法系统，包括各级法院，以提高司法效率。吉尔吉斯斯坦还通过电子平台实现法院活动信息化，例如，在线提交诉讼文件、查询案件进度等功能，为当事人和律师提供便利，减少时间和成本消耗。②

2. 仲裁公共服务

2003 年，吉尔吉斯斯坦成立了隶属其工商会的国际仲裁法庭，这是一常设性的仲裁机构，该仲裁庭具有较强的国际化特征，其在册仲裁员有 141 名专业人士，且有 63 名仲裁员来自美国、法国、瑞士等发达国家。在争议双方在事先达成仲裁协议、接受该仲裁法庭仲裁的情形下，该法庭致力于解决法人和自然人的民事争议，纠纷的范围涉及对外贸易争议、投资争议以及其他各类国际经

---

① 参见《吉尔吉斯最高法院在维护公正与提升效率方面的作用》，载中国法院网，https：//www. chinacourt. org/article/detail/2024/01/id/7742972. shtml，2025 年 4 月 20 日访问。

② 参见《吉尔吉斯斯坦》，载国际开发法律组织（IDLO）官网，https：//www. idlo. int/where-we-work/eastern-europe-and-central-asia/kyrgyzstan，2025 年 4 月 20 日访问。

济交往中的诸多争议。此类跨国性平等主体之间的贸易争议、国内合营者与外国投资者之间的仲裁，在通常情形下均能得到公正裁决。该仲裁庭的裁决具有一裁终局的效力，不得上诉。根据1958年的《关于承认及执行外国仲裁裁决》（《纽约公约》），该仲裁庭的裁决可以在142个国家获得执行。[①]

3. 调解公共服务

吉尔吉斯斯坦长期存在着名为“aksakal法庭”的传统调解机制，由社区中德高望重的年长男性担任中立法官，负责解决邻里和家庭成员之间的纠纷，这种调解方式在当地文化中代代相传，具有深厚的社会基础。《调解法》的颁布确立了调解员的专业地位，并制定了职业道德规范和调解流程。商会在商业领域积极推广调解服务，此外，家庭和劳动纠纷也可通过调解解决。国际仲裁法院也将调解作为其服务的一部分。国际开发法律组织（IDLO）等国际组织在吉尔吉斯斯坦积极支持调解的发展，通过与当地司法机构、政府部门和相关组织合作，开展培训、宣传和项目推广等活动，提高调解的认知度和应用范围，提升调解服务的质量和水平。例如，IDLO和欧洲复兴开发银行（EBRD）曾支持当地零售供应商和大型超市连锁店之间的纠纷通过调解解决，避免了冗长和昂贵的诉讼。[②]

（三）效率与成本

吉尔吉斯斯坦的法院系统曾长期存在自动化程度低的问题，过去长期依赖手动或纸质系统，这在一定程度上影响了诉讼效率。不过，近年来该国在司法现代化方面取得了一些进展，开始积极推动自动化信息系统在整个司法系统的扩展和应用，[③] 司法效率有望获得提高。诉讼过程中，当事人还可能需要承担律师费用、鉴定费用等其他开支。如果案件进入上诉程序，还会产生额外的时间和费用成本。仲裁程序通常比诉讼程序更为灵活，当事人可以选择仲裁机构、仲裁员和仲裁地点，并且仲裁裁决具有与法院判决相同的效力，这在一定程度上提高了纠纷解决的效率。在仲裁费用方面，根据吉尔吉斯斯坦仲裁相关法律和国际仲裁法院的规定，只有仲裁程序中的胜诉方有权按获

① 参见中国国际贸易促进委员会法律事务部、中国经济信息社编著：《“一带一路”国别法律研究（第二辑）：吉尔吉斯斯坦》，新华出版社2018年版，第250—251页。

② 参见《吉尔吉斯斯坦》，载国际开发法律组织（IDLO）官网，https://www.idlo.int/where-we-work/eastern-europe-and-central-asia/kyrgyzstan，2025年4月20日访问。

③ 参见《吉尔吉斯斯坦》，载国际开发法律组织（IDLO）官网，https://www.idlo.int/where-we-work/eastern-europe-and-central-asia/kyrgyzstan，2025年4月20日访问。

支持或驳回的索赔比例要求对方偿还费用，除非双方另有约定。[①] 调解过程相对灵活、快捷，能够在较短时间内解决纠纷，尤其是在商业领域，一些纠纷通过调解避免了冗长的诉讼程序。调解可以收取一定的费用，收费标准由调解员和当事人协商解决。

八、反垄断与反不正当竞争

（一）监管框架

1. 反垄断法律体系

吉尔吉斯斯坦反垄断制度的核心是其《竞争法》，该法全面规制市场垄断行为，其监管范围涵盖商品市场、金融服务及政府采购等领域。根据该法，滥用市场支配地位被严格禁止，具体表现为不公平定价（如垄断高价或低价倾销）、限制生产或技术发展、附加不合理交易条件、差别对待同等条件下的交易对象等。判定企业是否具有市场支配地位的标准包括市场份额、对价格或供需的控制能力、竞争者进入市场的壁垒等。

限制竞争协议分为横向协议与纵向协议，前者包括固定价格、划分市场、限制产量或串通投标等，后者如转售价格维持或地域销售限制，但协议若能证明其提升效率、促进技术创新或惠及消费者，可经反垄断机构批准获得豁免。

经济集中控制要求达到申报门槛的企业并购、股权收购或联合设立新企业等行为须事先向吉尔吉斯斯坦反垄断局申报，反垄断局需在30日内评估交易是否导致市场过度集中或削弱竞争，必要时可附加限制条件或直接否决。

此外，该法特别禁止行政垄断，即政府机构不得制定限制商品自由流通、强制交易或歧视特定企业的规章，反垄断局有权审查并撤销此类规定。执法层面，反垄断局可采取调查、现场检查、要求提供文件等措施，对违法行为可处以高额罚款，严重案件可移送刑事司法程序。

2. 反不正当竞争法律体系

反不正当竞争规则主要载于《竞争法》及《广告法》《消费者权益保护法》等配套法规之中，旨在禁止损害竞争者、消费者或公共利益的商业行为。法律明确定义的不正当竞争行为包括：侵犯商业秘密，通过非法手段获取或未经允许披露、使用他人商业秘密；胁迫交易对手，迫使客户或其他企业的

① 参见《吉尔吉斯斯坦仲裁年鉴》，载全球仲裁新闻网，https://www.globalarbitrationnews.com/arbitration-yearbook-2016-kyrgyzstan/，2025年4月20日访问。

商业伙伴不与该企业进行交易或停止交易；传播虚假信息，直接或间接传播关于其他企业的不实信息，对其声誉、财务状况或商业活动产生不利影响；扰乱经营活动，直接或间接阻碍或中断其他企业的合法经营活动；非法诱导客户，向客户提供关于企业或其商品、服务、促销活动或交易条件的虚假或误导性信息，以吸引其他企业的客户，在无法证明内容的情况下，将自己的商品或服务与其他企业的同类商品或服务进行比较；低价倾销，以低于总成本的价格销售商品或提供服务，导致或可能导致其他企业被排除在同类商品或服务的经营之外等。

3. 知识产权保护法律体系

吉尔吉斯斯坦知识产权立法以《专利法》《商标、服务标志和商品原产地名称法》《版权及相关权利法》为核心，并加入《巴黎公约》《伯尔尼公约》《与贸易有关的知识产权协定》（TRIPS）及欧亚专利公约等国际条约，构建多层次保护体系。

专利权方面，法律规定发明保护期为20年，实用新型与外观设计分别为5年（可应权利人请求延长不超过3年）与10年（可应权利人请求延长不超过5年），授权条件包括新颖性、创造性及工业实用性，审查由国家知识产权与创新局负责。商标注册采用“先申请”原则，有效期10年并可续展，禁止注册与驰名商标冲突或含有国家标志、误导性地理标识的。著作权自动产生于作品创作完成时，无须登记，保护期为作者终身加死后50年，涵盖文学、艺术、科学作品及软件、数据库等，明确禁止未经许可的复制、发行、公开展示或网络传播。

对于侵犯知识产权者追究相应民事、行政及刑事责任。对侵犯知识产权的责任人没收其非法所得、处以5000—20000索姆的罚款，或处以3年以下有期徒刑。对集团犯罪的首犯处以3年以上、5年以下有期徒刑。

（二）公共服务

1. 反垄断与反不正当竞争公共服务

吉尔吉斯斯坦反垄断局作为专门的反垄断与反不正当竞争执法机构，其承担着多项职责，包括实施国家反垄断政策，致力于商品、工程和服务市场的高效运行发展和保护竞争；监督市场竞争状况，审查个人和法人关于违反竞争、消费者保护、广告和反垄断法律的投诉和指控，包括政府机构和地方当局的违法行为；保护消费者合法权益免受垄断和不正当竞争的侵害；负责执行广告相关立法等。审查企业的合并、重组、清算、购买股份等交易，评估其对市场竞争的影响，防止形成垄断势力。对企业在市场中的行为进行监管，包括价格设定、市场份额占有等方面，及时发现和处理不正当竞争行为，如价格操纵、滥用市场支配地位等。同时，反垄断局接受个人和法人关于违反竞争、消费者保护、广告和反垄断法律的投诉和指控，对投诉进行调查和处理。对于违规企业，依法施加罚款和经济制裁，维护市场秩序和公平竞争环境。

2. 知识产权保护公共服务

在知识产权保护领域，吉尔吉斯斯坦国家知识产权与创新局是公共服务的主要提供者，负责为工业产权、传统知识、育种成果、集成电路拓扑等对象签发保护文件进行专门评估，并代表国家签发相关保护文件。维护知识产权对象和专利代理人的国家登记册。为国家组织、法人和自然人提供专利技术信息领域的参考和分析材料，在合同基础上为自然人和法人提供知识产权创造、法律保护和使用领域的服务和工作，开展知识产权领域的法律宣传活动，提高公众的知识产权保护意识。

（三）效率与成本

对于反垄断和反不正当竞争案件的调查，没有固定的时间标准。简单案件可能在数月内完成调查和裁决，而复杂案件，如涉及多个企业或复杂市场结构的垄断行为调查，可能需要数年时间。例如，在涉及大型企业的并购审查中，如果需要对市场影响进行深入评估，可能会延长审查时间。

吉尔吉斯斯坦发明专利从申请到授权一般需要 2—3 年。实用新型专利和工业品外观设计专利的审查和授权时间相对较短，但也需要一定的时间进行形式审查和实质审查。商标注册周期通常在 10—14 个月，需提交申请书、标识及商品服务名录，经形式审查和实质审查后可获得注册。著作权无需注册即可获得相应权利，但对于重要作品，通过主管部门注册可进行更有效保护。[①] 发明、实用新型和工业品外观设计专利都需要缴纳申请费；此外，申请人可能还需支付代理费、翻译费等；如果需要对专利进行检索和评估，也会产生相应费用；商标申请费一般为固定金额，而代理费根据商标类别和代理机构的不同而有所差异。

① 参见《中亚五国知识产权法律环境概览（吉尔吉斯斯坦篇）》，载陕西知识产权保护中心，https://mp.weixin.qq.com/s/N4xlsAZYr4oJhMoRQaRvcQ，2025 年 4 月 20 日访问。

九、企业的退出

（一）监管框架

1. 破产法规体系

吉尔吉斯斯坦的破产法律制度以《破产法》为核心框架，辅以《民法典》《税法》《劳动法》等配套法规，构建了涵盖破产预防、清算重整、债权人保护的全流程体系。该法律体系受苏联解体后的经济转型需求驱动，在2000年后逐步吸收国际经验，形成了以法院主导的司法破产程序为特色，同时兼顾市场化重组机制的混合模式。根据世界银行《2020年营商环境报告》，吉尔吉斯斯坦在破产法律框架指数得分在独联体国家中处于中游水平，但在债权回收率和破产案件平均耗时等执行效率指标上仍存在显著提升空间。

依据法律规定，债权人和债务人都有权向法院提出破产申请。债权人需证明债务人到期未履行债务且丧失清偿能力，债务人则需证明其资产无法覆盖全部债务。此外，在有偿债能力的法人清算过程中，如果清算委员会、公司股东、负责人或法人设立文件授权的机关，发现现有资金和财产不足以完全满足债权人的债权，法人也应当按照破产法规定的程序进行清算。债务人申请破产时，通常需提交资产负债表、财产清单、债务清册、债权清册、有关财务会计报告等，以全面反映其财务状况和债务情况。债权人申请时，需提供债权证明、债务人到期未履行债务的证据等。法院受理破产申请后，会确定债权申报期限。管理人对申报的债权进行审查，编制债权表。对于有争议的债权，由债权人会议或法院进行确认。经确认的债权才能在破产程序中得到清偿。破产程序可能因多种原因终结，如破产财产分配完毕、债务人与债权人达成和解协议并执行完毕、债务人不具备破产原因或破产申请被驳回等。破产程序终结后，管理人需办理相关的注销登记手续，债务人的主体资格可能随之消灭。同时，对于未得到全部清偿的债权，除有特殊规定外，债务人不再承担清偿责任。

2. 公共服务

吉尔吉斯斯坦经济部下设破产事务局在企业破产相关事务中发挥着重要作用。破产事务局可依据法院判决或相关法律规定，启动企业破产程序，对破产清算或重整过程进行监督，确保程序依法依规进行。例如，在中吉纸业股份公司被楚河州区际法院判决破产后，经济部破产事务局会负责后续的专派管理员程序等相关事宜。[①] 破产事务局还为破产企业专派管理员，负责接管企业财产、印章和账簿等资料，调查债务人财产状况，管理债务人的营业事务等。协助并监督对破产企业的资产进行清查、评估与登记，确定资产价值和范围，编制财产明细表和资产负债表。同时，确认破产企业债务情况，审核和确认债权人申报的债权，采取措施追讨企业对外债权、回收财产并参与或指导资产变现工作，以实现资产价值最大化用于偿债。

3. 效率与成本

吉尔吉斯斯坦的企业清算、破产程序较为复杂，涉及资产清查、债务确认、资产处置等多个环节，每个环节都需要耗费一定的时间和精力。从启动破产清算申请到终结程序，可能历经数月至数年不等。成本方面，企业清算、破产涉及管理费用、审计评估费用、诉讼费用、律师费用等，具体成本需视企业破产清算的具体状况而定。

十、国际贸易

（一）监管框架

1. 国际贸易法律框架

吉尔吉斯斯坦的国际贸易法律框架以国际协定和国内立法为双重支柱，既融入全球化规则，又受区域经济一体化的深刻影响。自 1998 年加入世界贸易组织（WTO）以来，吉尔吉斯斯坦通过逐步降低关税和非关税壁垒履行其承诺，尤其在非歧视原则（包括最惠国待遇和国民待遇）的执行上与国际标准接轨，但 2015 年加入欧亚经济联盟（EAEU）后，其贸易政策更多受到联盟统一规则的约束，例如，在关税制定、技术标准和海关程序方面需遵循 EAEU 的协调政策，但在农产品等敏感领域仍保留过渡期保护措施，允许临时性出口配额或进口限制以保护国内产业。在其国内法律体系中，《对外贸易活动法》作为核心立法，明确规定了进出口主体的权利义务，要求企业进行许可证申请和商品认证，尤其在涉及战略资源或敏感商品时需通过国家安全审查；而《海关法》则完全对接 EAEU 标准，统一了关税税率和通关流程，但对机械设备、农业技术等特定领域提供免税或减税优惠，以吸引外资并推动产业升级。此外，《投资法》通过国民待遇原则保障外资企业与本国企业的平等地位，允许利润自由汇出并针对矿业、能源、旅游业等优先发展行业提供

---

① 参见《中亚局势动荡　中成股份合资子公司破产》，载新浪网，https：//finance. sina. cn/stock/ssgs/2014-09-02/detail-iawrnsfu1669518. d. html，2025 年 4 月 20 日访问。

税收减免，但外资进入国防、矿产勘探（需政府特许权）及媒体行业时面临严格限制

2. 国际贸易监管框架

在国际贸易监管方面，吉尔吉斯斯坦通过许可证制度、技术性贸易壁垒和卫生与植物检疫措施等方式构建了多层次的管控体系。进出口许可证主要针对武器、药品、贵金属等敏感商品，申请流程需经行业主管部门和安全部门双重审核；技术性贸易壁垒则全面采用 EAEU 统一标准，尤其在汽车、化工产品领域要求进口商品通过 EAC 认证（欧亚符合性认证），该认证需由授权机构进行检测并收取高额费用，这无形中增加了中小企业的贸易成本。在卫生与植物检疫措施方面，食品和农产品进口需提供 EAEU 认可的卫生证书，并接受吉尔吉斯斯坦农业部下属检验机构的随机抽检。

3. 数字贸易与可持续贸易

在数字贸易领域，吉尔吉斯斯坦虽尚未形成完备的专门立法体系，但《电子商务法》为电子商务活动提供了基本的法律框架，明确了电子合同的法律效力，规定电子合同与传统纸质合同具有同等的可执行性，同时认可电子签名和各种数字文档的合法性，为在线交易提供了法律保障。《信息技术和信息保护法》确立了数据保护和隐私权的准则，规定了个人信息的收集、存储、使用、传输等方面的规则，要求企业采取适当的安全措施保护用户的个人数据，以维护消费者在在线交易中的信任。

可持续贸易政策方面，吉尔吉斯斯坦通过《环境保护法》和《生态鉴定法》为可持续贸易中的环境保护方面提供了法律依据，规定了企业在生产、经营过程中应遵守的环境标准和要求，包括污染物排放、资源利用等方面，以减少贸易活动对环境的负面影响。《投资法》对外国投资者在吉尔吉斯斯坦的投资活动进行规范和保护，鼓励投资于可持续发展领域的项目，如可再生能源、环保技术等，为可持续贸易中的投资合作提供了法律保障。作为欧亚经济联盟和世界贸易组织等国际组织的成员国，吉尔吉斯斯坦需要遵循相关国际组织的贸易协议和标准，这些协议和标准在环境保护、劳工标准等方面有一定的要求，促使吉尔吉斯斯坦在可持续贸易方面与国际标准接轨。

（二）公共服务

1. 数字和实体基础设施状况

近年来，吉尔吉斯斯坦的数字贸易取得了一定发展。自 2019 年以来，电子商务在吉国经历了快速增长，这得益于互联网基础设施的改善和移动支付

使用的增加。2024 年吉尔吉斯斯坦的电子商务规模为 3.6 亿美元，预计到 2028 年将增长到 5.957 亿美元。联合国开发计划署（UNDP）与吉尔吉斯斯坦经济和商业部合作，正在制定监管框架以建立电子商务园区，旨在为电子商务企业创造有利环境，吸引投资并培育数字商务生态系统。此外，吉尔吉斯斯坦政府还启动了 2023—2026 年电子商务发展计划，重点是加强当地产品的竞争力和吸引投资。尽管有发展机遇，但吉尔吉斯斯坦的数字贸易也面临一些挑战。该国 60%的人口居住在农村地区，那里互联网接入有限，消费者对网上购物的信任度也较低。①

2. 边境管理

在边境管理方面，货物到达边境口岸后，需向海关申报，提交相关单证，如商业发票、提单、原产地证书等。海关会对货物进行查验、征税等操作，如无问题则予以放行。对于一些需要进行安全检验的进口商品，还需先接受指定监管机构或地方商检部门的检验。吉尔吉斯斯坦作为欧亚经济联盟（EAEU）成员国，应遵循联盟统一的海关法典，实现货物通关“单一窗口”化和 72 小时内放行的目标。

3. 境外人员、企业的特殊审查

境外人员及企业的特殊审查限制则集中体现在国家安全审查和行业准入壁垒两个方面，对于境外企业在吉尔吉斯斯坦的重大投资项目，若涉及关键基础设施、国防安全、能源资源等敏感领域，可能会触发国家安全审查机制。政府相关部门会评估该投资项目对国家主权、安全和公共利益的潜在影响。例如，外国企业对吉尔吉斯斯坦的电力、通信等基础设施领域的投资，可能会受到严格的国家安全审查。人员签证方面，在签证申请过程中，吉尔吉斯斯坦相关部门可能会对申请人进行背景调查，包括个人身份、犯罪记录、健康状况等方面。对于一些来自特定国家或地区、有可疑背景或申请目的不明确的人员，审查可能会更加严格。

（三）效率与成本

近年来，吉尔吉斯斯坦为提升贸易便利化水平，在清关环节采取了一系列措施，一定程度上提高了清关效率。但整体来看，清关流程仍较为复杂，海关工作人员的专业素质和工作效率参差不齐，可能影响清关效率。清关成

---

① 参见《联合国开发计划署助力吉尔吉斯斯坦电子商务发展》，载联合国开发计划署官方网站，https：//www.undp.org/kyrgyzstan/stories/undp-supports-e-commerce-growth-kyrgyzstan，2025 年 4 月 20 日访问。

本包括海关关税、增值税、消费税以及各类手续费等。吉尔吉斯斯坦的关税税率根据不同商品类别有所差异，部分商品的关税税率相对较高。① 此外，清关过程中可能还会涉及一些额外的费用，如货物保管费、海关押运费、违反海关规定的罚款等，② 这些费用增加了企业的清关成本。申请许可证的流程较为复杂，需要提交大量的文件和资料，且审批时间较长。企业需要与多个政府部门进行沟通和协调，这可能会导致许可办理效率低下，影响货物的及时进出口。产品认证过程需要企业提供详细的产品信息和相关检测报告，企业需要支出相应的认证和检测费用。

① 参见商务部对外投资和经济合作司等编：对外投资合作国别（地区）指南：吉尔吉斯斯坦》（2024 年版），第 29—30 页。

② 参见商务部对外投资和经济合作司等编：对外投资合作国别（地区）指南：吉尔吉斯斯坦》（2024 年版），第 28 页。

第四章　吉尔吉斯斯坦营商环境治理典型案例

一、中国对吉尔吉斯斯坦投资概况

据吉尔吉斯斯坦国家统计委数据显示，2024年，吉尔吉斯斯坦吸引利用外国直接投资8.73亿美元。投资领域主要包括加工业、矿产开采、批发和零售贸易等。2024年，中国对吉尔吉斯斯坦投资约2.09亿美元，占比23.9%，同比减少25.6%，仍为吉尔吉斯斯坦第一大投资来源国。[①] 中国在吉尔吉斯斯坦投资的企业主要有中亚能源有限责任公司、河北百斗嘉农业发展有限公司、陕西路桥集团有限公司、中国新疆帕米尔国际贸易有限公司、中兴通讯公司、华为公司、紫金矿业等。[②]

二、中国企业投资吉尔吉斯斯坦典型案例

（一）农业养殖、农产品加工领域

1. 河南贵友集团吉尔吉斯斯坦亚洲之星农业合作区案例

（1）项目背景

吉尔吉斯斯坦亚洲之星农业产业合作区是河南贵友实业集团主动对接国家“一带一路”战略部署的重要实践，自2011年启动跨境投资以来，通过全资收购固定资产实现产权整合，由旗下亚洲之星股份有限公司主导规划建设。该园区总占地面积5.67平方公里，累计开发建筑体量达19万平方米，形成涵盖农作物种植、精深加工、跨境贸易的综合性农业产业集群。经过多年建设，项目于2016年8月通过中华人民共和国商务部与财政部联合验收，跻身国家级境外经贸合作区序列；次年7月进一步获得农业农村部认证，成为我国首批境外农业合作示范区。

---

① 参见《2024年吉吸引外资8.7亿美元》，https：//wap.stockstar.com/detail/IG2025032000000407，2025年2月25日访问。

② 参见《营商环境|中国企业对吉尔吉斯斯坦投资》，载微信公众号“电力国际汇epintl”，2022年6月6日。

（2）园区概况

亚洲之星农业产业合作区创新采用“内引外联、组团发展、产业链条一体化”的独特发展模式。在产业布局上，以农业种植与畜禽养殖作为主导产业，全力构建起一个综合性产业集群，涵盖了屠宰加工、饲料加工、物流仓储、农机配件加工等多个关键环节，同时还设有农业自贸保税区与国际贸易中心，实现了从生产、加工到贸易、仓储物流的全产业链一体化运作。①

（3）区位优势

①地理优势。

亚洲之星农业产业合作区位于吉尔吉斯斯坦首都比什凯克东60公里的楚河州楚河区（北纬42°49′42.01″、东经75°26′2.16″，海拔916米）。合作区距吉哈卡拉苏边境口岸3公里，北临吉哈高速公路，南临比什凯克-托克马克-巴勒克奇铁路，地理位置优越，交通便利，便于农产品运输和国际贸易。②

②气候条件。

该地气候具有多样性的特点。楚河盆地的平原地带属大陆性气候，四季分明，其春季气温回升、降水增多，大地复苏；夏季炎热干燥，阳光充足；秋季气温下降，植被变色枯萎；冬季寒冷，降水以雪为主。平均年降水量270—400毫米。大约40%的降水集中在春天。高山谷地的气温低，昼夜温差大。山前地带受海拔影响，气温总体比平原地区低，降水相对丰富。吉尔吉斯斯坦“亚洲之星”农业合作区所处的楚河州地处吉尔吉斯斯坦北部，气候适宜农业和畜牧业发展，为合作区的种植和养殖业提供了良好的自然条件。③

③资源丰富。

吉尔吉斯斯坦的楚河盆地地势平坦开阔，土壤具有较高肥力。该地区的种植业涵盖多种品类，谷物种植以小麦为主要作物，同时，甜菜、蔬菜以及水果的种植也颇具规模。在这些作物中，甜菜的种植规模和产量突出，是吉尔吉斯斯坦制糖业的关键原料供给来源，在该国制糖产业中占据核心地位。此外，楚河盆地广泛种植含挥发油的经济作物，鼠尾草和薄荷是其中的典型代表。为实现这类经济作物的深加工与价值转化，当地建设了专业的香精油加工厂，形成了从作物种植到香精油生产的产业流程。耕地几乎全部依赖人

---

① 参见《吉尔吉斯斯坦亚洲之星农业产业合作区》，载中国一带一路网，https://www.yidaiyilu.gov.cn/p/179636.html，2025年2月25日访问。

② 参见《吉尔吉斯斯坦亚洲之星农业产业合作区》，载两岸企业合作网，https://laqyhz.cnfin.com/laqyhz-xh08/a/20191016/1893275.shtml，2025年2月25日访问。

③ 参见《楚河州》，载百度百科，https://baike.baidu.com/item/%E6%A5%9A%E6%B2%B3%E5%B7%9E/5926466，2025年2月26日访问。

工灌溉，楚河及支流提供了丰富的水源，配套水渠和水库系统支撑农业发展。此外，吉尔吉斯斯坦全国86%的农牧业用地为牧场和天然割草场，楚河州作为传统牧区，养羊业（细毛羊）、养牛业（高产奶牛）及养猪业（占全国80%）均较发达。[①]

④建设主体。

吉尔吉斯斯坦亚洲之星农业产业合作区系中国国家级境外经贸合作平台，由河南贵友实业集团全资控股运营。该园区经中华人民共和国商务部与财政部联合认定，现持有总资产2.07亿美元，净资产1.67亿美元，注册资本825.6万索姆，股权结构显示母公司持有全部权益。截至当前统计周期，园区共配置人力资源259名，其中中方技术及管理人员52人，吉国本地雇员207人。投资主体河南贵友实业集团起源于2005年注册的商丘贵友食品有限公司，经多年产业链延伸发展，现已形成覆盖农作物种植、畜牧养殖、肉制品精深加工、冷冻食品生产、冷链运输、包装材料制造及跨境贸易的综合性农业产业体系，其业务布局完整贯穿农产品价值链各核心环节。贵友集团拥有河南省福润食品有限公司、商丘市东航印刷包装有限公司、集团进出口贸易有限公司、吉尔吉斯斯坦亚洲之星股份有限公司等十个子公司。有员工2100多人，土地742.5公顷（其中境外公司713.3公顷，境内29.2公顷），厂房建筑面积27万多平方米，冷藏库2万吨、清真库1万吨。[②]

⑤基础设施。

合作区规划占地5.67平方公里，建筑面积19万平方米，该部分在苏联时期是肉鸡养殖加工基地，在苏联解体前园区所有基础设施建设已基本完成，水、电、路、厂房、办公及公共服务配套用房及环保设施良好，厂区封闭独立，可满足现场办公和前期入园企业的配套服务需要。

其一，供水系统。

深水井：合作区拥有7眼深水井，4座水塔，以及3个大型蓄水池，确保园区供水充足。

供水管道：铺设了8公里的供水管道，水系补水和供水系统运行正常，能够满足生产和生活用水需求。

其二，电力设施。

变电站：园区内建有1个万伏变电站和26个变电间，配备16000千瓦时

---

① 参见《楚河州》，载查字典地理网，https://dili.chazidian.com/baike-93297/，2025年2月26日访问。

② 参见《吉尔吉斯斯坦亚洲之星农业产业合作区》，载中国一带一路网，https://www.yidaiyilu.gov.cn/p/179636.html，2025年2月26日访问。

的双回路高压供电线路，确保常年不间断供电。

工业用电：电价为每度3.91索姆（约合人民币0.3元），成本较低，适合企业运营。

其三，厂房与办公设施。

建筑面积：合作区总建筑面积为19万平方米，包括84栋鸡舍（含孵化、养殖）、900万只活禽屠宰生产线、5000吨冷库等。

办公用房：园区内设有2000平方米的办公用房和200平方米的一站式服务办公室，为企业提供便利的办公环境。

其四，环保设施。

污水处理厂：合作区建有2个污水处理厂，确保污水达标排放，符合绿色环保要求。

生态循环：园区利用养殖废弃物生产有机肥，实现农业生态良性循环，其对周边地区农业产业发展有示范作用。同时，合作区的发展理念与吉尔吉斯斯坦绿色经济发展政策高度契合，未来也将惠及吉尔吉斯斯坦。

其五，其他配套设施。

饲料生产线：园区建有一条年产20万吨的饲料生产线，为养殖业提供支持。

冷链物流：合作区拥有5000吨的冷库，支持农产品的冷冻和储藏，保障产品质量。

⑥产业发展状况

农业种植：合作区主要种植玉米、小麦等粮食作物，同时发展蔬菜大棚种植，引进中国先进的农业技术，提高产量和质量。

畜禽养殖：以肉鸡养殖为核心，合作区拥有84栋鸡舍，年肉鸡养殖规模达900万只，占吉尔吉斯斯坦市场份额的50%。

食品加工：合作区建有屠宰加工厂、饲料加工厂和冷库，年屠宰能力达900万只活禽，并具备5000吨的冷冻储藏能力，产品包括禽肉、蛋制品和速冻食品等。①

合作区产品不仅满足吉尔吉斯斯坦市场需求，还出口至中亚其他国家，促进中吉双边贸易。2017年1月6日，吉尔吉斯斯坦经济部与中国河南贵友实业集团开发的吉尔吉斯斯坦亚洲之星农业产业合作区签署经贸领域合作备忘录。根据备忘录内容，吉尔吉斯斯坦经济部下属国家投资和出口促进署将

---

① 参见《吉尔吉斯斯坦亚洲之星农业产业合作区》，载中国一带一路网，https://www.yidaiyilu.gov.cn/p/179636.html，2025年2月26日访问。

与亚洲之星农业产业合作区建立合作伙伴关系，在互惠互利原则下，推动合作区商品和食品出口中国。[①]

⑦优惠政策

农业生产免税：入驻企业从事农业生产可免缴所有税收。

工业用电优惠：工业用电价格每度 3.91 索姆（约合人民币 0.3 元），成本较低。

工业用水优惠：工业用水价格为每吨 7.95 索姆。

土地与厂房租赁优惠：免租期，新入驻企业可享受免除 1 年土地租赁费和半年厂房租赁费的优惠；租赁费用：土地租赁费为 10000 索姆/年/亩，房屋租赁费为 436 索姆/年/平方米；灵活租赁模式：企业可选择租赁、购买土地厂房，或采用合资运营模式。

政策对接：合作区享受吉尔吉斯斯坦政府提供的优惠政策，入驻企业可同等享受。[②]

⑧合作区配套服务

作为园区的运营主体，亚洲之星股份有限公司承担着基础设施开发与综合服务保障双重职能，通过构建“管理服务双驱动”机制，为入驻企业提供全流程支持。其服务框架涵盖战略咨询、物业运维、应急响应等标准化模块，着力打造跨境产业协作平台，助力中资企业集群式发展。在物理空间规划方面，园区配备专业化生产车间、仓储设施及办公生活区，同步建设物流配送网络与本土化销售通路，形成覆盖加工、储运、分销的农畜产业配套体系。

基于企业运营实际需求，园区提供分层级定制化服务：基础层包含场地供给、设备维护及法律风险预警；运营层涉及市场拓展、项目可行性分析及投资政策解读；增值层则聚焦人力资源解决方案，包括外籍员工招聘、跨境人才培训、中方技术人员签证办理等专项支持。在工程建设领域，园区管理机构协助企业完成项目立项审批、施工许可获取及验收备案等行政程序，确保新建或改造项目合规落地。

园区安全管理体系遵循预防为主、分级响应的原则，建立涵盖风险评估、预案编制、应急处置的闭环机制。重点防控火灾、洪涝、劳资纠纷等运营风险，通过定期演练提升危机处理能力。应急指挥中心实时监控园区动态，建立突发事件信息通报制度，协同入驻企业开展人员疏散、财产保护等联合行

---

① 参见《吉尔吉斯斯坦“亚洲之星”农业产业合作区签署经贸合作备忘录》，载中国一带一路网，https://www.yidaiyilu.gov.cn/p/4677.html，2025 年 2 月 25 日访问。

② 参见徐雯、陈思言：《涉外专栏 | “走出去”——吉尔吉斯共和国经贸合作区介绍》，载微信公众号“北京浩天西安律师事务所”，2024 年 8 月 16 日。

动，最大限度降低事故损失，维护生产经营秩序稳定。[①]

⑨启示

其一，响应国家战略，抓住政策机遇。亚洲之星农业产业合作区是河南贵友实业集团积极响应中国“一带一路”倡议的成果。通过将国家战略与企业发展规划相结合，合作区不仅获得了政策支持，还成为中吉两国农业合作的典范。这一经验表明，企业在“走出去”过程中，应充分利用国家政策红利，将自身发展与国家战略紧密结合，以实现更大的发展空间。

其二，因地制宜，融入当地经济与文化。合作区在建设过程中，充分考虑了吉尔吉斯斯坦的自然资源、市场需求和文化习俗。例如，利用当地丰富的农牧资源发展养殖业，并通过绿色生态运营理念实现可持续发展。此外，合作区还通过雇佣当地员工、参与社会公益等方式融入当地社区，赢得了政府和民众的支持。这表明，企业在境外投资时应注重本土化，尊重当地文化，实现互利共赢。

其三，产业链一体化，提升综合竞争力。合作区采用“内引外联、组团发展”的模式，形成了从农业种植、畜禽养殖到屠宰加工、物流仓储的完整产业链。这种一体化模式不仅降低了生产成本，还提高了资源利用效率，增强了企业的市场竞争力。这表明，境外农业合作应注重产业链的完整性，通过集群式发展实现规模效应。

2. 中吉现代农业国际合作园区项目

（1）项目概况

在“一带一路”经济发展浪潮下，杨凌乐达生物科技有限公司以杨凌的良种和现代农业技术，结合吉尔吉斯斯坦土地、气候等自然条件，投资建设“中国—吉尔吉斯斯坦现代农业国际合作园项目”。该项目自 2015 年开始投资建设，持续至 2018 年及后续继续进行扩展。

（2）项目地理位置

该项目位于吉尔吉斯斯坦楚河州潘菲洛夫区伏龙芝乡及莫斯科区别沃克市。

（3）项目内容

自 2015 年项目启动以来，该农业园区系统性推进多品类种植体系与设施工程建设。累计栽植苹果、梨及猕猴桃等 17 类果树品种达 20 万株，同步培育番茄、黄瓜等 9 类蔬菜种苗 5.8 万株，配套种植景观绿化苗木超 40 万株，

---

① 参见徐雯、陈思言：《涉外专栏 |“走出去”——吉尔吉斯共和国经贸合作区介绍》，载微信公众号“北京浩天西安律师事务所”，2024 年 8 月 16 日。

实现植被覆盖面积1200亩。在设施农业领域，完成1600平方米常规温室与1万平方米充气温室的设施搭建，形成规模化种植产能。农作物育种试验区内，已开展48个杂交玉米品种及1个大豆新品种的适应性栽培研究。截至2018年8月统计周期，园区累计投入建设资金约1100万元人民币，重点配置于种质资源引进、农机装备采购及生产性基础设施建设，涵盖果树苗木、牧草种源、园艺器械与温室工程材料等核心生产要素。通过引入矮砧密植苹果栽培、智能温室管控等中国现代农业技术体系，显著提升区域农业生产效能。同期，在比什凯克市以西50公里的楚河州莫斯科区别沃克市，由杨凌乐达生物科技公司主导新建的百亩示范园区已投入运营，其中50亩专用于米奇拉、红乔纳金王子、K8及红富士等8个苹果品种的标准化种植，共种植7000株矮砧苹果苗木，其余50亩作为多品类农作物良种试验基地。①

（4）项目意义

经济意义：其一，依托中国现代农业技术体系，结合吉尔吉斯斯坦优越的光热资源与肥沃的土壤条件，实现农业生产效率的系统性提升。通过技术本土化应用，促进作物产出规模扩大与品质优化，推动农业经济总量持续增长；其二，项目着力构建跨境农产品流通体系，其中苹果产业合作具有战略示范意义。陕西作为中国果业核心产区，在品种选育、标准化种植、采后处理等环节形成完整产业链；中亚地区作为苹果起源地之一，具备种植气候适配性与消费市场增长潜力。新建的苹果示范园引入米奇拉、红乔纳金王子等8个品种，正是基于双方产业互补性——陕西的技术输出能力与中亚的资源禀赋形成耦合效应，使得果品贸易成为丝绸之路经济带农业合作的关键载体，通过市场协同效应激活区域农业价值链。② 通过引入新品种和技术升级以及完善产业链，园区生产的优质农产品将具备更强的国际市场竞争力，推动吉尔吉斯斯坦农产品的出口量增大，从而增加外汇收入。

社会意义：其一，增加就业机会，在园区的建设和运营生产过程中，为当地居民创造了大量的就业岗位，包括农业技术人员、管理人员、采摘工人等，提高当地就业率和居民的收入水平；其二，现代农业技术的推广，吉尔吉斯斯坦丝绸之路运输的是果蔬成品，而在当今“一带一路”的背景下，不

---

① 参见《［农民日报］中吉现代农业国际合作园区落地——向西播撒丰收的希望》，载中共杨凌示范区工委外事工作委员会办公室（杨凌示范区港澳事务办公室），杨凌示范区国际合作局网，https：//wsb. yangling. gov. cn/zfxxgk/fdzdgknr/gjhz/1425392687757934593. html，2025年2月27日访问。

② 参见《［农民日报］中吉现代农业国际合作园区落地——向西播撒丰收的希望》，载中共杨凌示范区工委外事工作委员会办公室（杨凌示范区港澳事务办公室），杨凌示范区国际合作局网，https：//wsb. yangling. gov. cn/zfxxgk/fdzdgknr/gjhz/1425392687757934593. html，2025年2月27日访问。

仅可以向国外推广新品种，还可以输出我国的先进的现代栽培种植技术。现代农业产业园区的成功落地，为技术培训和示范推广提供了可能性，有利于帮助当地农民掌握现代农业技术，提升自身的农业生产技能，从而提升农产品产量；其三，园区的成功建设运营带动了周边地区的基础设施改善，如道路、电力设施等，进一步推动了当地的社会和经济发展。

战略意义：其一，吉尔吉斯斯坦土地资源丰富，而中吉现代农业国际合作园区作为“一带一路”倡议下的重要农业合作项目，园区不仅加强了中吉两国的经济联系，也为两国在农业领域的长期合作奠定了坚实的基础；其二，中吉现代农业国际合作园区是中国现代农业技术“走出去”的典型案例，通过技术输出和经验分享，提升了中国农业技术的国际影响力；其三，园区的成功运营为吉尔吉斯斯坦以及中亚其他国家的农业现代化提供了示范，进一步推动了区域经济一体化和共同发展。

3. 吉尔吉斯斯坦国家化肥厂项目

（1）项目概况

吉尔吉斯斯坦国家化肥厂项目是中吉两国共建“一带一路”重大合作项目，2023 年 5 月在首届中国—中亚峰会上正式签约，总投资 2.6 亿美元。项目由河北百斗嘉农业发展有限公司主导，国内多个企业参与。

（2）项目地理位置

该项目位于吉尔吉斯斯坦奥什州诺卡特区。

（3）项目内容

该项目分两期建设，以 BOT（建设—运营—移交）模式实施，全部建成后，每年可生产腐植酸尿素 30 万吨、腐植酸复合肥 20 万吨，由百斗嘉运营 30 年后无偿移交吉尔吉斯斯坦政府，该化肥厂也将是吉 30 年内唯一化肥生产企业。①

（4）项目进展

2017 年 6 月，吉尔吉斯斯坦农业部、中核二三建设有限公司、河北百斗嘉肥料有限公司三方负责人签署了《吉尔吉斯共和国国家化肥厂投资建设项目合作备忘录》。河北百斗嘉争取到了投资建设吉尔吉斯斯坦国家化肥厂的资格。②

同年 10 月，百斗嘉在吉尔吉斯斯坦司法部取得了“吉尔吉斯化肥厂有限

① 参见《逐梦“一带一路”建功中亚沃土》，载搜狐闻，https://www.sohu.com/a/792359958_120333600，2025 年 2 月 27 日访问。

② 参见《吉尔吉斯国家化肥厂项目全面启动 年产复合肥等产品 50 余万吨》，载中国一带一路网，https://www.yidaiyilu.gov.cn/p/66479.html，2025 年 2 月 27 日访问。

公司”营业执照。2021 年 7 月，在与吉尔吉斯斯坦农业部沟通后，在关联方出具了会议纪要，项目正式拆分为一期和二期建设。①

2018 年 9 月 6 日，吉尔吉斯国家化肥厂（中吉农业产业示范园）项目签约暨启动仪式在河北省廊坊市“2018 年京津冀国际贸易投资洽谈会”举行，吉尔吉斯共和国农业部副部长埃尔金·乔杜耶夫和项目投资方河北百斗嘉肥料有限公司董事长赵学军分别代表吉方和中方签约。②

在 2023 年 5 月，首届中国—中亚峰会在西安召开，在吉尔吉斯斯坦国家领导层出席的官方仪式中，河北百斗嘉肥料有限公司作为复合肥料专利技术持有方，与吉国农业部完成战略合作协议签署。该协议基于吉尔吉斯斯坦内阁正式批准的法定授权，明确由农业部代表政府与企业共同实施化肥厂 BOT 模式开发，涵盖设施建设、周期运营及最终移交全流程。项目主体为应用中国自主知识产权的复合肥料生产技术体系，在吉尔吉斯斯坦境内建设现代化肥生产设施，协议全称为《吉尔吉斯共和国政府与河北百斗嘉肥料有限公司关于化肥厂 BOT 项目投资实施协定》，标志着中吉在农资产业领域进入深度产能合作阶段。③

截至 2025 年 1 月，一期工程接近竣工，生产线订单已接近饱和，预计投产后将迅速提升吉国农业生产力。

（5）项目意义

吉尔吉斯国家化肥厂项目意义非凡，由河北百斗嘉全资控股，是中国—中亚峰会正式签约项目。该项目主要生产绿色生态的腐植酸肥料，其建成后将填补吉尔吉斯斯坦当地肥料生产的空白，成为该国唯一一家肥料生产企业。长期以来，吉尔吉斯斯坦农业肥料依赖进口，这一局面将随着化肥厂的投产得到彻底改变。

截至 2025 年 1 月，吉尔吉斯国家化肥厂一期工程虽然还未正式开工生产，但凭借独特的产品设计和市场规划已吸引大量关注。目前工厂收到的订单数量几乎达到预计生产能力，显示出市场对项目的强烈信心。这座采用中国先进肥料生产技术的工厂，未来正式运行后，将通过大规模生产和质量保障，为当地农业提供稳定支持。从实际效益来看，本地生产化肥能减少运输

---

① 参见《逐梦“一带一路”建功中亚沃土》，载搜狐新闻网，https：//www. sohu. com/a/792359958_ 120333600，2025 年 2 月 27 日访问。

② 参见《吉尔吉斯国家化肥厂项目全面启动 年产复合肥等产品 50 余万吨》，载中国一带一路网，https：//www. yidaiyilu. gov. cn/p/66479. html，2025 年 2 月 27 日访问。

③ 参见《逐梦“一带一路”建功中亚沃土》，载搜狐闻，https：//www. sohu. com/a/792359958_120333600，2025 年 2 月 27 日访问。

和中间环节费用，直接降低农民购买成本；同时，高品质腐植酸肥料能改善土壤质量，帮助农作物提高产量和品质，推动吉尔吉斯斯坦农业持续发展。在“一带一路”合作框架下，该项目作为中吉两国携手建设的重点项目，不仅展示了双方在农业领域的深度合作，还通过实实在在的惠民成果——如降低种地成本、提升农产品价值，不断拓宽两国在经贸、技术等领域的合作空间，让两国百姓真切感受到合作带来的好处。①

（二）石油投资领域

1. 卡拉巴尔达炼油厂项目

（1）项目概况

卡拉巴尔达炼油厂是吉尔吉斯斯坦独立以来规模最大的石油工业项目。该项目由中国中大石油公司投资兴建，设计年处理原油 80 万吨，总投资额达 3.6 亿美元，自启动以来即获得吉尔吉斯斯坦总理的高度重视与政策支持。作为国家战略性基础设施，该炼油厂的投产运营不仅有助于减少该国对进口燃料的依赖，还能创造大量就业岗位，为其解决很多就业难题。

（2）主要实践

坚持本地化运营。中大石油公司与吉尔吉斯斯坦当地学校展开合作，帮助员工提升技术能力和岗位适应性。炼油厂不仅将本地员工比例保持在 80% 以上，还逐步增加吉方人员在项目中的比例，同时定期安排员工前往中国学习先进技术并强化语言能力。

积极承担社会责任。中大石油公司长期支持吉尔吉斯斯坦社区发展，每年向社会捐赠物资，并针对当地环境特点发起榆树种植计划。

（3）启示

随着中国与吉尔吉斯斯坦合作项目日益增多，在习近平主席提出打造“丝绸之路经济带”建设构想下，越来越多的中国企业开始关注吉尔吉斯斯坦市场，在吉尔吉斯斯坦也将会有更多的投资机会，中国企业应当探索适用于吉尔吉斯斯坦的新发展方式，与该国建立广泛且深入的合作关系，同时应确保双方合作模式契合中亚五国的经济发展状况与产业结构，可以关注农业农产品加工业、服务业、水利建设行业等。②

① 参见《吉领导人视察中吉一带一路重点项目吉尔吉斯国家化肥厂建设情况》，载搜狐闻，https：//www.sohu.com/a/853486227_121667580，2025 年 3 月 1 日访问。

② 参见本书编委会编：《企业对外投资国别（地区）营商环境指南（2021）》，第 43 页。

2. 中大石油炼油项目（2024 年）

（1）项目概况

中大石油 80 万吨/年炼油项目由陕煤集团控股的中亚能源有限责任公司投资建设。作为陕煤集团响应“一带一路”共建倡议于中亚地区布局的首个重点项目，其不仅是我国在吉尔吉斯斯坦投资规模最大的现代化工业项目，也是吉尔吉斯斯坦独立以来投资规模较大的外商投资项目与重要税源项目之一。该项目位于吉尔吉斯斯坦秋依州卡拉巴尔塔市东方工业园，总占地面积约 350 公顷（约 5200 亩），总投资约 4.5 亿美元。主要涵盖 7 套炼油工艺装置，包括 80 万吨/年常减压蒸馏、50 万吨/年重油催化裂化等，还配备了储运、分析化验以及供电、供水、污水处理、消防等公用工程系统。项目于 2017 年 1 月 1 日正式投入生产运营。[①] 2024 年启动升级改造项目，计划投资 1.68 亿美元，新建催化汽油加氢装置、柴油改质装置、天然气制氢装置、硫黄回收联合装置、氧化沥青装置等，生产欧 V 标准成品油，满足欧亚经济联盟新标准。[②]

（2）项目内容

截至 2024 年，由中方投资运营的炼油项目所生产的车用燃油、工业柴油及液化石油气等核心产品，已形成覆盖吉尔吉斯斯坦全境的销售网络，并逐步向乌兹别克斯坦、塔吉克斯坦等周边国家延伸。项目配套建设的 37 座标准化加油站完成战略布点，基本实现吉国主要交通干线能源补给全覆盖。2024 年 1 月，该炼油综合体较原计划提前 3 个月完成年度检修任务，全面恢复产能。受国际能源市场波动影响，当年 4 月起吉国境内成品油价格呈现持续上涨趋势。企业适时调整市场策略，与本土企业新签二十余项供销协议，成功开辟阿富汗市场运输通道，并启动跨境物流节点加油站扩建工程。据统计，截至 4 月末，该生产基地已实现原油加工量 4.2 万吨，各类成品油产出 3.5 万吨，初步形成约 1500 万元的市场销售额，标志着产能释放进入加速阶段。[③]

（3）项目意义

中大石油公司在吉尔吉斯斯坦发展 15 年以来，累计缴纳超 100 亿索姆税

① 参见《中大中国石油公司招聘简章》，载微信公众号“普慧人才”，2024 年 4 月 19 日。

② 参见《陕煤中大石油升级改造项目在吉尔吉斯奠基》，载新浪财经网，https://finance.sina.com.cn/jjxw/2024-09-03/doc-incmwfmp7038493.shtml，2025 年 3 月 3 日访问。

③ 参见《陕西企业沿着“一带一路”拓展海外市场》，载陕西省国资委网，https://sxgz.shaanxi.gov.cn/sy/gzyw/202405/t20240528_2467571.html，2025 年 3 月 3 日访问。

费，为吉尔吉斯斯坦1300余人提供就业机会，产出250万吨成品油①，作为“一带一路”倡议下的标志性工程，不仅为吉尔吉斯斯坦提供了高质量的成品油，还通过税收、就业和社会公益等方式为当地经济发展作出了重要的贡献。项目的成功运营和持续升级改造，展现了陕煤集团在国际化发展中的国企担当和积极作为。

（三）基础设施建设

1. 中国特变电公司承建比什凯克电站改造项目

（1）项目概况

1958年建成的原比什凯克热电厂，因设备老化，供电和环保方面难以满足吉尔吉斯斯坦国内需求。2013年9月11日，在上海合作组织成员国元首理事会第十三次会议期间，中吉两国签署比什凯克热电厂项目合同。② 该项目由中国企业特变电工总承建。

作为中吉能源合作的标志性工程，比什凯克热电厂升级工程于2017年8月完成全面改造并投入商业运营。项目实施过程中，特变电工组建了由800余名技术专家与千余名当地雇员构成的工程团队，采用“新旧机组协同改造”的技术方案，在保留原有发电设施基础上实施扩容改造，新增现代化发电机组。改造后电厂年发电能力由改造前的2.62亿千瓦时跃升至17.4亿千瓦时，供电稳定性提升6.6倍，标志着比什凯克首座现代化热电联产设施投入运营。③

（2）项目主要实践

比什凯克热电厂改造项目是上海合作组织框架内中国优惠贷款重点项目和中国进出口银行重点支持项目。

该项目严格遵循中国技术标准体系，从设计规划到设备供应均采用中国成熟的电站建设方案。特变电工作为总承包方，协调旗下电建河南工程公司专项负责热电厂2-8号锅炉系统改造，包括设备拆卸、管网优化等关键技术环节。施工过程中面临的重大技术挑战是百米烟囱定向拆除作业——这不仅是吉国首次实施百米级工业构筑物定向爆破，更因缺乏同类工程经验导致审

---

① 参见《陕煤中大石油升级改造项目在吉尔吉斯奠基》，载微信公众号“陕西省石油和滑雪工业联合会”，2024年9月3日。

② 参见《中吉两国最大能源合作项目竣工投产》，载中国新闻网，https://www.chinanews.com.cn/ny/2017/08-31/8318409.shtml，2025年3月4日访问。

③ 参见《“一带一路”倡议推动下的中吉合资项目发展现状》，载微信公众号“新疆中鑫悦供应链管理公司”，2024年7月29日。

批程序受阻。项目团队联合当地工程公司组建专项工作组，通过提交国际同类工程影像资料、安全评估报告等专业文件，与监管部门开展多轮技术论证，最终取得政府相关部门的烟囱爆破审批签字手续。由于前期准备的充分，最终 100 米高的烟囱倒塌角度和倒塌方向完全正确，赢得各方赞誉。

新建成的 2×150 兆瓦热电厂是目前比什凯克首座现代化热电厂，其发电量从原有的每年 2. 62 亿度提高到每年 17. 4 亿度，供热量则增加了近 1 倍。采用绿色、环保、节能设备和材料，极大降低了对能源的消耗和对环境的负面影响，同时有效增加了热电厂的生产经济效益，有效保障了首都 100 余万居民的用电用暖。①

2. 达特卡—克明 500 千伏高压输变电网及变电站工程项目（2012 年）

（1）项目概况

达特卡—克明 500 千伏变电工程作为上海合作组织框架内的重点项目，也是吉尔吉斯斯坦国家电网的重大能源项目。该项目建设投入 3. 89 亿美元，建设工期 36 个月。项目于 2012 年 8 月开工，2015 年 8 月竣工。② 该项目构建了吉尔吉斯斯坦电网南北主干线，将南部丰富的水电直接输送到缺电的北部和首都比什凯克地区，实现了南北电网贯通，有效化解了长期存在的电力输送不得不借邻国通道的难题，还为吉国后续的工业发展和民生用电提供了坚实的电力保障基础，促进了当地经济的进一步发展。

“达特卡—克明” 500 千伏高压输变电网线路全长 400 余公里，其中有约 320 公里穿越高海拔常年积雪山区、无人区及无路区。施工期间，特变电工累计调集 2000 余名工程人员及上百台重型机械，在极端地理环境中完成物资运输、设备安装等项目相关作业，保障施工进度。③

（2）项目进展

2012 年 8 月 1 日，该项目在吉尔吉斯斯坦东北部楚河州克明区举行开工奠基仪式。2015 年 8 月 28 日，项目全线竣工并举行竣工仪式。

（3）项目意义

经济效益：“达特卡—克明” 输变电工程项目建成后，可以有效实现吉尔

---

① 参见《中吉两国最大能源合作项目竣工投产 由中国电建承建》，载国务院国有资产监督管理委员会网，http：//ysp. net. sasac. gov. cn/n2588025/n2588124/c7828891/content. html，2025 年 3 月 7 日访问。

② 参见《吉尔吉斯斯坦南北输变电通道大动脉工程开工》，载新浪网，https：//news. sina. com. cn/o/2012-08-02/060724889944. shtml，2025 年 3 月 8 日访问。

③ 参见《吉尔吉斯斯坦南北电力大动脉顺利竣工 由特变电工承建》，载新浪财经网，https：//finance. sina. com. cn/roll/20150828/161223108631. shtml，2025 年 3 月 8 日访问。

吉斯斯坦南北电力互补，明显缓解北部地区缺电状况，促进经济发展。同时降低了吉尔吉斯斯坦对高价进口电力的依赖（如冬季从哈萨克斯坦购电价格高达 0.5 元人民币/度），减轻了政府因电价补贴产生的财政压力。[①]

社会效益：项目建成后，可解决吉尔吉斯斯坦长期以来的停电问题，改善约 200 万居民的生活条件。[②]

战略意义：该项目是中吉两国共建“丝绸之路经济带”的重要举措，深化了两国的能源合作和友好关系。项目的高标准建设和成功运营，展现了特变电工在电力工程领域的卓越能力，也为“一带一路”倡议下的国际合作树立了典范。

（四）交通道路建设

1. 中国路桥工程有限责任公司承建吉尔吉斯斯坦“北—南公路修复项目”

（1）项目背景

吉尔吉斯斯坦是内陆国家，其东面与中国有 1000 多公里共同边界，北邻哈萨克斯坦，自南向西邻接塔吉克斯坦和乌兹别克斯坦。山脉几乎横亘整个国土，从北部首都比什凯克至南部城市奥什、贾拉拉巴德的老公路，在高山峡谷中穿行，地理环境使得交通建设和维护难度较大。首都比什凯克和南部的贾拉拉巴德、奥什是吉尔吉斯斯坦的重要经济区，但连通这几个城市的公路年久失修，狭窄难行，物流不畅，导致货物运输成本高、效率低，严重阻碍了南北部地区经济交流、资源优化配置和产业的协同发展。[③]

中国路桥工程有限责任公司（CRBC）承建的“北—南公路”修复项目是吉尔吉斯斯坦重要的基础设施工程之一，也是“一带一路”倡议下的重点项目。

（2）项目概况

北—南公路是吉尔吉斯斯坦最重要的交通干线之一，全长约 433 公里，连接北部和南部地区，是贯通吉尔吉斯斯坦南北的经济大动脉。在中国进出口银行优惠贷款支持下，吉尔吉斯斯坦启动北南第二条公路建设项目，中国路桥工程有限公司获得该项目一、二期工程建设权，自 2014 年起承建北南公

---

① 参见《特变电工：建设吉尔吉斯“电力生命线工程”》，载 21 财经网，https://m.21jingji.com/article/20150512/412fca5022bf906c63d89eefb0e4b3d7.html，2025 年 3 月 8 日访问。

② 参见《“让百姓用上本国电”》，载国家能源局网，https：//www.nea.gov.cn/2013-05/07/c_132364868.htm，2025 年 3 月 8 日访问。

③ 参见冯晓成、李东旭、关建武：《通讯：雪山脚下有条“中国路”》，载中华人民共和国中央人民政府网，https：//www.gov.cn/xinwen/2019-06/11/content_5399233.htm?，2025 年 3 月 10 日访问。

路项目里程超250公里。①

项目建设面临着诸多艰巨挑战。二期项目中，有81公里路段处于高山无人区，缺乏可利用的旧道与便道，施工条件极为恶劣。而且，根据设计，北—南公路很大一部分工程需沿着奔腾的纳伦河修建，出于日后水利工程的考量，许多路段被设置在半山腰。中国路桥的建设团队不得不克服地震带活动频繁、高寒气候影响、岩体整体性差等一系列不利因素，在崇山峻岭间艰难推进工程。② 例如，在建设过程中，针对复杂的地质条件，建设团队创新性地采用了特殊的路基处理技术，确保公路基础稳固；面对高寒环境对混凝土施工的影响，研发了新型抗冻混凝土配方，保障工程质量。在技术标准方面，部分工程采用中国设计规范，引入了新技术、新结构、新工艺和新设备，为吉尔吉斯斯坦公路建设带来了全新理念与方法。像二期工程中横跨该国集水面积最大河流纳伦河的两座高架桥，成为项目的节点性和标志性工程。这两座高架桥在该国境内首次运用中国设计规范，不仅在结构设计上更为科学合理，在施工工艺上也极大提升了建设效率与质量，成为吉尔吉斯斯坦公路建设史上的重大突破。

（3）项目进展

该项目于2015年正式启动，项目分为多个阶段实施，中国路桥工程有限责任公司负责第二标段的修复工作。截至2021年，第二标段的主要修复工作已经基本完成，部分已经投入使用。目前，该项目的后续工程仍在稳步推进。

（4）项目意义

其一，完善交通基础设施。“北—南公路”修复项目的建成刷新了吉尔吉斯斯坦多项公路建设纪录，建成了最长的连续梁桥、独立后建设的最长公路隧道、一次性建成最长的公路项目等，大幅提升了该国的交通基础设施水平，完善了公路交通网络。其二，促进区域经济发展。项目改善了吉尔吉斯斯坦南北部之间的交通状况，提高了运输效率，南北经济区人员往来便捷，物资流通更加顺畅，有力地促进了区域间的经济交流与合作。其三，加强国际经济联系。作为连接吉尔吉斯斯坦南北的交通大动脉，公路进一步加强与周边国家，如中国、塔吉克斯坦、哈萨克斯坦和俄罗斯的经济联系，有助于吉尔吉斯斯坦更好地融入地区经济合作与发展格局，在区域互联互通中发挥重要作用，为其参与“一带一路”倡议下的国际合作提供了更坚实的基础。此外，

① 参见《通讯：雪山脚下有条“中国路”》，载中国政府网，https：//www. gov. cn/xinwen/2019-06/11/content_ 5399233. htm?，2025年3月10日访问。

② 参见《通讯：雪山脚下有条“中国路”》，载中国政府网，https：//www. gov. cn/xinwen/2019-06/11/content_ 5399233. htm?，2025年3月10日访问。

此公路的建成还有效提升社会民生福祉，进一步推动了技术的交流与进步。①

2. 中吉乌铁路项目

中吉乌铁路是中国同中亚互联互通的战略性项目，是三国共建“一带一路”合作的标志性工程。

（1）项目背景

中吉乌铁路的建设历经27年艰难谈判。关于该铁路的构想最早可追溯至1997年，中、吉、乌三国在“欧洲—高加索—亚洲运输走廊组织”巴黎会议上签署了修建联通铁路的备忘录。由于吉尔吉斯斯坦政局动荡、政策连续性不足，加之三国在铁路路线规划上存在分歧，项目推进长期受阻。彼时吉尔吉斯斯坦国内优先发展战略聚焦于解决南北交通瓶颈问题，导致中吉乌铁路在其国内优先级较低。2013年中国提出“一带一路”倡议后，项目进入实质性谈判阶段，但因吉尔吉斯斯坦境内段建设资金及中俄两种铁路轨距标准分歧，谈判未达预期目标。在2022年9月上合组织撒马尔罕峰会期间，中国国家发展改革委与吉、乌交通部门签署《关于中吉乌铁路建设项目（吉境内段）合作的谅解备忘录》，次年5月中国—中亚峰会上三国签署《关于就中吉乌铁路建设项目（吉境内段）可行性研究三方联合评审达成共识的谅解备忘录》，标志着这一搁置多年的项目正式重启。② 2024年6月6日，三国元首视频祝贺中吉乌铁路项目三国政府间协定签署。

（2）项目概况

中吉乌跨国铁路工程规划全长约590公里，以中国新疆喀什为起点，穿越吐尔尕特/托鲁加特边境口岸进入吉尔吉斯斯坦境内，沿阿尔帕向西延伸后，向北穿越莫尔多套山脉、跨越阿拉布卡河抵达马克马尔枢纽，继而向西南翻越费尔干纳山脉，经贾拉拉巴德接入乌兹别克斯坦安集延铁路网，形成连接中亚核心经济带的跨境运输通道。③ 该项目基于“建设—运营—移交”（BOT）合作框架，由中国与吉、乌两国铁路机构共同组建跨国联合体推进实施。工程总投资规模达80亿美元，其中吉国境内段投资占比58.75%（约47亿美元）。依据三方投资协议，中方在联合开发实体中持有51%股份，吉乌两国分别持有24.5%平等参股份额，形成多方利益共享的铁路建设与运营管理

① 参见《中国路桥公司在吉尔吉斯斯坦重建奥什街道》，载微信公众号“中亚产业研究”，2024年9月18日。

② 参见丁雨竹：《总投资80亿美元，中吉乌铁路将于2025年7月正式动工》，载微信公众号“今日工程机械”，2025年1月24日。

③ 参见《中吉乌铁路项目启动仪式举行》，载中国政府网，https：//www.gov.cn/yaowen/liebiao/202412/content_ 6994821.htm？fromModule=lemma_ middle-info，2025年3月10日访问。

模式。①

（3）项目进展

中吉乌铁路项目启动仪式于 2024 年 12 月 27 日在吉尔吉斯斯坦贾拉拉巴德举行。自中吉乌政府间协定签署后，三国政府部门与企业持续推进前期筹备工作，目前已形成多项阶段性进展。根据现有工作进度安排，该项目拟于 2025 年 7 月正式启动建设，整体施工周期规划为 6 年。②

（4）建设内容

我国境内修筑段约 200 公里，吉尔吉斯斯坦境内修建约 320 公里，乌兹别克斯坦境内段约 60 公里。③ 根据已经获批的可行性研究报告，吉尔吉斯斯坦境内段为单线铁路，使用内燃机车牵引（预留电气化条件），设计时速 120 公里，设吐尔尕特口岸站、马克马尔换装站、贾拉拉巴德口岸站等 20 座车站。④

（5）项目意义

社会效益：中吉乌铁路项目建成后，铁路将途经纳伦州、贾拉拉巴德州和奥什州。此项目建设将提升基础设施水平，并且为当地居民创造新的就业机会，提高当地民众生活水平，改善经济发展状况。

区域经济意义：其一，缩短运输距离和时间。中吉乌铁路项目的开通将极大程度上缩短中国与中亚、西亚乃至欧洲的运输距离，货运路程可以缩短至 900 公里，运输时间节省至 7—8 天。⑤ 据估算，这条铁路开通后，每年可运送超 1000 万吨，大幅提高运输效率，降低物流成本，加强中国与欧洲、中东地区的贸易往来，为沿线国家带来巨大的经济效益。⑥ 其二，推动区域经济发展。为中国新疆地区提供发展机遇，使其成为辐射中亚地区的核心，加速中国西部地区开发建设。对吉尔吉斯斯坦而言铁路经过马克马尔金矿，可吸引位于南费尔干纳、乌兹根等地的煤矿资源，开通后吉尔吉斯斯坦将拥有矿藏开发自主权，且仅过境关税每年就可为吉尔吉斯斯坦带来约 2 亿美元的收

---

① 参见《42 亿！中吉乌铁路正式启动施工招标！》，载微信公众号“铁路”，2025 年 2 月 23 日。

② 参见《中吉乌铁路项目启动仪式举行》，载中国政府网，https：//www. gov. cn/yaowen/liebiao/202412/content_ 6994821. htm？fromModule=lemma_ middle-info，2025 年 3 月 10 日访问。

③ 参见《预计耗资 80 亿美元！中吉乌铁路方案初定，今年将择期开工！》，载微信公众号“基础工程网”，2024 年 5 月 6 日。

④ 参见《中吉乌铁路项目仪式启动》，载央视网，https：//jingji. cctv. com/2024/12/27/ARTIn4VAbaD85leiVSxx34eD241227. shtml，2025 年 3 月 11 日访问。

⑤ 参见丁雨竹：《总投资 80 亿美元，中吉乌铁路将于 2025 年 7 月正式动工》，载微信公众号“今日工程机械”，2025 年 1 月 24 日。

⑥ 参见《中吉乌铁路：新丝路的里程碑与美国技术封锁的反噬》，载搜狐网，https：//www. sohu. com/a/842782125_ 121885030，2025 年 3 月 11 日访问。

入，有助于其摆脱对外汇汇款的过度依赖。其三，完善交通网络。作为新亚欧大陆桥的重要组成部分，将完善新亚欧大陆桥南部通路，拓宽新亚欧大陆桥的运输范围，提高其在国际运输中的地位，形成东亚、东南亚通往中亚、西亚、北非和南欧的便捷运输通道。

国别角度：作为三国共建“一带一路”的标志性工程，其将进一步加强中国与吉尔吉斯斯坦、乌兹别克斯坦的友好合作关系，推动“一带一路”倡议在中亚地区的深入实施，促进不同国家和地区之间的文化交流与人员往来，增进相互了解和友谊。

（五）天然气投资领域

中吉天然气管道有限责任公司投资建设中吉天然气管道项目。

1. 项目概况

中吉天然气管道有限责任公司是由中石油集团（CNPC）与吉尔吉斯斯坦政府合作成立的合资企业，负责中吉天然气管道的建设与运营。吉尔吉斯斯坦同中国政府于2013年9月11日在比什凯克签署了关于修建中吉天然气输送管道的协议，并通过吉国法律批准。2014年4月，吉尔吉斯斯坦能源与工业部批准了项目的可行性研究报告。2015年12月，中石油集团与吉尔吉斯斯坦经济部签署了《吉尔吉斯政府与中吉天然气管道公司的投资协议》，进一步推动项目建设。[①] 2018年6月6日，双方签署补充议定书，将合同有效期从35年延长至41年，以应对建设推迟的情况。[②]

2. 项目内容

吉中天然气管道作为中亚—中国天然气管道D线组成部分，线路途经土库曼斯坦、乌兹别克斯坦、塔吉克斯坦及吉尔吉斯斯坦四国后接入中国境内。该项目全部由外国私人投资建设，预计总投资为10亿—12亿美元，设计年输气量330亿立方米。吉尔吉斯斯坦境内管道长度为215公里，项目用地通过41年临时使用权方式获取，项目公司仅持有管道本体所有权。管道采用地下铺设方式，避免对阿莱区和琼阿莱区形成地理分隔。建成后项目公司将依据吉国法律实施土地复垦以恢复耕作条件，吉国政府机构及私营安保力量将共

① 参见《吉尔吉斯政府与中吉天然气管道公司签署协议》，载新浪财经网，https://finance.sina.com.cn/roll/2015-12-23/doc-ifxmttme6250589.shtml，2025年3月11日访问。

② 参见《吉媒指吉中天然气管道项目年底前将完成国家鉴定》，载国际能源网，https://gas.in-en.com/html/gas-2852916.shtml，2025年3月12日访问。

同承担管道安全防护职责。①

（六）矿产资源开发与冶炼领域投资

1. 塔尔得布拉克-左岸金矿项目（紫金矿业公司）

（1）项目概况

吉尔吉斯斯坦矿产资源丰富，地质现象种类繁多，成矿条件优越。塔尔德布拉克-左岸金矿位于吉尔吉斯斯坦楚河州克明区奥尔洛夫卡镇，是吉国境内距首都比什凯克市最近的金矿开发项目。该矿权属企业奥同克有限责任公司成立于2006年4月，2011年9月紫金矿业通过全资子公司收购其60%股权并控股左岸金矿，剩余40%股份由吉尔吉斯黄金公司持有。②

（2）项目进展

自2012年投资建设以来，紫金矿业在吉尔吉斯斯坦塔尔得布拉克-左岸金矿投资2.58亿美金。③ 2015年7月29日，左岸金矿建设完成，全面进入试投产阶段。截至2021年11月，矿区生产已步入正轨，2023年生产黄金约4吨，年纳税额约5000万美元。④

（3）社会效益

紫金矿业旗下吉尔吉斯斯坦奥同克股份有限责任公司在推动投资项目促进当地经济发展的同时，积极履行社会责任，设立克明未来基金及克明区发展基金。克明区发展基金系奥同克与地方政府联合成立的公益基金，其重点支持辖区内村庄基础设施升级改造，并向学校、医疗机构、孤儿院及福利院提供定向援助。该基金采用项目申报制，各村提交具体方案和预算后，经基金委员会审核后拨付资金。2020年度基金支出总额达70余万美元。⑤

（4）项目环保优化

项目开发运用紫金矿业独创的“矿石流五环归一”工程管理模式，在起始阶段创新设计地、采、选、冶和环保5个环节的工艺指标和技术路线。采

---

① 参见《吉媒指吉中天然气管道项目年底前将完成国家鉴定》，载国际能源网，https://gas.in-en.com/html/gas-2852916.shtml，2025年3月12日访问。

② 参见刘英：《值得学习！这家矿企在吉发展有妙招》，载微信公众号“吉尔吉斯斯坦新观察”，2021年11月15日。

③ 参见《紫金矿业：打造“一带一路”世界领先矿业企业 中吉矿业合作升温》，载微信公众号“吉尔吉斯斯坦新观察”，2017年9月3日。

④ 参见刘英：《值得学习！这家矿企在吉发展有妙招》，载微信公众号“吉尔吉斯斯坦新观察”，2021年11月15日。

⑤ 参见刘英：《值得学习！这家矿企在吉发展有妙招》，载微信公众号“吉尔吉斯斯坦新观察”，2021年11月15日。

矿坚持环保优先，使用上向进路式水平分层充填采矿法，通过废砂石回填的方式保障矿区表面不下沉，减少对矿区景观和人们生活环境破坏。①

紫金矿业自2012年起将环保设施投入占比控制在项目总投资的10%以上，累计投资2.5亿元建成两座大型尾矿库大坝，并成立专职安全环保管理部门。企业同步提升矿山行业设防标准，强化极端气候下的环境安全保障能力。②

2. 中吉矿业布丘克金矿项目

(1) 项目概况

布丘克金矿床位于吉尔吉斯斯坦北天山构造带中部（“天山金腰带”），该地海拔3300米至4000米，平均海拔达3500米以上，氧气含量只有平原地区的68%，冬季气温在零下20摄氏度，自然条件恶劣。该矿床整体规模达到中型以上，以露天开采为主要开发方式，设计开采规模为2000吨/日。③

投资公司背景：中吉矿业有限责任公司于2015年5月6日吉尔吉斯斯坦纳伦州成立，注册资本为19.2亿索姆（1.6亿元人民币）。中国黄金集团在吉尔吉斯斯坦实施的共建“一带一路”项目，是其首个海外金矿开发工程，也是中吉两国重点矿业合作项目，该项目有利于深化双边经济协作并促进区域经济增长。④

(2) 探矿成果

项目组通过地质填图、化探、地形测量等工作，详细绘制了工作区的地质构造和矿化岩体分布图，为后续探矿工程实施和地质研究提供了可靠的基础地质资料。并且通过钻探，对矿体化及构造进行地表揭露与浅部控制，揭示出矿体化分布延伸规律，圈定了多个矿体及有潜力的矿化带，为后续资源的开发，矿权取舍和勘查工作提供了宝贵的地质依据。⑤ 通过提出“横向侧列、垂向叠瓦”的成矿模式，进一步提升了资源储量级别。

---

① 参见《这家企业是如何在吉打造“花园式”矿区的？》，载新浪财经网，https://finance.sina.cn/2023-08-23/detail-imzierrz8680475.d.html，2025年3月15访问。

② 参见《紫金矿业：打造“一带一路”世界领先矿业企业 中吉矿业合作升温》，载微信公众号“吉尔吉斯斯坦新观察”，2017年9月3日。

③ “中吉矿业有限公司丘克金项目”栏目，载中国黄金，https://www.cchjjl.com/business_1/15.html，2025年3月12日访问。

④ 参见《“中吉矿业布丘克金矿项目举行试生产启动仪式”》，载中国一带一路网，https://www.yidaiyilu.gov.cn/p/0Q9GHM93.html，2025年3月13日访问。

⑤ 参见《评级优秀！中金地质在雪域高原书写坚毅》，载澎湃新闻网，https://www.thepaper.cn/newsDetail_forward_29684899，2025年3月13日访问。

（3）项目进展

中吉矿业布丘克金矿项目系公司主要在建项目之一，项目计划总投资 8.4 亿元，于 2018 年 7 月正式开工建设。项目基建期 2 年，总工程量 260 万立方米。[①] 2022 年 10 月启动设计编制工作，在与吉尔吉斯斯坦地质师、环境工程师等多方专家充分论证的基础上，历时 8 个月完成探矿设计及备案工作。2023 年 6 月开始野外工作，全面铺开探矿工程。10 月通过了吉尔吉斯共和国自然资源、生态和技术合作部地质调查局、储量委员会等多名专家参与的野外验收，评级为优秀。2024 年 6 月完成勘查报告的俄文版制作，提交吉尔吉斯共和国储量委员会开始储量评审工作。10 月，成功通过吉尔吉斯共和国自然资源、生态和技术合作部地质调查局组织的审查，获得资源储量备案证明。[②] 2024 年 10 月 22 日举行试生产启动仪式。2024 年 12 月 5 日，该项目第一块金锭成功浇铸，标志着项目正式进入生产阶段。

（4）项目特点

环保措施：中吉矿业布丘克金矿项目采用干排尾矿技术，严格遵循当地环保法规，对尾矿处理及生产流程实施全环节环保合规管控，最大程度降低环境扰动，同步推进矿区地力恢复工程，保障土地复垦后达到农业种植标准。

本地化用工：项目严格遵守吉尔吉斯斯坦法律规定，本地用工不低于 80%。[③]

（5）项目意义

经济层面：项目建成达产后，预计产金 1.5 吨/年，销售收入 407668 万元/年，税后净利润 6782 万元/年，在不考虑权益金的情况下税后动态投资回收期 5.1 年（不含建设期）。[④] 项目建成后预计将为当地经济贡献约 12 亿索姆（约合 1 亿元人民币）税收，可为当地居民提供约 400 个就业岗位。[⑤]

社会层面：在推动地区发展进程中，为助力当地员工提升职业能力，积极开展针对性强的专业技术培训。同时，将改善教育、医疗条件以及完善基

① 参见李怡然：《中国黄金国际：甲玛矿全面复产渐进，集团优质资产注入可期》，载微信公众号“峰和谷”，2024 年 12 月 10 日。

② 参见《储量获官方认证！中金地质布丘克项目探获资源储量纳入吉尔吉斯储量平衡表》，载中国黄金协会网，https：//cngold.org.cn/news/show-4812.html，2025 年 3 月 13 日访问。

③ 参见《中吉矿业布丘克金矿项目举行试生产启动仪式》，载新浪财经网，https://finance.sina.com.cn/enterprise/central/2024-10-25/doc-inctucpt8850182.shtml，2025 年 3 月 13 日访问。

④ 参见李怡然：《中国黄金国际：甲玛矿全面复产渐进，集团优质资产注入可期》，载微信公众号“峰和谷”，2024 年 12 月 10 日。

⑤ 参见《“中吉矿业布丘克金矿项目举行试生产启动仪式”》，载中国一带一路网，https：//www.yidaiyilu.gov.cn/p/0Q9GHM93.html，2025 年 3 月 13 日访问。

础设施视为重点工作，致力于从多维度促进民生水平提升。在社区关系层面，充分认识到与社区协同共进实现共赢的重要性，搭建规范透明的沟通渠道，持续增加对社区发展的资源投入，为当地创造实实在在的效益，以此获得社区的接纳与拥护。①

战略层面：中吉矿业项目作为“一带一路”倡议在吉尔吉斯斯坦的落地项目，推动两国经济合作进一步深化。②

（6）项目启示

中吉矿业项目作为中国黄金集团海外战略布局的关键支点，在推进“一带一路”倡议与区域经济协同发展方面具有示范意义。在跨境投资建设过程中，项目团队需突破双重挑战：一方面需克服高原矿区极端气候与复杂地质条件的技术难题，另一方面要适应东道国动态调整的矿业监管体系。为确保跨国运营的合规性，项目实施主体建立了三级风险防控机制：首先，组建专业法务团队系统研究吉尔吉斯斯坦《矿藏法》及配套法规，形成定期更新的法律风险数据库；其次，构建政企对话平台，通过季度工作会晤机制及时掌握政策动向；最后，创新性实施“手续办理双轨制”，同步推进国内备案与属地审批流程。项目现已完成水文地质调查与工程勘察评估等基础性合规文件，并获得环境保护认证及矿产资源安全证明等核心许可。值得关注的是，截至2024年12月收官阶段，项目关键生产单元——包括尾矿处理系统、矿物分选车间及精矿加工厂等核心设施——均已通过属地国竣工验收备案，这标志着项目全产业链已具备商业化运行的技术条件与法律保障。③

中吉矿业布丘克金矿项目成功投资建设并且正式开始运营离不开上述这些方面的努力，同时，其也为其他海外投资矿产开发的企业提供了可以借鉴的经验：其一，在进行外国投资前，外资企业应当全面了解目标投资国家的政策法规，包括劳动法、环保法、税收法、矿产开发相关特殊政策，必要时可成立专门的法律法规研究团队或者聘请法律顾问，以确保政策发生变化时可以做出及时的响应；其二，要与当地的政府建立良好的关系，主动与政府部门沟通争取政策优惠或支持；其三，在项目开始建设之前，梳理需要的手续和许可证，做好前期准备。在办理手续过程中，与当地相关部门保持密切

① 参见《“第一块金锭”开创里程碑，中吉矿业步入发展新阶段》，载微信公众号“采金人”，2025年2月11日。

② 参见《“中吉矿业布丘克金矿项目举行试生产启动仪式”》，载中国一带一路网，https://www.yidaiyilu.gov.cn/p/0Q9GHM93.html，2025年3月13日访问。

③ 参见《“第一块金锭”开创里程碑，中吉矿业步入发展新阶段》，载微信公众号“采金人”，2025年2月11日。

沟通，确保手续办理的高效性和合规性；其四，在项目建设过程中，及时取得项目关键手续，保证项目顺利进行。在项目竣工后，及时完成验收，确保项目可以顺利进入运营阶段；其五，在海外投资中，外资企业要严格遵守当地的环保法规，履行社会责任，通过实施社区发展项目，提升外资企业的社会形象和声誉。

3. 库鲁-捷盖铜金矿项目

（1）项目背景

库鲁-捷盖列克铜金矿床的勘探开发历程可追溯至20世纪60年代。1963年，苏联地质勘探部门在恰特卡尔地区恰克马克苏村实施地质普查时首次发现矿化异常带，经1979年完成的系统性地质勘查，最终探明该区域存在具备工业开采价值的大型铜金共生矿床。随着1991年苏联解体，原勘探团队撤离导致矿床开发陷入停滞，新独立的吉尔吉斯斯坦因资金与技术限制难以重启该项目。直至1998年，该国通过组建凯奇-恰拉特矿业公司完成矿权整合，依法取得库鲁-捷盖列克矿区独家采矿权。2012年春季，中国黄金集团实施跨境资源并购战略，通过资本运作完成对凯奇-恰拉特公司的股权并购，由此正式启动该铜金矿床的工业化开发进程。①

（2）项目概况

库鲁-捷盖列克铜金矿位于吉尔吉斯斯坦西北部贾拉拉巴德州恰特卡尔区，东侧距首都比什凯克约500公里，东南方向距奥什市约300公里，西南方向距中吉边境伊尔克斯坦口岸约450公里，属矽卡岩型铜金矿床。该矿床采矿权面积1.05平方公里，探矿权覆盖面积84.5平方公里。② 该矿床蕴含着丰富的铜金矿资源，其中，库鲁捷盖列克铜金矿矿石量为17266万吨、铜金属量为102.26万吨、铜平均品位0.6%；金属量97.36吨、金平均品位0.56克/吨；银金属量372吨、银平均品位2.15克/吨。③ 该项目采取地下开采的方式。中国黄金集团在库鲁-捷盖列克铜金矿项目中占有54%权益（金宝管理有限公司占股30%、中工国际（香港）有限公司占股16%），④ 该工程投资

---

① 参见《刻下“亲诚惠融”坐标 他们是“一带一路”上的黄金明珠》，载微信公众号“采金人”，2019年11月18日。

② 参见《刻下“亲诚惠融”坐标 他们是“一带一路”上的黄金明珠》，载微信公众号“采金人”，2019年11月18日。

③ 参见《投资亮点》，载腾讯证券网，https://stockhtm.finance.qq.com/sstock/ggcx/002051.shtml，2024年3月15日访问。

④ 参见“吉尔吉斯斯坦库鲁铜金矿”栏目，载中金咨询，http://www.chinagoldcons.com/product/76.html，2025年3月15日访问。

87209.1万元，采选生产规模达180万吨/年。①

（3）地理概况

矿区为高山地形，沟壑很深，峭壁重叠，绝对标高2500—3100米，相对高差400—500米，海拔均在2500米以上，昼夜温差大。11月中旬会出现稳定积雪，深度达1.5米以上，年平均气温零上2—3摄氏度，最低气温可达零下40摄氏度。②

（4）项目进展

库鲁-捷盖列克铜金矿项目于2014年10月启动建设，③ 2024年6月项目正式投产并正常运营。④

（5）项目意义

经济效益：项目达产后，预计将年处理矿石量约180万吨，年产铜11700.6吨、金601.41千克、银4.6吨，产生利润总额4992.22万元人民币/年，税后净利润4,475.02万元人民币/年，在不考虑权益金的情况下，税后动态投资回收期13.09年（不含建设期），将成为吉尔吉斯斯坦境内最大的铜金矿山和最大的地下矿山，⑤ 预计为吉尔吉斯斯坦创造更多就业机会并贡献税收。

环保效益：在库鲁-捷盖铜金矿的建设过程中，项目团队始终严格遵守当地环保法规，将生态保护和安全生产理念贯穿始终。施工期间特别注重垃圾的科学管理，通过设立分类回收点和统一处理站，对生活废弃物进行有序清理。针对设备使用中的油料污染风险，采取铺上吸油材料、放置专用油桶等方式，确保油污不会渗入土壤或水源。同时，项目特别重视水资源的节约与保护，一方面将生产废水处理后重新投入选矿流程循环使用，另一方面对生活区和作业区的雨水进行分流收集，经过净化处理后用于降尘或绿化浇灌，既减少资源浪费，又保护了周边环境。同时，库鲁-捷盖列克铜金矿项目施工期间采用挖掘机构筑多级沉淀池，通过分级沉淀工艺处理巷道排水，定期清

① 参见“吉尔吉斯斯坦库鲁-捷克盖列克矿资源开发项目”栏目，载中国黄金，https：//www.cchjjl.com/business_1/14.html，2025年3月15日访问。

② 参见《攻坚克维扬新帆 真抓善管保安全——中十冶中亚公司库鲁-捷盖列克资源开发工程项目经理部》，载微信公众号“中金建设”，2020年7月27日。

③ 参见《新的一年，我们该去哪搞矿？》，载搜狐新闻网，https：//www.sohu.com/a/223101413_253609，2025年3月15日访问。

④ 参见《中工国际：吉尔吉斯库鲁-捷盖列克铜金矿已经投产，目前正常运营》，载每经网，https：//www.nbd.com.cn/articles/2024-06-07/3419649.html，2025年3月16日访问。

⑤ 参见李怡然：《中国黄金国际：甲玛矿全面复产渐进，集团优质资产注入可期》，载微信公众号“峰和谷”，2024年12月10日。

理池内淤积物，确保出水浊度符合规范，避免影响下游牧民水源取用。①

社会效益：其一，提供就业岗位，提高当地居民就业率。凯奇-恰拉特公司以“和谐共建，合作共赢”为根本原则，尽其最大可能聘用当地员工。经过两年多的前期项目立项、审批、设计转化，2014年末主体工程启动阶段，就井下巷道施工单元，即吸纳本地劳工440余人。其二，建设项目矿床周边基础设施，与当地居民深度融合。凯奇-恰拉特公司以“建设一项工程，服务一方百姓”与中吉两国员工和谐相处为原则和宗旨，尊重当地居民的风俗习惯，为当地村落修路、架桥，使得矿区周边村民获得交通便利与生活条件改善。② 2017年11月，由凯奇-恰拉特公司捐资逾270万元人民币援建的恰克马克苏村学校正式启用。经改建后，该校达到十一年制教育办学标准，成为当时恰特卡尔区教学硬件条件最优的学校，显著改善了当地教育资源水平。③

三、吉尔吉斯斯坦投资纠纷案例

（一）土耳其 Sistem Muhendislik 公司与吉尔吉斯共和国仲裁案

1. 案件背景

1992年，土耳其的 Sistem Mühendislik 公司与吉尔吉斯斯坦的 Ak-Keme 公司组建合资企业，旨在比什凯克建造并运营“Pmara”或“Ak Keme Pinara”酒店。双方签订系列协议，明确合作事项，如共同建设、运营酒店，且约定部分资金由土耳其进出口银行提供贷款。1993年，土耳其经土耳其进出口银行向吉尔吉斯斯坦提供7500万美元贷款，其中600万美元用于酒店建设，该款项通过吉尔吉斯斯坦国家银行提供给合资企业，Ak-Keme 公司承担这笔债务。同年，Sistem 与 Ak-Keme 签订酒店“建设与管理”合同及其他相关协议，对双方权利义务、酒店建设资金来源等做出规定。

建设过程中，双方在出资额、建设标准等方面出现分歧，1995年关系破裂，Ak-Keme 于12月终止与 Sistem 的关系，接管酒店，Sistem 被排除在酒店运营之外。此后，Sistem 的多项经营许可被吊销，Ak-Keme 与马来西亚公司

---

① 参见《攻坚克难扬新帆 真抓善管保安全——中十冶中亚公司库鲁-捷盖列克矿资源开发工程项目经理部》，载微信公众号“中金建设”，2020年7月27日。

② 参见《攻坚克维扬新帆 真抓善管保安全——中十冶中亚公司库鲁-捷盖列克破产资源开发工程项目经理部》，载中国黄金集团建设有限公司网，http：//www.chinagoldgroup.com/hjjs/s/2084-6652-37042.html，2015年3月16日访问。

③ 参见《刻下“亲诚惠融”坐标 他们是“一带一路”上的黄金明珠》，载微信公众号“采金人”，2019年11月18日。

组建新合资企业。1998年，Ak-Keme破产，相关法律程序启动。

1999年6月，吉尔吉斯斯坦总统访土，双方讨论合资企业问题。7月1—2日，各方签署“1999协议”，包括主协议、股份购买协议和贷款转让协议。根据协议，Sistem购买“Hotel Ak-Keme De Luks”公司100%股份，成为酒店唯一所有者，并承担Ak-Keme的部分债务，付款方式为用酒店运营利润的50%偿还。此后，虽有波折，但在2003年双方还是就付款条款进行修订，Sistem继续运营酒店。

2005年3月，吉尔吉斯斯坦发生革命，局势动荡。Sistem称Ak-Keme前主席带领武装人员占领酒店，驱逐土耳其员工，其向吉尔吉斯政府投诉未得到有效解决。随后，吉尔吉斯共和国法院做出一系列判决，先是判定Ak-Keme破产程序不合法，后又宣布1999年股份购买协议无效，Sistem失去酒店所有权，双方协商无果，Sistem于2005年9月向国际投资争端解决中心（ICSID）提交仲裁申请，引发本案仲裁。ICSID根据《ICSID附加便利仲裁规则》受理本案。

2. 双方仲裁请求

（1）申请人Sistem Mühendislik公司

①核心诉求为赔偿损失：依据1992年《土耳其—吉尔吉斯共和国关于相互促进和保护投资协定》（BIT）以及2003年吉尔吉斯共和国《投资法》，Sistem Mühendislik公司认为吉尔吉斯共和国未履行BIT下保护其投资的义务，导致其失去对酒店的所有权及相关权益。因此，要求吉尔吉斯共和国赔偿因投资权益被侵害遭受的损失，涵盖酒店资产价值损失、自2005年3月起的预期利润损失，以及相应的利息损失。

②提交估值报告支持索赔金额：为确定索赔金额，Sistem Mühendislik公司提交Raymond James Turkey于2007年和2008年的报告。报告采用现金流折现（DCF）分析、倍数分析和重置价值分析等方法，估算酒店在不同时间点的价值，以支撑其索赔金额的合理性，请求仲裁庭裁决吉尔吉斯共和国支付合理赔偿，具体范围为1957万美元至2127万美元，或由仲裁庭判定的合理金额。

③要求对方承担仲裁费用：该公司认为自身为成功索赔所产生的合理费用，是因对方违反BIT义务导致投资受损的一部分，理应由吉尔吉斯共和国承担。同时请求仲裁庭裁定吉尔吉斯共和国支付其为进行仲裁所支出的费用，包括法律费用及向ICSID支付的费用等。

④寻求额外救济：Sistem Mühendislik公司还寻求额外救济，如请求仲裁庭下令吉尔吉斯共和国不得再就酒店做出其他决定，且吉尔吉斯法院对该公

司或其股东做出的任何支付裁决应归该公司所有，不得抵消。但仲裁庭认为此请求范围过宽，未予支持。

（2）被申请人吉尔吉斯共和国的仲裁请求

①否认对方投资地位及协议有效性：吉尔吉斯共和国主张 Sistem Mühendislik 公司仅是酒店建设承包商，未履行相关义务，1998 年 Ak-Keme 公司破产程序以及 1999 年 Sistem Mühendislik 公司对 Ak-Keme 公司权益的购买均不合法，Sistem Mühendislik 公司非法占有酒店直至 2005 年 3 月被收回。这意味着其否认 Sistem Mühendislik 公司作为投资者的合法地位，以及相关投资协议的有效性，从根本上否定了对方索赔的基础。

②对酒店估值及赔偿的主张

提交 1999 年 Labrate 报告和 2005 年 Inaudit 报告，认为 Labrate 报告中 1999 年 5 月酒店估值约 1057 万美元更为可靠，并声称 Sistem Mühendislik 公司未证明酒店价值在 1999 年后有所增加。此外，认为即便按此估值，也应从酒店价值中扣除某些款项，即不认可 Sistem Mühendislik 公司提出的赔偿金额，主张减少或拒绝赔偿。

③提及对方欠款但未反诉：虽未明确提出仲裁反请求，但提及 Sistem Mühendislik 公司可能欠吉尔吉斯共和国的款项。由于未在本次仲裁中正式提出反诉，也未进行详细陈述和主张，这些款项在本次仲裁中未得到处理，吉尔吉斯共和国可通过其他程序另行主张。

3. 争议焦点

（1）投资权益与合同有效性争议

Sistem Mühendislik 公司认为自己依据 1999 年协议合法取得酒店全部权益，吉尔吉斯共和国应保护其投资。但吉尔吉斯共和国主张 Sistem Mühendislik 公司仅是酒店建设承包商，未履行相关义务，1998 年 Ak-Keme 公司破产程序以及 1999 年 Sistem Mühendislik 公司对 Ak-Keme 公司权益的购买均不合法，1999 年协议因涉嫌贿赂、未履行审批程序等原因无效，Sistem Mühendislik 公司非法占有酒店直至 2005 年 3 月才被收回。

（2）酒店估值争议

双方对酒店价值的评估存在显著分歧。Sistem Mühendislik 公司提交 Raymond James Turkey2007 年和 2008 年的报告，采用现金流折现（DCF）分析、倍数分析和重置价值分析等方法，估算酒店在 2005 年不同时间点的价值，如 3 月 25 日采用 DCF 方法估值为 19943486 美元，采用重置成本法估值为 24758861 美元。吉尔吉斯共和国则提交 1999 年 Labrate 报告和 2005 年 Inaudit 报告，认为 Labrate 报告中 1999 年 5 月酒店估值约 1057 万美元更为可靠，并声称 Sistem Mühendislik 公司未证明酒店价值在 1999 年后有所增加，还认为应从酒店价值中扣除某些款项。

（3）责任认定争议

Sistem Mühendislik 公司认为吉尔吉斯共和国未履行 1992 年《土耳其—吉尔吉斯共和国关于相互促进和保护投资条约》（BIT）下保护其投资的义务，导致其失去对酒店的所有权及相关权益，应承担赔偿责任。吉尔吉斯共和国则否认自身责任，认为 Sistem Mühendislik 公司存在违约行为在先，且相关法律程序和协议无效，自己不应承担赔偿责任。

（4）赔偿范围与金额争议

Sistem Mühendislik 公司要求吉尔吉斯共和国赔偿酒店资产价值损失、自 2005 年 3 月起的预期利润损失、相应利息损失，还要求对方承担仲裁费用。吉尔吉斯共和国对赔偿范围和金额均不认可，认为 Sistem Mühendislik 公司主张的赔偿金额过高，且不应获得某些赔偿项目，如预期利润损失等。

4. 仲裁庭观点

（1）投资权益与合同有效性

仲裁庭判定 1999 年协议合法有效。1999 年 7 月，Sistem Mühendislik 公司通过系列协议取得酒店唯一所有权，吉尔吉斯政府明确承诺保障协议执行。尽管吉尔吉斯共和国主张协议因贿赂、未履行审批程序等因素无效，但仲裁庭认为相关证据不足，且从协议签订背景、后续履行情况等综合判断，协议具有法律效力，Sistem Mühendislik 公司的投资权益受法律保护。

（2）酒店估值

在众多估值方法中，仲裁庭认为现金流折现（DCF）方法最适宜本案。该方法基于预期利润评估资产价值，契合本案中投资被征收时应依据资产价值进行赔偿的原则。对比双方提交的估值报告，仲裁庭以 1999 年 Labrate 报告中酒店估值 1057 万美元为基础，结合市场情况，调整得出 2005 年 6 月酒店价值约为 1408 万美元。这一决定综合考虑了 Labrate 报告的可靠性、双方报告数据的冲突，以及酒店实际运营和市场价值变化等多方面因素。

（3）责任认定

仲裁庭认定吉尔吉斯共和国应对 Sistem Mühendislik 公司承担责任。2005 年，吉尔吉斯共和国法院一系列判决致使 Sistem Mühendislik 公司失去酒店所有权，这一行为被仲裁庭视为等同于国家征收财产。而吉尔吉斯共和国的此类征收行为不符合《土耳其—吉尔吉斯共和国关于相互促进和保护投资协定》（BIT）中规定的公共目的、非歧视性及合理补偿等条件，构成对 BIT 的违反，应向 Sistem Mühendislik 公司进行赔偿。

（4）赔偿范围与金额

仲裁庭明确赔偿范围涵盖酒店价值及利息。以调整后的2005年6月酒店价值1408万美元为基础，减去Sistem Mühendislik公司依据1999年协议应支付给吉尔吉斯政府的款项（经计算为558万美元），得出酒店价值赔偿金额为850万美元。同时，考虑到Sistem Mühendislik公司因失去酒店而遭受的潜在利润损失，仲裁庭认为已通过给予酒店价值赔偿及相应利息的方式进行了充分补偿，因此不再单独支持其关于预期利润损失的索赔。利息则按LIBORUSD 12个月利率，从2005年6月27日起计算至赔偿支付日。在费用承担方面，仲裁庭综合案件情况，裁定双方平分ICSID费用和仲裁庭费用，吉尔吉斯共和国向Sistem Mühendislik公司支付40万美元作为法律费用补偿，并偿还该公司向ICSID支付的部分预付款247410美元。

争议起因：土耳其建筑公司Sistem Mühendislik因与吉尔吉斯共和国的合资企业纠纷，指控吉方违反1992年《土耳其—吉尔吉斯共和国关于相互促进和保护投资协定》（BIT），涉及住宿、餐饮及建筑领域的投资。

仲裁依据：案件由国际投资争端解决中心适用1992年—BIT及吉国相关外资法律。

5. 仲裁结果

裁决结果：2009年ICSID仲裁庭裁定吉方败诉，需向Sistem公司支付850万美元赔偿，并承担利息、法律费用（总计约40万美元）及仲裁预付款的一半（24.7万美元）。

执行争议：吉方试图通过另一仲裁裁决（涉及马来西亚公司的反诉）抵销债务，但美国纽约南区地方法院（2020年）及加拿大安大略省高等法院（2012年）均维持原裁决的执行力，强调吉方未履行支付义务。

6. 案件意义

投资者保护：该案体现了BIT在保护外国投资者权益中的关键作用，仲裁庭认定吉方行为构成“间接征收”及“不公平、不公正待遇”。

跨境执行挑战：案件后续涉及多国法院的司法审查，反映了国际仲裁裁决执行的复杂性及《纽约公约》框架下的司法协作。

7. 启示

该案件围绕土耳其SistemMühendislik公司与吉尔吉斯共和国的投资争端展开，中方企业在吉尔吉斯斯坦投资时，可重点关注以下四个方面。

①合同签订与审查：1999年的系列协议是Sistem公司投资权益的重要依据，但吉尔吉斯斯坦后续对协议提出诸多质疑，虽仲裁庭认定协议有效，但

这反映出合同签订时需充分考虑多方面因素。中方企业在吉尔吉斯斯坦投资时，务必对投资合同进行全面、细致的审查，明确双方权利义务，尤其是涉及投资权益、付款方式、所有权变更等关键条款，要确保合同条款清晰、无歧义，具备可操作性和法律保障性。同时，要关注合同适用法律及争议解决条款，选择对自身有利且具有执行力的法律和争议解决机制，避免因合同漏洞引发纠纷。

②政治风险评估与应对：2005 年吉尔吉斯斯坦发生革命，局势动荡，Sistem 公司的酒店被侵占，投资权益受损。这警示中方企业在投资前，应深入评估吉尔吉斯斯坦的政治稳定性、政策连续性以及潜在的政治风险。了解当地的政治体制、权力更迭模式、民族宗教矛盾等因素，预测可能出现的政治变动对投资项目的影响。在投资过程中，要建立政治风险预警机制，及时关注当地政治局势变化，制定相应的应对策略。可考虑购买政治风险保险，或与当地有影响力的企业、机构合作，降低政治风险带来的损失。

③财务规范与估值合理性：案件中双方对酒店估值存在巨大分歧，且 Sistem 公司因财务记录不完整，给确定损失金额带来困难。中方企业在投资时，要建立健全的财务管理制度，确保财务记录真实、准确、完整，详细记录投资项目的成本支出、收入情况等。这不仅有助于准确评估投资项目的价值和收益，也能在发生争议时为确定损失提供有力证据。在进行投资估值时，要选择合理的估值方法，综合考虑市场情况、行业发展趋势、资产盈利能力等因素，确保估值结果客观、公正。可参考国际通行的估值标准和方法，并结合当地实际情况进行调整。

④加强与当地政府沟通：从案件来看，与当地政府保持良好沟通十分关键。中方企业在吉尔吉斯斯坦投资时，应积极与当地政府部门沟通交流，了解当地政策法规的变化，及时调整投资策略以符合当地要求。主动参与当地社会活动，树立良好的企业形象，增强当地政府和民众对企业的认可和支持。在遇到问题时，及时与政府部门协商解决，争取政府的理解和支持，避免矛盾激化。

（二）JSC 与吉尔吉斯共和国仲裁案

1. 案件背景

20 世纪 50—70 年代，据苏联时期 SSR 相关决议，乌兹别克斯坦的实体在伊塞克湖沿岸获得土地用于建造四处度假村，土地权利经登记认证，建成后持续运营。苏联时期，这些度假村作为社会福利设施服务苏联工人。苏联解体后，乌兹别克斯坦与吉尔吉斯政府签订一系列文件，包括 1992 年《关于相互承认权利和规范财产关系的协定》、1994 年《关于相互承认乌兹别克斯坦共和国和吉尔吉斯共和国从各自资金建立的社会领域设施财产权的议定书》和 1995 年《关于 1994 年乌兹别克斯坦共和国政府和吉尔吉斯共和国政府间协定执行情况的议定书》签订。申请人 JSC 塔什干机械工厂、JSCB 阿萨卡银行、JSCB 乌兹别克工业建设银行和乌兹别克斯坦共和国对外经济活动国家银行认为，这些协议有效并保留了乌兹别克斯坦实体在度假村的权利；被申请人吉尔吉斯斯坦则表示 1992 年协议是有待进一步协商的框架性协议，对第 4 条有效保留，1994 年议定书同样如此，1995 年议定书未执行，1992 年协议且不构成国际条约，未赋予申请人权利。2016 年 4 月，吉尔吉斯斯坦发布命令将四处度假村国有化。

2. 双方仲裁请求

（1）申请人仲裁请求

①管辖权及相关认定：全面驳回被申请人对仲裁庭管辖权依据《乌兹别克斯坦共和国政府和吉尔吉斯共和国政府关于相互促进和保护投资的协定》（BIT）和《吉尔吉斯共和国关于投资的法律》（FIL）提出的异议；判定被申请人存在多种违约行为，包括违反 BIT 第 6 条和 FIL 第 6 条规定，非法征用申请人投资；违反 BIT 第 3.1 条和 FIL 规定，未给予申请人投资公平公正待遇；违反 BIT 第 2.1 条规定，未提供充分且无条件的法律保护；违反 BIT 第 3.1 条和 FIL 第 4.1 条规定，未给予国民待遇和最惠国待遇。

②赔偿要求：要求被申请人支付基于各度假村被征用日期的当前市场价值的货币赔偿，具体包括：塔什干机械工厂（TMP）在佐洛季耶-佩斯基地度假村的权利对应的赔偿金额为 20311202 美元，外加裁决后至支付日按年复利计算的利息；乌兹别克斯坦对外经济活动国家银行（NBU）在罗哈特-NBU 度假村的权利对应的赔偿金额为 15140711 美元，外加相应利息；阿萨卡银行（Asaka）在迪洛罗姆度假村的权利对应的赔偿金额为 11038588 美元，外加相应利息；乌兹别克工业和建设银行（Uzpromstroybank）在布斯顿度假村的权利对应的赔偿金额为 1230729 美元，外加相应利息。此外，还要求被申请人承担包括专家费用、成本、差旅费和所有申请人的律师费在内的仲裁程序费用。

（2）被申请人的仲裁请求

①管辖异议及诉求驳回：宣称仲裁庭对申请人在 1991 年 12 月 21 日之前的所谓投资没有管辖权；全面驳回申请人的实体诉求。

②替代性赔偿主张：声明申请人无权获得他们所寻求的任何救济，或作为替代方案，提出以下几种赔偿形式：仅给予满足形式的赔偿，即由仲裁庭

发表声明认定存在不法行为；下达具体履行命令，要求双方就度假村的法律地位达成一致；进行有限的恢复原状，即恢复各申请人在 2016 年 4 月 4 日实际合法拥有的权利；以仲裁庭指定的损害赔偿专家确定的沉没成本形式进行货币赔偿，或依据被申请人在其陈述书第五节 D. 3 部分计算的沉没成本进行赔偿。

③费用及其他诉求：要求申请人承担与本次仲裁相关的费用，包括但不限于仲裁庭的费用和开支、专家咨询费用、法律代表费用、国际投资争端解决中心（ICSID）的费用以及所有其他专业费用、支出和费用，并支付相应利息；请求仲裁庭给予共和国认为合适的进一步或其他救济。

3. 案件争议焦点

申请人认为这违反了相关协议和法律，是非法征收；被申请人辩称这些度假村之前并非申请人财产，国有化命令只是确认其所有权，不构成征收。

申请人认为，其一，根据历史协议，苏联解体后，吉尔吉斯斯坦与乌兹别克斯坦共和国签订的前述的一系列多边和双边协议，明确规定由一方实体出资在另一方领土上建造的度假村，其所有权归出资方所有。这些协议确认并保留了乌兹别克斯坦实体在度假村的权利，对双方具有法律约束力；其二，根据法律规定，《乌兹别克斯坦共和国政府与吉尔吉斯共和国政府关于相互促进和保护投资的协定》（BIT）第 6 条规定，缔约方不得直接或间接征收另一方投资者的投资，除非该征收是出于公共利益、非歧视性、遵循正当法律程序且给予补偿；吉尔吉斯共和国第 66 号法律《关于在吉尔吉斯共和国的投资》（FIL）第 6 条也规定，投资不得被征收，除非是为了公共目的、符合公共利益、非歧视性、遵循法定程序并给予及时、充分和实际的补偿。被申请人 2016 年对四处度假村的国有化行为，未满足上述合法征收的条件，违反了相关法律规定；其三，根据事实依据，苏联时期，乌兹别克斯坦实体在吉尔吉斯斯坦伊塞克湖沿岸建造了四处度假村，土地权利经苏联 SSR 登记认证。苏联解体后，各申请人通过在吉尔吉斯斯坦注册的分支机构或子公司持续经营度假村，如 TMP 的 ZolotiyePeski 度假村、NBU 的 Rokhat - NBU 度假村、Asaka 的 Dilorom 度假村均运营至 2016 年被国有化；Uzpromstroybank 于 2003 年收购 Buston 度假村，但因吉尔吉斯斯坦的非法行为未能翻新运营。因而申请人对度假村拥有合法的经营权利和持续的投入。

被申请人则认为，度假村的所有权归属于吉尔吉斯斯坦，其依据如下：其一，对于 1992 年签订的协议，被申请人主张该协议是“待订契约”（pactumdecontrahendo），即只是一个框架性协议，需进一步谈判并签订具体双边条约，本身并未赋予申请人对度假村的权利。同时，被申请人称对协议第 4 条作出了有效保留，且该保留符合《维也纳条约法公约》（VCLT）规定，所以不受该条款约束；其二，对于1994和1995年的协定书，被申请人认为1994年议定书同样是“待订契约”，没有为其设定承认申请人对特定资产权利的义务。对于1995年议定书，被申请人提出其既未执行1992年协议或其他有效协议，也不构成具有约束力的国际条约，更未依据吉尔吉斯斯坦国内法确立申请人对度假村的财产权，因此该议定书不能赋予申请人对度假村的权利；其三，被申请人依据吉尔吉斯斯坦不同时期的法律，如1991年《土地改革法》、1996年《民法典》、1998年《国家不动产权利登记法》、1999年《土地法典》等，认为申请人在苏联时期获得的土地和不动产权利，因未按规定重新注册或已超过法定期限而失效。例如，根据1999年《土地法典》，外国实体不能拥有土地的永久使用权，且之前授予的永久使用权在该法典生效后需重新注册为临时使用权，否则于2000年1月1日失效；其四，关于2016年国有化命令的解释，被申请人称2016年的国有化命令并非真正的征收行为，只是确认了吉尔吉斯斯坦对度假村的所有权，因为在命令发布前，度假村的土地、建筑物和设施并非申请人的财产，申请人只是基于有限的使用权使用这些设施。该命令符合吉尔吉斯斯坦长期以来认为度假村和休闲设施归其所有的政策，且与1992年协议及其对该协议第4条的保留立场一致。

4. 仲裁庭观点

在分析被申请人是否征用了申请人在度假村的投资之前，仲裁庭必须确定申请人在2016年4月4日（即2016年命令发布之日），是否依据吉尔吉斯斯坦法律对这些度假村拥有任何权利。正如被申请人指出的，在苏联时期土地归国家专有，可依据吉尔吉斯苏维埃社会主义共和国部长会议的决议或相关工人代表苏维埃执行委员会的决定分配使用。此外，土地使用权需有相应的国家证书予以证明。

记录清晰显示，在苏联时期，乌兹别克苏维埃社会主义共和国的实体在吉尔吉斯苏维埃社会主义共和国分配给它们的土地上建造了四处度假村，分别是佐洛季耶·佩斯基地（Zolotiye Peski）度假村、迪洛罗姆（Dilorom）度假村、罗哈特-NBU（Rokhat-NBU）度假村和布斯通（Buston）度假村，且这些土地可供其永久使用。此外，乌兹别克斯坦实体在这些度假村的财产权均已得到吉尔吉斯苏维埃社会主义共和国的正式登记和认证。因此，仲裁庭认定，在苏联时期，乌兹别克苏维埃社会主义共和国的实体对本案所涉的所有度假村都拥有使用权。

然而，关键问题在于苏联解体后，乌兹别克斯坦的实体是否通过吉尔吉斯共和国与乌兹别克斯坦共和国之间的一系列多边和双边协议，即1992年协定、1994年议定书和1995年议定书，保留了其在度假村的权利。被申请人认为，1992年协定并未保留乌兹别克斯坦实体在度假村的权利，因为该协定属于“待订契约”（pactum de contrahendo，即约定将来订立特定契约的协议）。在这一点上，仲裁庭不同意被申请人的观点。正如申请人指出的，1992年协定是一份具有法律约束力的文书，其文本明确对各方施加了具有约束力的义务。在仲裁庭看来，1992年协定并非仅仅是一份“待订契约”或意向性协议，而是一份具有约束力的国际协议，对各方施加了法律义务。因此，根据1992年协定第4条，缔约双方达成如下共识：“双方相互承认，位于一方领土上的社会领域设施（或参与者的相应份额），如疗养院、疗养所、健康休闲中心、度假胜地、酒店和露营地、旅游设施、儿童医疗机构，若其建设资金来源于另一方的共和国预算，以及位于另一方领土上的隶属于共和国和原苏联的企业和组织的资金，则这些设施属于该另一方或其法人实体或个人的财产。”换句话说，1992年协定的缔约方承认，社会领域的设施，包括本案所涉的度假村这类设施，若其建设资金由一方的实体提供且位于另一方的领土上，那么这些设施仍归出资建设的法人实体所有。这一义务的明确性以及用于规定该义务的措辞（即“承认”“财产”等表述），在仲裁庭看来，与被申请人主张的1992年协定仅仅是“待订契约”的观点不一致。相反，它是一份有效且具有约束力的国际协议，至少在第4条中施加了具有约束力的义务。1992年协定中没有任何表明其仅为意向性协议的措辞（尽管在国家实践中这种措辞很常见且易于使用），这一点也证实了上述结论。仲裁庭表示，1992年协定可以（并且确实）通过进一步的国际协议或其他方式得到更详细、更具体的实施（如下文所述）。然而，这并不改变仲裁庭的结论，即使单独来看，1992年协定也旨在对双方各自的法律体系产生直接的法律约束力。即便设想或期望有进一步的实施措施，也不会影响1992年协定本身的性质；一项条约即使预期（并且采取了）进一步的步骤，也可以立即产生直接的法律效力。如上文所述，这些度假村是由乌兹别克苏维埃社会主义共和国的实体在吉尔吉斯苏维埃社会主义共和国的领土上建造的。因此，仲裁庭认定，依据1992年协定第4条，苏联解体后，乌兹别克斯坦的实体保留了其在度假村的财产权。

5. 仲裁结果

仲裁庭驳回被申请人基于《乌兹别克斯坦共和国政府和吉尔吉斯共和国政府关于相互促进和保护投资的协定》（BIT）和《外国投资法》（FIL）对仲裁庭管辖权提出的异议。

仲裁庭宣布：

①被申请人通过2016年4月4日和4月13日的命令，非法征用了申请人

在涉案四处度假村（Zolotiye Peski 度假村、Rokhat-NBU 度假村、Dilorom 度假村和 Buston 度假村）的投资，违反了《双边投资条约》第 6 条和《外国投资法》第 6 条规定的义务。

②被申请人违反了《双边投资条约》第 3.1 条和《外国投资法》规定的给予申请人投资公平公正待遇的义务。

③被申请人违反了《双边投资条约》第 2.1 条规定的给予申请人投资充分和无条件法律保护的义务。

④被申请人违反了《双边投资条约》第 3.1 条和《外国投资法》第 4.1 条规定的给予申请人投资国民待遇和最惠国待遇的义务。

仲裁庭裁定，被申请人应向申请人支付以下款项：

①就 JSC 塔什干机械工厂（JSC Tashkent Mechanical Plant）而言，根据其在 Zolotiye Peski 度假村权利在被征用之日时的市场价值（20311202 美元）进行货币补偿，加上自裁决作出之日起至支付裁决款项之日止按年复利计算的利息；

②就乌兹别克斯坦共和国对外经济活动国家银行（National Bank for Foreign Economic Activity of the Republic of Uzbekistan，NBU）而言，根据其在 Rokhat - NBU 度假村权利在被征用之日时的市场价值（15140711 美元）进行货币补偿，加上自裁决作出之日起至支付裁决款项之日止按年复利计算的利息；

③JSCB 阿萨卡银行（JSCB Asaka）而言，根据其在 Dilorom 度假村权利在被征用之日时的市场价值（11038588 美元）进行货币补偿，加上自裁决作出之日起至支付裁决款项之日止按年复利计算的利息；

④JSCB 乌兹别克工业建设银行（JSCB Uzbek Industrial and Construction Bank）而言，根据其在 Buston 度假村权利在被征用之日时的市场价值（1230729 美元）进行货币补偿，加上自裁决作出之日起至支付裁决款项之日止按年复利计算的利息；

仲裁庭裁定，被申请人应支付本次仲裁的全部费用，包括但不限于仲裁庭的费用、专家咨询费用、法律代表费用、国际投资争端解决中心（ICSID）的费用和所有其他专业费用、支出和费用，以及相应利息。

吉方在裁决后曾于 2023 年 8 月向美国哥伦比亚特区地方法院申请撤销裁决，主张仲裁程序存在“明显法律错误”，但双方最终于同年 11 月达成和解，吉方撤回申请并终止相关诉讼。

6. 简要评析

其一，管辖权争议的突破。仲裁庭在 2019 年初步反对意见阶段即明确，乌兹别克斯坦国有企业通过全资子公司在吉投资的行为符合 BIT 定义的“投资者”范畴，驳回吉方关于主体不适格的抗辩。这一认定强化了 BIT 对国有企业海外投资的保护力度，为类似争议提供了先例参考。

其二，征收认定标准的细化。仲裁庭采纳“效果导向”原则，结合措施的持续时间、对投资价值的影响及政府主观意图综合判断，突破了传统“单一要素”审查模式。裁决指出，即使未直接转移所有权，若政府行为使投资者丧失对资产的有效控制，仍可能构成间接征收。

其三，赔偿计算的务实性。仲裁庭基于“公平市场价值”原则，以度假村运营数据为基础测算损失，同时扣除投资者自身管理不善导致的部分责任，体现了对双方过错的平衡考量。这一做法既维护了投资者权益，也避免了过度赔偿对东道国主权的冲击。

7. 启示

后续双方达成和解的转折，反映出国际仲裁裁决执行中的国家博弈——吉方既试图通过司法审查拖延履行，又权衡经济成本选择妥协，凸显了投资仲裁的“准司法”特性。

对中国企业“走出去”具有双重启示：其一，在中亚等投资风险较高地区，应注重 BIT 条款的精细化设计，明确征收补偿标准及争端解决机制；其二，面对东道国监管措施，企业需强化合规管理，保留运营数据作为维权证据。（值得关注的是，江西律师事务所近年来在吉尔吉斯斯坦设立分支机构，为中资企业提供本地化法律服务，这一趋势或为未来类似争议的预防与解决提供新路径）

（三）银行业投资纠纷——Valeri Belokon 与吉尔吉斯共和国仲裁案

1. 案件背景

Valeri Belokon（拉脱维亚籍投资者）于 2011 年依据《拉脱维亚—吉尔吉斯共和国双边投资协定》（2008 年 BIT）向联合国国际贸易法委员会（UNCITRAL）提起仲裁，指控吉尔吉斯政府通过系统性干预银行经营、吊销许可证等行为，非法剥夺其对马纳斯银行（Manas Bank）的控制权，构成间接征收及违反公平公正待遇。

案件核心争议有两点。第一，投资合法性：吉方指控投资者通过洗钱手段获取银行控制权，主张投资保护不适用于犯罪所得；第二，政府行为性质：投资者主张吉方滥用行政权力，破坏其合法投资权益。

仲裁程序历经三个关键阶段。2014 年仲裁裁决：UNCITRAL 仲裁庭认定吉方行为构成间接征收，裁定赔偿 1650 万美元；2017 年法国法院撤销裁决：

巴黎上诉法院以“仲裁员未充分审查洗钱指控”为由撤销裁决；2022年法国最高法院维持撤销：确认东道国金融监管权优先于投资保护义务。

2. 双方仲裁请求

（1）申请人 Valeri Belokon 的仲裁请求

申请人请求仲裁庭宣布被申请人吉尔吉斯共和国违反《拉脱维亚与吉尔吉斯共和国双边投资协定》（BIT），并要求其进行货币赔偿，涵盖在马纳斯银行的股权价值、向储户提供的贷款金额及支付给相关人员的款项、声誉损害等方面。同时，请求吉尔吉斯共和国终止所有针对申请人及与马纳斯银行有关人员的未决刑事和民事行政调查及程序，并保证今后不再就裁决日期之前发生的事件启动此类程序；在该国主要报纸上发表声明恢复申请人的名誉，撤回之前对其及相关人员的所有指控；撤销任何国际和（或）吉尔吉斯共和国警察当局针对申请人及相关人员发出的所有警察搜查令和等效搜查通知；通知相关国家或地区的有关当局撤回总检察长发送的关于申请人、马纳斯银行和波罗的海国际银行的诽谤性声明；作为对储户贷款和支付给相关人员款项货币赔偿的替代方案，要求吉尔吉斯共和国确保将马纳斯银行特定储户账户中的资金及应计利息返还给储户或其授权代表，并将特定账户中的款项及应计利息支付给申请人；对货币赔偿金额自应支付之日起计算利息，并给予仲裁庭认为适当的其他救济。此外，申请人还请求裁决由被申请人承担2208430.08欧元的全部费用。

（2）被申请人吉尔吉斯共和国的仲裁请求

被申请人请求仲裁庭驳回申请人在索赔声明中关于终止调查并保证不再开展新调查、恢复名誉以及撤销搜查令及通知所寻求的救济，认为这些请求不可受理；驳回申请人索赔声明中的所有救济请求，认为这些请求没有依据；要求申请人支付与该索赔和仲裁相关的费用，金额为750000美元以及所有仲裁费用。

3. 案件争议焦点：洗钱指控与投资保护的冲突

吉方主张的“干净之手”原则。吉尔吉斯斯坦援引《联合国反腐败公约》及BIT中“公共道德例外条款”，主张投资者通过洗钱获取银行股权，其投资行为本身违法，因此无权主张条约保护。

证据链。吉方指控投资者与前总统巴基耶夫存在利益输送，银行收购程序存在贿赂行为，并引用国际刑警组织对巴基耶夫的通缉令作为佐证。

仲裁庭的举证责任认定。仲裁庭以“优势证据标准”审查吉方指控，认为：吉方未能提供直接证据证明投资者参与洗钱（如资金流向记录、司法判决等）；仅凭投资者与前总统的商业往来及媒体报道，不足以构成“确凿证据”。因此，仲裁庭认定投资合法，吉方行为构成间接征收。

巴黎上诉法院的核心质疑。法院基于三个理由撤销裁决。第一，事实认定瑕疵：仲裁庭未调查投资者与巴基耶夫的关联对投资合法性的影响；第二，程序不公：仲裁员未披露其与投资者法律顾问的学术合作关系，违反独立性原则；第三，公共政策优先：东道国对金融犯罪的规制权高于投资条约义务。

法国最高法院的立场。最高法院进一步强化“东道国主权优先”原则，认为：仲裁庭在评估洗钱指控时存在“明显疏忽”；金融领域的投资保护须让位于国家金融安全，尤其是在缺乏有效国际反洗钱合作机制的背景下。

4. 仲裁结果

本案仲裁庭经审理后作出裁决，判定吉尔吉斯共和国在对马纳斯银行的管理措施上存在多项违反《促进和保护投资协定》（BIT）的行为，须向申请人 Valeri Belokon 作出赔偿。

（1）认定违约行为

①间接征收：仲裁庭认为吉尔吉斯共和国对马纳斯银行实施一系列任意且不合理的行政管理制度，违反了 BIT 第 5 条，构成对马纳斯银行的间接征收。自 2010 年 4 月起，马纳斯银行长期处于政府控制之下，其运营和盈利能力受到严重影响，且这种控制超出了法律规定的期限，剥夺了投资者的权益，符合间接征收的特征。

②违反公平公正待遇：吉尔吉斯共和国未能给予申请人公平公正待遇，其行为明显武断和不合理，违反了 BIT 第 2 条第 2 款和第 2. 3 款。例如，在临时行政管理和扣押措施的实施过程中，存在诸多不合理之处，未充分考虑投资者的合法权益。

（2）赔偿与费用裁决

①赔偿金额：吉尔吉斯共和国须在裁决作出之日起 60 天内，向申请人支付 15020000 美元，用于赔偿申请人因投资被间接征收所遭受的损失。

②费用承担：吉尔吉斯共和国须在 60 天内支付给申请人 250000 欧元，这是申请人预先支付的仲裁庭费用；同时，还须支付 970000 欧元，作为对申请人提起仲裁所产生的费用和支出的分担。若上述款项在 60 天内未支付，未支付部分将按年利率 4. 5%进行复利计算。

（3）其他裁决事项

①股份转让：申请人在收到上述裁决的所有损害赔偿金、费用和利息后，需将其在马纳斯银行的股份转让给吉尔吉斯共和国。

②驳回其他请求：仲裁庭驳回了申请人的其他请求，包括要求吉尔吉斯共和国终止调查、撤回指控、恢复名誉等，原因是仲裁庭认为其没有足够的

法律依据来支持这些请求。此外，仲裁庭明确，若该裁决在国内法院进行司法执行，裁决后的利息规定不影响适用国内相关的利息规则。

5. 案件的法律与实践意义

首先，本案凸显国际投资仲裁中“非法投资例外”的模糊性：投资者须自证投资合法性，但若东道国仅提供间接证据（如政治关联、媒体报道），仲裁庭是否应推定投资非法？法国法院通过司法审查事实上提高了投资者的举证责任，要求其证明投资全流程的合规性。其次，本案体现了金融监管权与投资保护的平衡。案件反映后危机时代国际投资法的趋势：东道国强化金融监管的主权主张（如反洗钱、反恐融资）；仲裁机构对金融领域争议的审查标准趋于严格，倾向于尊重东道国的政策空间。最后，本案还体现了仲裁裁决的可执行性风险。法国法院的撤销决定开创先例：允许东道国通过第三国法院挑战仲裁裁决；削弱了《纽约公约》框架下仲裁裁决的终局性，增加了投资者执行裁决的成本与不确定性。

6. 对中资企业的启示

（1）投资前的合规尽职调查

建立独立的第三方审查机制，核查交易对手的背景、资金来源及政治关联；避免通过关联方或壳公司进行投资，降低被指控“洗钱工具”的风险。

（2）争议解决策略的优化

在 BIT 谈判中争取“岔路口条款”（如先穷尽当地救济），平衡国际仲裁与国内司法的优势；选择对投资保护持支持态度的仲裁地（如新加坡、中国香港），降低裁决被撤销的风险。

（3）关注 BIT 改革动向

现行《中吉双边投资协定》（BIT，2003 年）未明确排除非法投资的保护，建议在修约时增加“公共道德例外”条款；参考欧盟《投资法院体系》（ICS），引入法官资质审查及上诉机制，提升裁决的可接受性。

7. 结语

Belokon 案标志着吉尔吉斯斯坦投资仲裁的转折点，其裁决被撤销的结局不仅重塑了中亚地区的投资法律环境，也对全球金融领域的投资保护规则提出挑战。中资企业在参与中亚金融市场时，需在合规经营、风险隔离与争议解决策略之间寻求动态平衡，同时密切关注国际投资法的改革趋势，以应对日益复杂的地缘政治与法律风险。

（四）Stans Energy Corp. 和 Kutisay Mining LLC 与吉尔吉斯共和国仲裁案

1. 案件背景

本案聚焦于稀土矿投资中 Kutessay II 和 Kalesay 矿的相关权益纠纷。

申请人是 Stans Energy Corp. 和 Kutisay Mining LLC。其中，Stans Energy 是一家在加拿大安大略省注册的上市公司，通过其全资子公司 Stans KG 间接持有 Kutisay Mining LLC 的全部股份。Kutisay Mining LLC 则是在吉尔吉斯共和国注册的公司。被申请人为吉尔吉斯共和国。

2005 年起，申请人在吉尔吉斯共和国先后涉足铀矿和稀土矿领域投资。2009 年，Stans Energy 得知 Kutessay II 和 Kalesay 矿的投资机会，当时原持有人 CAMG 未履行许可证义务。经与吉尔吉斯共和国相关官员会面，Stans Energy 决定通过购买 Kutisay Mining OJSC 获取许可证。该过程涉及一系列交易，包括 Kutisay Mining OJSC 的设立、股份转让及最终在中亚证券交易所的拍卖，Stans KG 成功中标，从而使 Stans Energy 间接获得相关许可证。获取许可证后，Kutisay Mining OJSC（后更名为 Kutisay Mining LLC）依据不同阶段的许可证协议开展运营。在 License Agreements No. 1 和 No. 2 阶段，双方就协议要求的各项义务履行情况存在争议，如费用支付时间、技术计划或开发计划的提交、专家报告和土地分配等问题。2012 年，双方签订 Kutessay II License Agreement No. 3，对项目开展提出新要求，包括与国家财产管理基金的股份转让协商等。2012 年 3 月起，被申请人采取一系列措施影响申请人投资。如 2012 年 6 月 26 日，议会委员会决议要求取消 Kutessay II License Agreement No. 3 重新招标，并指责 Kutisay Mining LLC 未遵守之前的许可证协议条款；同时，Baotou 公司与 Stans Energy 就合作开发事宜接触，其间存在一些争议性沟通。此外，在许可证协议履行过程中，因各种问题导致项目推进受阻，双方矛盾逐渐加深。被申请人的国家法院针对许可证授予的有效性启动司法程序，包括总检察长和 Baotou 分别提起的诉讼，法院最终判决许可证授予过程违法并予以终止。申请人曾在莫斯科工商会（MCCI）提起仲裁，虽获得高额赔偿裁决，但该裁决后来被莫斯科仲裁法院撤销。2015 年，申请人依据 2003 年吉尔吉斯共和国《投资法》等规定，向常设仲裁法院提起仲裁，双方就管辖权、投资合法性、责任认定及赔偿等问题展开激烈争辩。

2. 双方仲裁请求

（1）申请人的仲裁请求

①确认违约：要求仲裁庭宣布吉尔吉斯共和国违反其《投资法》《莫斯科公约》《投资保护法令》及国际法，对申请人构成投资征收，并未能给予公

平、公正待遇及充分保护和安全。

②支付赔偿：责令吉尔吉斯共和国向申请人支付1.2823亿美元的赔偿，以弥补其违约行为造成的损失。

③支付利息：主张吉尔吉斯共和国支付预裁决利息，自2012年6月25日起按15.5%的年利率以复利计算，直至裁决之日；裁决后利息按15.5%的年利率从裁决日起半年复利一次，或由仲裁庭确定能确保充分赔偿的其他利率和复利期。

④税务及其他事项：宣布裁决的损害赔偿金和利息应扣除适用的吉尔吉斯共和国税款后支付，且吉尔吉斯共和国不得扣除相关税款；要求吉尔吉斯共和国赔偿申请人因该国不利措施产生的双重征税责任；请求仲裁庭给予其他适当救济。

⑤承担仲裁费用：责令吉尔吉斯共和国承担本次仲裁的全部费用，包括申请人的法律和专家费用、仲裁庭指定专家的费用、仲裁庭费用以及常设仲裁法院的行政费用。

（2）被申请人的仲裁请求

①驳回申请：请求仲裁庭宣布对申请人的索赔无管辖权，或裁定申请人的索赔不可受理，或在实体上驳回申请人的索赔请求。

②费用及利息：要求申请人承担仲裁相关的所有费用，包括仲裁庭的费用、专家咨询费用、法律代表费用、指定机构的费用、常设仲裁法院秘书长的费用以及所有其他专业费用、支出和费用，并支付相应利息。

③费用分摊：请求仲裁庭裁定由申请人承担仲裁的全部剩余费用。

④其他救济：请求仲裁庭给予其认为适当的进一步和其他救济。

3. 争议焦点

（1）仲裁庭管辖权

①管辖范围：申请人主张依据2003年《投资法》第18条，仲裁庭管辖权涵盖所有“投资争端”，包括违反《莫斯科公约》和一般国际法的索赔；被申请人则认为仲裁庭管辖权应限于2003年《投资法》实质性条款的违约争议，依据是该法第3条第1款对法律适用范围的规定。

②投资者资格：被申请人认为Stans Energy对Kutisay Mining LLC的间接持股不构成“直接投资”，Kutisay Mining LLC也不是“外国投资者”或持有合格“直接投资”的“投资者”；申请人则坚称Stans Energy和Kutisay Mining LLC均符合2003年《投资法》中“投资者”的定义，其投资应受保护。

（2）投资合法性

①腐败获取投资：被申请人指控申请人通过腐败手段获取许可证，声称

申请人支付贿赂以绕过招标程序，主张仲裁庭应驳回其索赔请求；申请人坚决否认该指控，认为被申请人未达到证明标准，且即便存在所谓的“不当支付”，也是应政府官员要求，自身不应承担责任。

②违反吉尔吉斯斯坦法律：被申请人指出申请人获取许可证的行为违反了《刑法》《地下资源法》《民法典》的相关规定；申请人反驳称2003年《投资法》并未禁止对“非法”投资产生的争端进行裁决，且被申请人未能证明其存在足以排除仲裁庭管辖权的违法行为。

(3) 投资权益及责任认定

①是否构成征收：申请人认为被申请人终止许可证的行为构成间接和直接征收，且该征收行为是任意的、不符合公共利益且未给予补偿，违反了2003年《投资法》和国际法；被申请人则辩称终止许可证是执行吉尔吉斯斯坦法律的正当程序，不构成征收，即便构成征收，也符合法律规定的条件。

②公平公正待遇：申请人宣称被申请人未给予其公平公正待遇，违背了他们的合理预期且行为武断；被申请人反驳称2003年《投资法》并未规定该待遇标准，且申请人不存在合理预期，其自身行为也并非武断。

(4) 赔偿相关问题

①赔偿金额计算：申请人主张按照市场资本化方法计算赔偿金额，以2012年6月25日为估值日期，要求赔偿1.2823亿美元及相应利息；被申请人则认为应依据2003年《投资法》第6条第2款，采用收益法或考虑沉没成本来计算赔偿，且认为许可证毫无价值，申请人不应获得赔偿或仅应获得实际开发费用。

②赔偿责任减免：被申请人提出应减少赔偿金额，理由是许可证本就可能被终止，且申请人存在故意或疏忽行为；申请人对此予以否认，认为自身不应承担责任减免的后果。

4. 仲裁庭观点

(1) 管辖权方面

关于管辖范围，仲裁庭认为2003年《投资法》第18条措辞明确，“投资争端”涵盖广泛，并不受限于该法实质性条款的违约争议，故仲裁庭对双方之间任何投资争端均有管辖权。同时，国际条约和一般国际法在适当情形下可构成适用法律，但本案核心仍为2003年《投资法》及其他吉尔吉斯斯坦立法的解释与适用。关于投资者资格：仲裁庭判定，依据2003年《投资法》第1条第1款对“投资”的宽泛定义，无论是直接投资还是间接投资，仲裁庭均有管辖权且相关诉求可受理。Stans Energy通过其全资子公司Stans KG持有Kutisay Mining LLC的股份，以及其在Stans KG的投资，都符合“投资”定义；Kutisay Mining LLC 持有相关采矿许可证及相关权利，也符合“投资”定义，且因其由外国实体 Stans Energy 全资拥有，符合“外国投资者”定义。

（2）适用法律问题

国际条约和一般国际法在适当情况下可构成适用法律的一部分，但本次仲裁的核心是对 2003 年《投资法》及其他吉尔吉斯斯坦立法条款的解释和适用。

（3）投资合法性方面

仲裁庭认为，吉尔吉斯共和国未能提供充分证据证明申请人通过腐败手段获取投资，申请人有理由相信相关交易合法，且支付款项的后续可疑操作在被申请人的系统和控制范围内，不能归因于申请人，因此仲裁庭不支持被申请人基于此主张驳回申请人诉求的观点。

（4）违反吉尔吉斯斯坦法律问题

虽然被申请人称申请人获取许可证违反了吉尔吉斯斯坦法律的多项规定，但仲裁庭在综合考量后认为，被申请人的主张不成立，2003 年《投资法》未明确禁止对“非法”投资引发的争端进行裁决，且被申请人未能证明申请人的行为构成对相关法律的违反，从而排除仲裁庭的管辖权。

（5）实体问题

关于征收行为认定：仲裁庭认定吉尔吉斯共和国的一系列措施构成对申请人投资的征收，违反了 2003 年《投资法》和国际法，这些措施包括相关决议和许可证的终止等，且该征收行为不合法，未满足公共利益、合法程序等要求；关于公平公正待遇问题。

（6）赔偿方面

仲裁庭裁决吉尔吉斯共和国应向申请人赔偿 1.2823 亿美元，并支付仲裁前和仲裁后的利息，利息计算方式有明确规定。同时，裁决中的损害赔偿金和利息为扣除吉尔吉斯共和国适用税款后的净额，被申请人须赔偿申请人可能产生的双重征税责任，并承担本次仲裁的所有费用和开支。

5. 仲裁结果

仲裁庭驳回被申请人（吉尔吉斯共和国）对仲裁庭管辖权提出的异议；认定被申请人违反了 2003 年吉尔吉斯共和国《投资法》及国际法，对申请人（Stans Energy Corp. 和 Kutisay Mining LLC）在吉尔吉斯共和国的投资进行了征收；认定被申请人违反了 2003 年《投资法》及国际法，未给予申请人的投资公平公正待遇。

①仲裁庭命令被申请人向申请人赔偿因其违反 2003 年《投资法》及国际法而造成的损失，赔偿金额为 1.2823 亿美元。

②命令被申请人就前述赔偿金额支付仲裁前利息，自2012年6月25日起按15.5%的年利率计算，按复利计算至仲裁庭作出裁决之日；或按仲裁庭确定的能确保充分赔偿的其他利率和复利计算周期计算。

③命令被申请人就上述①和②的金额支付仲裁后利息，自仲裁庭作出裁决之日起按15.5%的年利率计算，按半年复利计算；或按仲裁庭确定的能确保充分赔偿的其他利率和复利计算周期计算。

④声明上述①②③中的损害赔偿金和利息裁决为扣除吉尔吉斯共和国适用税款后的净额，并且被申请人不得就上述支付的损害赔偿金和利息扣除税款。

⑤命令被申请人赔偿申请人因被申请人的不利措施而在加拿大或其他地方产生的任何双重征税责任。

⑥命令被申请人支付本次仲裁的所有费用和开支，包括申请人的法律和专家费用、仲裁庭指定的任何专家的费用和开支、仲裁庭的费用以及常设仲裁法院的行政费用。

⑦驳回双方的其他请求。

6. 理论与实践意义

(1) 理论意义

其一，深化对国际投资法律关系的理解。通过分析投资者与东道国之间在投资过程中的复杂法律关系，如本案中涉及的投资合法性、公平公正待遇等问题，深化了学界对国际投资法律关系的认识。这有助于理论界进一步研究如何在国际投资活动中平衡投资者权益保护与东道国主权监管之间的关系，为构建更加合理的国际投资法律秩序提供理论支撑。其二，推动国际投资法中腐败问题的研究。本案中对是否通过腐败手段获取投资的争议及仲裁庭的判断，为国际投资法中腐败问题的研究提供了典型案例。理论界可借此深入探讨腐败行为的认定标准、举证责任分配以及其对投资条约仲裁的影响等问题，推动相关理论研究的发展。

(2) 实践意义

其一，为投资者提供实践指引。投资者在进行海外投资时，可从本案中吸取经验教训。认识到投资前应全面深入地进行尽职调查，不仅要关注投资项目本身的经济价值，更要对东道国的法律政策、投资环境等进行细致考察，确保投资行为合法合规。同时，在投资过程中要妥善保存各类文件和证据，以便在面临争议时能够有力地维护自身权益。其二，规范东道国投资监管行为。东道国在制定和执行投资政策、监管投资活动时，应从本案中得到启示。要确保法律政策的稳定性和透明度，避免政策的随意变动给投资者带来不确定性。在对投资者进行监管和调查时，需遵循法定程序，提供充分证据，避免无端指控，维护良好的投资环境，增强对国际投资的吸引力。

7. 启示

（1）投资前期的审慎考察

①全面的法律尽职调查：中方企业在投资吉尔吉斯斯坦前，务必开展深入且全面的法律尽职调查。案例中，双方对投资获取方式的合法性存在巨大争议，这凸显了了解当地法律的重要性。企业不仅要熟悉吉尔吉斯斯坦的《投资法》《矿藏法》等核心法律，还需关注其不断变化的法律动态。以获取采矿许可证为例，要详细研究许可证获取的法定程序、资质要求等，确保投资路径完全符合法律规定，避免因法律漏洞或误解而陷入纠纷。

②深入的背景调研：除法律层面外，对投资项目的背景调查同样关键。须充分了解项目的历史沿革，包括之前的所有者、开发情况以及相关交易是否存在潜在问题。例如，本案中投资项目曾涉及其他企业，中方企业若处于类似情境，就应深入调查前任企业与当地政府的关系、是否存在未解决的法律纠纷等，提前识别可能存在的风险因素。

（2）投资过程中的合规管理与风险应对

①严格的合规运营：在投资运营过程中，中方企业必须严格遵守吉尔吉斯斯坦的法律法规。从案例可知，投资过程中的任何违规行为都可能成为东道国质疑投资合法性的内容。企业要建立健全内部合规管理体系，规范财务管理、合同履行等关键环节。在涉及资金支付时，确保所有交易都有清晰、合法的记录，避免出现资金流向不明或违规操作的情况。

②敏锐的风险预警与应对：密切关注投资项目所面临的各类风险，建立有效的风险预警机制。当察觉到政策变动、市场波动或与东道国出现意见分歧等风险信号时，应迅速采取应对措施。如上述案例中，面对东道国政策调整对投资项目产生影响时，企业应及时与当地政府沟通协商，寻求合法的解决方案；若沟通无果，需提前规划好仲裁或其他争议解决途径，维护自身合法权益。

（3）合同签订与争议解决的策略

①严谨的合同条款的拟定：签订投资合同时，条款务必严谨细致。明确双方的权利和义务，特别是涉及投资权益保护、争议解决方式等核心条款。在投资权益保护方面，应详细规定如遇征收、政策变动等情况时的补偿方式和标准；在争议解决条款中，清晰约定仲裁或诉讼的具体规则、适用法律等内容，为后续可能出现的争议提供明确的解决依据。

②理性的争议解决选择：一旦发生争议，中方企业要理性选择争议解决

方式。参考本仲裁案例，应了解不同争议解决方式的利弊。若选择仲裁，需熟悉仲裁程序和规则，选择合适的仲裁机构和仲裁员。在争议解决过程中，注重证据的收集和整理，以有力的证据支持自己的主张，确保在争议解决过程中处于有利地位。

第五章　吉尔吉斯斯坦主要产业营商环境规制细则

一、矿产领域

（一）矿产发展核心战略框架

吉尔吉斯斯坦作为中亚矿产资源富集国，其 2021—2025 年矿产发展战略以《国家发展战略（2018—2040）》为纲领，结合《地下资源法》（2018 年修订）及《地下资源产品分成协议》（2022 年修订），重点聚焦以下方向。

1. 国家主导资源开发权

根据 2021 年总统法令《关于重整矿山开采领域》，国家级矿产资源（如金、锑、汞等战略矿种）的开发权仅授予国家持股不低于 2/3 的国有企业或合资实体①。例如，大型金矿项目须由吉国企业控股 30%以上，外资需通过本地法人实体参与。②

（1）国际合作与外资引入：此政策旨在强化国家对战略性矿产的管控，减少资源流失。中吉合作深化——重点推进“中吉乌铁路沿线矿产带”开发，中国企业在吉矿业投资占比从 2021 年的 32%增至 2024 年的 45%，涉及铜矿选炼、黄金深加工等领域。③

（2）国际招标机制：2023 年起对大型矿区（如杰鲁伊金矿）实行国际公开招标，要求外资企业承诺本地化投资比例不低于 30%。④

---

① 参见吉尔吉斯斯坦《地下资源法》《地下资源铲平分成协议》修正案，2022 年 6 月 22 日；《吉尔吉斯斯坦总统签署法令，国家级矿产资源将由 100%国有控股公司开发》，中华人民共和国商务部（驻吉尔吉斯共和国大使馆经济商务处），2021 年 2 月 1 日。

② 参见吉尔吉斯斯坦《地下资源法》《地下资源铲平分成协议》修正案，2022 年 6 月 22 日；《吉尔吉斯斯坦总统签署法令，国家级矿产资源将由 100%国有控股公司开发》，中华人民共和国商务部（驻吉尔吉斯共和国大使馆经济商务处），2021 年 2 月 1 日。

③ 参见《中国与吉尔吉斯斯坦绿色矿产合作声明》，https://finance.eastmoney.com/a/202502063311981621.html，2025 年 2 月 6 日访问。

④ 参见《〈吉尔吉斯斯坦地下资源法〉全文解读》，http://www.cnlawweb.net/news/overseas/2023082241233.html，2025 年 3 月 20 日访问。

2. 绿色转型与可持续开发

2018 年，吉尔吉斯斯坦政府颁布《绿色经济发展规划（2019—2023）》，明确将绿色经济作为国家发展战略的核心方向，旨在通过能源转型、生态保护与产业升级，实现经济增长与环境保护的协同发展。要求矿业项目遵循国际环境标准（如 ISO 14001），强制实施生态修复保证金制度，并将绿色能源（如太阳能、水电）融入采矿作业。① 例如，中吉合作的光伏发电项目（如寰泰能源 1 亿美元投资）为矿区提供清洁能源支持。②

（1）矿产资源开发与产业升级

重点矿种布局：优先开发黄金（储量 1055 吨，资源量 3000—4000 吨）、铜（探明储量 250 万吨）、锑（探明储量 26.4 万吨）及稀土矿产，计划将采矿业占 GDP 比重从 2022 年的 5.8%提升至 2025 年的 8%。③

绿色矿山建设：推行《中亚绿色矿业倡议》，要求新建矿山项目采用低碳开采技术，尾矿库生态修复率目标达 60%。④ 推动矿业与水电、风电、光伏等清洁能源结合，减少化石能源依赖。典型案例包括哈萨克斯坦扎纳塔斯风电场（中企投资）、乌兹别克斯坦 200 万千瓦风电项目，以及吉尔吉斯斯坦卡姆巴拉金水电站等。

数字化升级：与俄罗斯合作建立“中亚矿业数据中心”，实现矿产勘探、开采、运输全流程数字化监控，2024 年试点覆盖楚河州 10 个大型矿区。⑤ 加入《采掘业透明度倡议》，提高矿业信息透明度。

（2）可持续开发与社区治理

资源循环利用：强制要求年开采量超 50 万吨的矿山配套建设选矿厂，矿石综合利用率目标从 2022 年的 75%提升至 2025 年的 90%。⑥

社区利益共享：修订《地下资源法》第 19 条，规定矿业企业需将净利润

---

① 参见《吉尔吉斯斯坦国家发展战略（2018—2040）》，2018 年 11 月；《吉尔吉斯斯坦生态鉴定法》（1999 年颁布，2015 年修订）规定，矿山开发等高危项目需缴纳环境恢复保证金，用于生态修复。

② 参见《中华人民共和国和吉尔吉斯共和国关于建立新时代全面战略伙伴关系的联合宣言》，卡巴尔通讯社，2023 年 5 月 20 日。

③ 参见《吉尔吉斯斯坦矿业投资前景分析》，https: //www. thepaper. cn/newsDetail_forward_23265087。

④ 参见《中国与吉尔吉斯斯坦绿色矿产合作声明》，https: //finance. eastmoney. com/a/202502063311981621. html，2025 年 2 月 6 日访问。

⑤ 参见《吉尔吉斯斯坦矿业投资前景分析》，https: //www. thepaper. cn/newsDetail_forward_23265087，2025 年 3 月 20 日访问。

⑥ 参见吉尔吉斯斯坦《矿业投资前景分析》，https: //www. thepaper. cn/newsDetail_forward_23265087，2025 年 3 月 20 日访问。

的2%投入矿区基础设施（学校、医院）建设。[①]

（3）产业链延伸与技术创新

通过《2021—2023年数字经济规划》，推动矿业数字化转型，包括地质数据云平台搭建、自动化采矿设备应用及区块链技术追踪矿产供应链。[②] 同时，鼓励外资参与矿产加工（如锑冶炼、稀土分离），提升附加值。[③]

（4）区域协同与基建配套

中吉乌铁路及卡姆巴拉金水电站等跨境基建项目被列为优先工程，旨在优化矿产物流通道和能源供应。[④] 政府计划投资207亿美元用于交通、电力及矿区基础设施建设，其中79.4亿美元已落实资金来源。[⑤]

（二）营商环境规制细则

吉尔吉斯斯坦通过立法与政策调整，构建了一套兼顾开放性与保护性的矿业投资框架：

1. 外资准入与股权限制

外资准入范围：除国家级矿产资源外，外资可通过竞标、拍卖或“先申请”原则获取中小型矿权，但需设立本地法人实体。外资在参与竞标和拍卖时，需详细了解矿区的具体地质条件、开采难度及市场前景，以制定合理的投标策略。设立本地法人实体不仅有助于遵守当地法律法规，还能更好地融入当地经济环境，促进与地方政府和社区的合作。此外，外资企业还需考虑环保法规，确保开采过程中的环境保护措施到位，减少对生态系统的负面影响。[⑥]

股权要求：大型金矿、银矿项目须由吉尔吉斯斯坦实体控股30%以上，且其有权通过“黄金股”机制干预重大决策。这些实体通常包括本地矿业公司或政府指定的机构，以确保吉尔吉斯斯坦利益和资源的合理分配。‘黄金股’机制赋予吉尔吉斯斯坦在关键决策如项目开发、资源分配及环境保护等

---

① 参见《〈吉尔吉斯斯坦地下资源法〉全文解读》，http://www.cnlawweb.net/news/overseas/2023082241233.html，2025年3月20日访问。

② 参见《国家发展战略（2018—2040）》，2018年11月。

③ 参见《中华人民共和国和吉尔吉斯共和国关于深化新时代全面战略伙伴关系的联合声明》，中国外交部，2025年2月5日。

④ 参见《中华人民共和国和吉尔吉斯共和国关于深化新时代全面战略伙伴关系的联合声明》，中国外交部，2025年2月5日。

⑤ 参见《中华人民共和国和吉尔吉斯共和国关于建立新时代全面战略伙伴关系的联合宣言》，卡巴尔通讯社，2023年5月20日。

⑥ 参见《地下资源法律制度》，2018年。

方面的重要发言权，从而保障其对矿产资源的长期控制和收益。

禁止领域：吉尔吉斯斯坦铀矿、稀土等战略性矿产仅允许国有企业开发。这些矿产资源因其在国防、高科技产业和能源领域的关键作用，被严格限制在国有企业的开发范围内。铀矿作为核能和核武器的重要原料，其开采和处理需要高度的安全保障和严格的监管。稀土元素（如钕、镝和铽），是制造高性能磁铁、电池和电子设备的关键材料，其开采和加工同样涉及复杂的环保和技术要求。因此，为了确保资源的有效利用和国家安全，这些战略性矿产的开发权被限定为国有企业专属。①

所有权约束：外资企业需在吉尔吉斯斯坦注册全资子公司方可参与矿业投标，金银矿项目须保留30%股份由吉尔吉斯斯坦政府或本地企业持有。这些规定旨在保护国家资源，确保当地经济利益，并促进与外国投资者的公平合作。注册全资子公司要求外资企业在吉尔吉斯斯坦建立完整的法律和财务结构，包括办公场所、员工和必要的行政支持。此外，保留30%股份的规定不仅限制了外资企业的控制权，还鼓励了本地企业和政府的积极参与，有助于技术转移和知识共享，推动当地矿业的发展和现代化。②

战略资源保护：吉尔吉斯斯坦将稀土、铀等14类矿产列为“国家战略资源”，仅允许通过产品分成协议开发，且吉方收益比例不低于45%。这些矿产资源因其在高科技产业、军事装备及能源领域的关键作用而被高度重视。稀土元素（如钕、镝和铽），广泛应用于制造高性能磁铁、电池和电子设备；铀则作为核能发电和核武器的核心材料。为了确保资源的可持续利用和国家安全，政府严格控制开采权，并要求外国投资者必须与本地企业合作，共同分享经济利益。此外，开发项目需符合环保标准，以减少对环境的破坏，保障生态平衡。③

2. 矿权获取与使用规范

(1) 矿权期限分级

勘探权：最长3年，其间可以进行地质调查、样品采集和初步评估，以确定矿产资源的潜力，可延期2年以便进一步深入研究和分析。采矿权：基

---

① 参见《地下资源法》《地下资源铲平分成协议》修正案，2022年6月22日；《吉尔吉斯斯坦总统签署法令，国家级矿产资源将由100%国有控股公司开发》，中华人民共和国商务部（驻吉尔吉斯共和国大使馆经济商务处），2021年2月1日。

② 参见《〈吉尔吉斯斯坦地下资源法〉全文解读》，2023年8月22日。http://www.cnlawweb.net/news/overseas/2023082241233.html，2025年3月20日访问；《吉尔吉斯斯坦矿业投资前景分析》，https://www.thepaper.cn/newsDetail_forward_23265087，2025年3月20日访问。

③ 参见《吉尔吉斯斯坦地下资源法》，载全球法规网，http://policy.mofcom.gov.cn/list/flawList.shtml?code=146，2025年3月20日访问。

础期 20 年，在此期间可以进行大规模开采和资源提取，确保经济利益的最大化，可延至资源枯竭，以充分利用矿产资源，直至无法继续经济开采为止。[①]

（2）矿权取得程序

大型矿区：必须通过国际竞标，保证金为标底价的 15%，竞标过程需在国际知名拍卖平台上进行，确保透明度和公正性。同时，竞标者需提交详细的开采计划和环境保护方案，以确保矿区资源的可持续开发和生态环境保护。[②]

中小型矿区：可适用“先申请先得”原则，但需提交详细的环境影响评估（EIA）报告。该报告应包括矿区周边生态环境现状、潜在的污染源分析、可能对动植物栖息地的影响、水资源保护措施以及噪音和粉尘控制方案。此外，还需提供具体的环境保护措施和应急预案，确保在开采过程中最大限度地减少对环境的负面影响，并保障当地居民的生活质量不受干扰。[③]

3. 财税与金融政策

企业所得税：基础税率为 12%，对于进行深加工项目的公司，可享受长达 5 年的免税优惠。这些深加工项目通常涉及将原材料进一步加工成高附加值产品，如将农产品加工成食品、饮料或化妆品等。免税政策旨在鼓励企业投资于高技术含量和高附加值的生产环节，从而推动产业升级和经济转型。此外，享受免税优惠的企业需满足一定的条件，包括符合国家产业政策、具备一定的技术能力和环保标准等。

资源税：按矿种差异征收（金矿 3%—5%，铜矿 2%—4%）。金矿因其稀有性和高价值，资源税在 3% 至 5% 之间浮动，具体税率根据矿床的品位和开采难度而定。铜矿作为重要的工业原料，资源税则在 2% 至 4% 之间，税率同样会受到矿石质量及开采成本的影响。

外汇管制：吉尔吉斯斯坦允许外资企业自由汇出利润，但单笔超 100 万美元需经央行备案。在这一政策下，外资企业可以较为自由地将盈利汇回母国，但当汇出金额超过 100 万美元时，必须向央行进行备案。这一规定旨在监控大额资金流动，防止资本外逃和金融风险。备案过程中，企业需提交详细的汇款用途说明、财务报表以及相关合同文件，以确保资金流向合法合规。

---

① 参见《吉尔吉斯斯坦地下资源法》，载全球法规网，http://policy.mofcom.gov.cn/list/flawList.shtml?code=146，2025 年 3 月 20 日访问。

② 参见《吉尔吉斯斯坦地下资源法》，载全球法规网，http://policy.mofcom.gov.cn/list/flawList.shtml?code=146，2025 年 3 月 20 日访问。

③ 参见《吉尔吉斯斯坦地下资源法》，载全球法规网，http://policy.mofcom.gov.cn/list/flawList.shtml?code=146，2025 年 3 月 20 日访问。

此外，央行会对这些备案信息进行严格审查，必要时可能会要求企业提供进一步的证明材料或进行现场核查。

4. 环境与安全监管

生态保证金制度：矿山企业在开采过程中需严格遵守环保规定，按年营业收入的5%预存生态修复基金，以确保在矿产资源开发后能够有效恢复生态环境。若企业出现违规排放行为，将面临严厉处罚，最高可处以200%的罚款，旨在通过经济手段强化企业的环境保护意识和责任，促进可持续发展。

安全生产标准：强制实施ISO 45001认证，矿区死亡率需控制在每百万吨开采量0.5人以下。为确保矿区工人的生命安全，必须严格执行ISO 45001职业健康安全管理体系标准。该标准涵盖了风险评估、事故预防、应急响应等多方面内容，要求企业建立全面的安全文化，定期进行安全培训和演练。矿区管理者需定期检查设备，确保其处于良好状态，并对工作环境进行严格监控，及时排除安全隐患。此外，矿区应设立专门的安全管理部门，配备专业人员负责日常安全监督与管理，确保各项安全措施落实到位。通过这些严格的管理和技术手段，力求将矿区的死亡率控制在每百万吨开采量0.5人以下，保障每一位矿工的生命安全。

5. 本地化合规要求

采购与雇佣：80%以上的设备和服务需在吉境内采购（特殊设备需经审批），确保支持当地经济和就业。本地员工占比不低于90%，其中管理层中吉国公民比例需达到或超过30%，以促进本地人才的发展和晋升。采购要求：矿业企业80%以上的商品和服务需在吉国采购，若因特殊情况无法满足此要求，需向地下资源管理局提交详细申请并获得豁免批准。①

技术转移义务：外资企业需承诺5年内实现关键岗位技术本土化，每年培训本地技术人员不少于50人次。外资企业需与吉方机构（如吉国地质研究所）联合开展技术培训，提升本地人才技能。②

6. 财税与收益分配

税率体系：采矿权使用费为矿产价值的2%—5%，企业所得税率为10%，

---

① 参见《关于重整吉尔吉斯共和国矿山开采领域》，载驻吉尔吉斯共和国大使馆经济商务处，http：//m.mofcom.gov.cn/article/zwjg/zwxw/zwxwoy/202102/20210203035994.shtml，2025年3月20日访问。

② 参见《中华人民共和国和吉尔吉斯共和国关于建立新时代全面战略伙伴关系的联合宣言》，载外交部，https：//www.mfa.gov.cn/wjb_673085/zzjg_673183/xws_674681/xgxw_674683/202305/t20230518_11079705.shtml，2025年3月20日访问。

黄金出口税率为 7%。税率体系确保了矿产资源开发的合理收益分配，同时也保护了国家利益。采矿权使用费根据矿产的市场价值动态调整，确保了矿企与国家之间的利益平衡。企业所得税率保持在较低水平，旨在吸引外资并促进矿业发展。黄金出口税则保证了国家对高价值矿产品的控制和收益。

分成协议：产品分成协议中吉国份额不低于 30%，且需预留 10%收益用于社区发展基金。这种分成协议不仅保障了吉国在矿产开发中的权益，还促进了当地社区的发展。吉国获得的 30%份额确保了政府有足够的财政收入来支持基础设施建设和公共服务。同时，预留 10%收益用于社区发展基金，直接惠及矿区居民，改善他们的生活条件，推动社会和谐与稳定。

外汇管制：吉国无外汇管制，但矿企需将至少 50%出口收入通过吉国银行结算。吉尔吉斯斯坦实行开放的外汇政策，允许自由兑换和转移资金，这为国际投资者提供了便利。然而，为了确保外汇流入国内经济，矿企必须将至少一半的出口收入通过吉国银行进行结算，这有助于增强吉国国内金融系统的稳定性，并促进本地经济的发展。①

7. 审批与合规流程

电子化许可：自 2021 年起，吉尔吉斯斯坦推行矿业权电子申请系统，旨在简化流程，缩短审批周期至 90 天，同时通过在线平台实时公示许可证状态，以增强透明度和公众监督。该系统不仅提高了效率，还减少了纸质文件的使用，符合环保趋势。

环境评估：矿业项目必须经过严格的三级环境评估程序，包括预可行性研究、可行性研究和运营期环境影响评估，以确保项目对环境的影响降至最低。此外，企业还需缴纳生态修复保证金，金额为项目投资额的 5%—10%，用于未来可能的环境恢复工作。

争议解决：在投资过程中，若发生争议，投资者可以选择将案件提交至吉尔吉斯斯坦经济法院或国际仲裁机构（如国际投资争端解决中心 ICSID）。然而，当争议涉及国家利益时，必须优先通过国内司法途径解决，以维护国家主权和法律秩序。

---

① 参见《中华人民共和国和吉尔吉斯共和国关于建立新时代全面战略伙伴关系的联合宣言》，载外交部，https://www.mfa.gov.cn/wjb_673085/zzjg_673183/xws_674681/xgxw_674683/202305/t20230518_11079705.shtml，2025 年 3 月 20 日访问。

（三）风险与机遇评估

1. 政策风险

吉尔吉斯斯坦矿业政策波动较大，如 2023 年库姆托尔金矿国有化事件导致外资信心受挫。这一事件不仅影响了投资者的信心，还引发了国际社会的广泛关注和讨论。库姆托尔金矿作为吉尔吉斯斯坦最大的金矿之一，其国有化过程充满了争议和不确定性，导致矿区内外的紧张局势升级，工人们罢工抗议，矿区周边的生态环境也受到了一定程度的影响。2014 年 1 月 16 日吉尔吉斯斯坦颁布《吉尔吉斯斯坦“关于对吉尔吉斯斯坦部分立法的修正案”的法律草案》（包括《关于地下资源》《关于地下资源使用生产分成协议》），该草案旨在规范地下资源的开发和利用，但由于政策执行的不稳定性，使投资者面临巨大的法律和经济风险。建议投资者通过双边投资协定（如中吉 BIT）锁定条款，或选择合资模式分散风险，以确保在复杂多变的政策环境中能够更好地保护自身利益。①

2. 市场机遇

吉尔吉斯斯坦已探明黄金储量在 3000—4000 吨之间，其丰富的矿产资源还包括锑、汞、钨等，在中亚地区名列前茅。尤其值得注意的是，该国 70% 的矿权尚未被开发，蕴藏着巨大的潜力和机会。这些未开发的矿权区域，往往隐藏着更多的宝藏，等待着有眼光的投资者和开发者去发掘。② 配合“一带一路”产能合作，中资企业在绿色矿产（如锂、钴）和清洁能源领域具备先发优势。这些企业通过先进的技术和丰富的经验，在全球范围内积极布局，特别是在南美洲的锂矿资源丰富地区以及非洲的钴矿产区，建立了多个高效、环保的开采和加工基地。同时，中资企业在太阳能、风能等清洁能源项目上也展现了卓越的能力，推动了多个大型可再生能源项目的落地，为当地提供了清洁电力，减少了碳排放，促进了可持续发展。③

---

① 参见《中华人民共和国和吉尔吉斯共和国关于建立新时代全面战略伙伴关系的联合宣言》，载外交部，https://www.mfa.gov.cn/wjb_673085/zzjg_673183/xws_674681/xgxw_674683/202305/t20230518_11079705.shtml，2025 年 3 月 20 日访问。

② 参见《中华人民共和国和吉尔吉斯共和国关于建立新时代全面战略伙伴关系的联合宣言》，载外交部，https://www.mfa.gov.cn/wjb_673085/zzjg_673183/xws_674681/xgxw_674683/202305/t20230518_11079705.shtml，2025 年 3 月 20 日访问。

③ 参见《中华人民共和国和吉尔吉斯共和国关于建立新时代全面战略伙伴关系的联合宣言》，载外交部，https://www.mfa.gov.cn/wjb_673085/zzjg_673183/xws_674681/xgxw_674683/202305/t20230518_11079705.shtml，2025 年 3 月 20 日访问。

（四）政策实施成效与挑战

1. 阶段性成果

2023 年，矿业外资流入达到 4.2 亿美元，同比增长 22%，其中中国投资占比高达 58%。在这一年里，矿业领域迎来了前所未有的发展机遇，吸引了大量国际资本的涌入，尤其是来自中国的投资显著增加，显示出中国市场在全球矿业中的重要地位和强劲增长潜力。

与此同时，矿业企业积极推进数字化转型，共建成数字化矿山管理系统 12 个，这些系统集成了先进的物联网、大数据分析和人工智能技术，实现了对矿山资源的精准管理和高效利用。通过这些系统的应用，矿山开采效率大幅提升，达到了 35%的增长，不仅提高了生产效益，还有效降低了运营成本和环境影响，为可持续发展奠定了坚实基础。

2. 现存挑战

基础设施瓶颈：70%矿区公路未达到重载标准，运输成本占比高达 25%，导致矿石运输效率低下，车辆磨损加剧，增加了维护和燃料费用。矿区道路的坑洼不平和狭窄设计使得重型卡车难以通行，进一步延误了运输时间，影响了整体生产效率。

腐败风险：2024 年透明国际评级显示吉国矿业腐败指数位列全球第 124 位，表明该国在矿业领域的廉洁度较低。腐败现象不仅增加了企业的运营成本，还可能导致资源分配不公，影响公平竞争。贿赂行为在招标、许可审批和合同签订等环节尤为突出，严重损害了投资者信心和市场透明度。

二、农业领域

（一）农业发展核心战略框架

1. 农业现代化与技术创新

机械化推广：吉尔吉斯斯坦计划通过引进和本土化生产农业机械（如拖拉机、收割机）提升机械化率，2024 年启动的“吉尔吉斯斯坦拖拉机项目”旨在解决山地地形适应性难题，预计吸引外资合作建设生产线。该项目将引进先进的拖拉机和收割机，这些设备不仅具备强大的动力和高效的作业能力，还特别设计了适用于山地地形的悬挂系统和履带装置，以确保在复杂地形中的稳定性和操作灵活性。同时，本土化生产将包括建立现代化的组装工厂，配备自动化生产线和质量检测设备，确保每台机器都达到国际标准。预计该项目将吸引来自欧洲和亚洲的多家知名农机制造商投资，共同开发适合当地农业需求的产品，并提供技术培训和支持服务，帮助农民提高生产效率和经济效益。① 通过推广现代农业技术（如温室种植、精准灌溉），利用先进的传感器和自动化设备，实时监测土壤湿度、光照强度和温度变化，提高单产。重点支持中小型农户提升生产效率，提供定制化的技术培训和咨询服务，帮助他们掌握最新的农业知识和操作技能，从而实现可持续发展和增收。

数字化技术应用：吉尔吉斯斯坦与联合国粮农组织合作推进“智慧农场”试点项目，覆盖精准灌溉、病虫害监测和气候预测系统，目标在2025年前覆盖全国30%的规模化农场。通过引入先进的传感器和物联网技术，实现对农田土壤湿度、作物生长状态以及气象条件的实时监控，从而优化水资源利用，减少农药使用，并提高农作物产量。计划建设农业示范园区，推动数字农业技术应用，例如与联合国粮农组织合作的智慧农场项目。这些示范园区将展示最新的农业科技设备，如无人机喷洒农药、自动化收割机和智能温室，旨在为农民提供实际操作培训和技术支持，促进传统农业向现代化转型。

种子安全战略：依据欧亚经济联盟法规，全面禁止转基因生物种子流通，以确保生态安全和农业可持续发展。优先采购俄罗斯及本土研发的抗旱高产种子品种，这些种子经过严格筛选和实验，具有卓越的耐旱能力和高产量，能够有效应对气候变化带来的挑战。2024年已修订《种子法》，进一步强化对种子市场的监管，确保农民获得高质量、可靠的种子资源，推动农业现代化进程。②

2. 产业集群与国际合作

（1）打造特色农产品出口基地，如松子产业园等，并通过国际农业展（如2024年国家农业展）吸引外资合作。③

（2）深化对华农业合作，扩大蜂蜜、干果等特色农产品出口，2023年对华农产品贸易额同比增长显著。通过加强与中国的农业技术交流，提升产品质量和产量，进一步满足中国市场需求。同时，利用电子商务平台和跨境电商渠道，拓展销售渠道，提高品牌知名度。此外，积极参与国际农业展会和

---

① 参见《吉尔吉斯斯坦拖拉机项目可行性报告》，载丝路印象网。

② 参见《吉尔吉斯斯坦计划禁止进口转基因生物种子》，载吉尔吉斯斯坦农业部，3. http：//k. sina. com. cn/article_6556793383_186d0ba270190198ug. html，2025年4月20日访问。

③ 参见《吉尔吉斯斯坦计划禁止进口转基因生物种子》，载吉尔吉斯斯坦农业部，3. http：//k. sina. com. cn/article_6556793383_186d0ba270190198ug. html，2025年4月20日访问。

论坛，展示特色农产品，促进双边贸易关系的深化。①

（3）水果产业集群建设：在奥什和巴肯地区试点水果种植加工一体化项目，重点发展苹果、莓类等高附加值产品，计划2025年出口额达5亿美元。通过引进先进农业技术和管理经验，提高水果的产量和质量，同时建立完善的冷链运输系统，确保产品的新鲜度和品质。此外，吉尔吉斯斯坦还将开展品牌建设和市场营销活动，提升产品的国际知名度和竞争力。同步推进松子、蜂蜜等特色产品对华出口，2023年对华农产品贸易额同比增长17%。利用中国市场的庞大需求，扩大特色产品的出口规模。通过与中方企业合作，优化供应链管理，降低物流成本，提高出口效率。同时，加强产品质量检测和认证，确保符合中国市场的标准和要求，进一步增强产品的市场竞争力和消费者信任度。②

（4）国际展会平台搭建：2024年11月吉尔吉斯斯坦举办国家级农业展，设立了“中国—中亚农业合作专区”，吸引了200+企业参展，目标推动年跨境农业投资增长20%。展会将涵盖现代农业技术展示、农产品贸易洽谈、农业合作项目推介等多个环节，旨在促进中国与中亚国家之间的农业交流与合作。专区将特别展示中亚地区的特色农产品和农业技术，如哈萨克斯坦的优质小麦、乌兹别克斯坦的棉花种植技术等，同时邀请国内外专家进行专题讲座和研讨会，分享最新的农业研究成果和发展趋势。此次展会，不仅加强了双方在农业领域的互信与合作，还为两国企业提供更多的市场机会和商业伙伴，进一步推动农业产业链的优化升级。③

3. 生态可持续与资源管理

（1）加强耕地保护。吉尔吉斯斯坦确保每一寸土地都得到有效利用和维护，防止水土流失和土壤退化。限制低效土地开发，避免盲目扩张导致的资源浪费和生态环境破坏。推动地热资源利用，通过科学勘探和合理开采，为农业提供稳定的热能支持，延长种植季节，提高农作物产量和品质。④

（2）保护生态环境。吉国实施农业面源污染治理，推广化肥农药减量技术，提升地膜回收率至85%以上。通过科学施肥和精准用药，减少化肥和农

① 参见《吉尔吉斯斯坦计划禁止进口转基因生物种子》，载吉尔吉斯斯坦农业部，3. http：//k. sina. com. cn/article_6556793383_186d0ba270190198ug. html，2025年4月20日访问。

② 参见《吉尔吉斯斯坦制定水果产业集群发展战略计划》，载人民资讯，https：//baijiahao. baidu. com/s？id=1705148797512636551&wfr=spider&for=pc，2025年3月20日访问。

③ 参见《吉尔吉斯斯坦制定水果产业集群发展战略计划》，载人民资讯，https：//baijiahao. baidu. com/s？id=1705148797512636551&wfr=spider&for=pc，2025年3月20日访问。

④ 参见《吉尔吉斯斯坦计划禁止进口转基因生物种子》，载吉尔吉斯斯坦农业部，3. http：//k. sina. com. cn/article_6556793383_186d0ba270190198ug. html，2025年4月20日访问。

药的过量使用，降低对土壤和水源的污染风险。同时，鼓励农民采用有机肥和生物农药，提高土壤肥力和农产品质量。在地膜使用方面，推广可降解地膜和机械化回收设备，确保地膜回收率达到85%以上，减少农田白色污染，保护生态环境。①

（3）加强水资源管理。吉尔吉斯斯坦依托“中亚水塔”优势，投资1.2亿美元升级灌溉系统，推广滴灌技术，目标将农业用水效率提升40%。通过引进先进的滴灌设备和智能控制系统，确保每一滴水都能精准地输送到作物根部，减少水分蒸发和渗漏。同时，开展农民培训，普及滴灌技术的使用方法和维护知识，提高整体技术水平。划定水源保护区，禁止在楚河、纳伦河流域开发高耗水项目，保护水质和生态环境。在这些区域内，吉尔吉斯斯坦制定了严格的监控措施，定期进行水质检测，并加强执法力度，确保禁令得到有效执行。②

（4）污染治理目标：吉尔吉斯斯坦计划至2025年，化肥农药使用量减少15%，地膜回收率提升至85%，并通过欧盟生态认证标准扩大有机农产品出口。通过推广精准农业技术（如智能施肥系统和无人机喷洒农药），可以有效减少化肥农药的使用量。同时，加强农民培训，提高其环保意识和操作技能，有助于实现这一目标。地膜回收方面，政府鼓励农民使用可降解地膜，并建立完善的回收体系，确保地膜能够高效回收利用。此外，通过与欧盟合作，推动有机农产品的标准化生产流程，提升产品质量，从而在国际市场上获得更高的认可度和竞争力。

4. 金融与政策支持

（1）吉尔吉斯斯坦为农户提供无担保贷款、设备购置补贴等支持，吸引外资参与农业投资。通过这些措施，农户可以获得资金用于购买先进的农业设备，提高生产效率。同时，外资的引入不仅带来资金，还可能带来先进的农业技术和管理经验，促进当地农业现代化。

（2）吉尔吉斯斯坦对农用机械和材料进口实施关税优惠，降低生产成本。这一政策使得进口的农用机械和材料价格更加亲民，有助于农民降低生产投入，从而增加收益。例如，进口的高效灌溉系统和精准施肥设备可以显著提

---

① 参见《吉尔吉斯斯坦土地法律制度及注意事项》，载 http：//policy. mofcom. gov. cn/list/flawList. shtml？code=146，2025年4月20日访问。

② 参见《吉尔吉斯斯坦产业概况》，载 https：//www. gladcc. com/article/1834865561270312962，2025年4月20日访问。

高水资源和肥料的利用效率。①

（3）财政补贴：吉尔吉斯斯坦对购买国产农机具的企业提供30%价格补贴，进口农用设备关税减免50%；设立2亿美元农业创新基金，支持中小农户技术升级。购买国产农机具的企业不仅能享受30%的价格补贴，还能减轻财务负担，加快设备更新换代。对于进口设备，关税减免50%也大大降低了采购成本。此外，2亿美元的农业创新基金将专门用于支持中小农户引进新技术，如智能农业管理系统和无人机喷洒农药，帮助他们提升生产能力和市场竞争力。②

（4）信贷创新：吉尔吉斯斯坦试点“活畜抵押贷款”，允许农户以牲畜作为抵押物获取低息贷款；农业保险覆盖率目标从2023年的18%提升至2025年的45%。“活畜抵押贷款”为农户提供了新的融资渠道，特别是在牲畜养殖业发达的地区，这一举措能够有效缓解农户的资金压力。而农业保险覆盖率的提升，则意味着更多的农户能够在遭遇自然灾害或市场价格波动时获得赔偿，保障他们的基本收入，增强抵御风险的能力。③

5. 农村发展与就业保障

（1）基础设施升级：吉尔吉斯斯坦积极推动农村基础设施升级，包括公路改造、危桥修复和灌溉系统建设。投资3.5亿美元改造农村公路网络，重点修复费尔干纳盆地至中国边境的农产品运输通道，确保道路平整、安全，提升运输效率；新建50个村级冷链仓储中心，配备现代化冷藏设备，延长农产品保鲜期，减少损耗。

（2）合作社扶持：吉尔吉斯斯坦对注册的农业合作社提供3年免税期，并给予每社最高5万美元的启动资金补助，其目标为在2025年合作社数量增长300%，促进农业生产的规模化和集约化。鼓励家庭农场和合作社模式，通过技术培训和资源共享，提高农业生产效益，扩大就业机会，带动农村经济发展。

---

① 参见《吉尔吉斯斯坦土地法律制度及注意事项》，载 http：//policy. mofcom. gov. cn/list/flawList. shtml? code=146，2025年4月20日访问。

② 参见《关于进一步发展吉金融市场的措施》，中华人民共和国商务部（驻吉尔吉斯共和国大使馆经济商务处），http：//m. mofcom. gov. cn/article/i/jyjl/e/202102/20210203038137. shtml，2025年3月20日访问。

③ 参见《吉尔吉斯斯坦农业、食品工业和土壤改良部拟制定2021—2025农业发展战略》，载中华人民共和国商务部（驻吉尔吉斯共和国大使馆经济商务处），http：//kg. mofcom. gov. cn/jmxw/art/2020/art_d16c88ef55224f4c8341ed80072b1799. html，2025年3月20日访问。

（二）农业领域营商环境规制细则

1. 土地使用限制

（1）根据《土地法》，外资企业不得拥有农业用地所有权，仅可通过租赁或合作方式获取使用权，且最长租赁期不超过50年。土地租赁合同需详细列明土地用途、租金支付方式及违约责任等条款，确保双方权益。

（2）林业用地仅限本国公民使用，水源保护区土地需政府审批后方可临时开发。水源保护区内土地的开发需严格遵守生态保护规定，避免对水质造成污染。

（3）吉尔吉斯斯坦禁止将耕地转为矿业或工业用地，特殊情况下需经农业部、环保部双重审批并缴纳土地复垦保证金（每亩不低于3500元人民币）。复垦保证金用于恢复土地原有功能，确保农业生产的可持续性。

2. 外资准入与合规要求

（1）土地获取：外资参与农业需通过公开招标或拍卖获取土地，且须符合环保标准（如禁止在特殊价值农用地上建设非农设施）。明确外资企业租赁农业用地需通过公开竞标，且单次租期不超过25年（可续签一次）；林业用地仅限吉尔吉斯斯坦公民开发，违规者最高面临土地收回及年收入2倍罚款。公开竞标过程需透明公正，确保公平竞争。①

（2）本地化比例：外资农产品加工企业需雇佣至少60%本地员工，以确保当地劳动力的充分参与和技能提升。同时，管理层中吉尔吉斯斯坦公民占比不低于30%，这不仅促进了本地人才的发展，还增强了企业的社会责任感和文化适应性。对于出口型企业，要求将10%利润投入本地农业研发，这一举措不仅能推动农业技术创新，还能提高农产品的质量和竞争力，从而带动整个农业产业链的发展。这些规定有助于促进当地就业，减少失业率，并通过技术进步提升农业生产效率，最终实现经济的可持续发展和社会稳定。

（3）环保准入标准：投资项目需通过“环境影响综合评估”（EIA）。在进行EIA时，必须全面分析项目可能对空气、水体、土壤以及生物多样性造成的潜在影响，并提出切实可行的缓解措施。例如，肉类加工厂的废水排放中化学需氧量（COD）值必须严格控制在50mg/L以下，以确保不会对周边水体造成污染。此外，种植园在开发过程中需保留至少10%的原生植被，以保

---

① 参见《吉尔吉斯斯坦农业、食品工业和土壤改良部拟制定2021—2025农业发展战略》，中华人民共和国商务部（驻吉尔吉斯共和国大使馆经济商务处），http://kg.mofcom.gov.cn/jmxw/art/2020/art_d16c88ef55224f4c8341ed80072b1799.html，2025年3月20日访问。

护当地的生态系统和生物多样性。EIA 报告不仅需要详细说明项目对环境的具体影响，还应包括详细的缓解措施，如废水处理技术、生态恢复计划等，以确保项目的可持续性和环境友好性。①

3. 政府支持与审批流程

（1）“一站式”审批：吉尔吉斯斯坦设立“一站式”政务服务中心，简化农业项目审批流程，明确土地性质变更程序。农业项目审批时限压缩至 15 个工作日，土地性质变更申请可通过国家政务平台在线提交，并附 GIS 坐标图及生态承诺书。政务服务中心提供便捷的服务窗口，减少企业办理手续的时间和成本。

（2）对出口便利化：农产品出口企业提供通关便利化支持，如智慧海关建设和外贸业务指导。通过引入先进的信息技术和自动化系统，智慧海关能够提高通关效率，减少人工干预，从而缩短农产品的通关时间。此外，外贸业务指导服务可以帮助企业更好地理解和遵守国际贸易规则，降低因不了解政策而产生的风险。对华出口企业享受“绿色通道”，包括 48 小时内出具检验检疫证书、优先使用中吉边境口岸专用冷链通道。这种快速检验检疫机制确保了农产品在最短时间内完成必要的安全检查，减少了滞留时间，保持了产品的新鲜度和质量。同时，优先使用中吉边境口岸专用冷链通道，不仅提高了运输效率，还保证了农产品在整个运输过程中的温度控制，进一步保障了产品质量和安全性。②

4. 税收与金融政策

吉尔吉斯斯坦给予农产品初加工企业前 3 年免征所得税，第 4—6 年减半征收；深加工企业投资超 500 万美元可协商 10 年免税期。③ 试点活畜抵押贷款和农业保险，降低经营风险。农业生产资料（种子、饲料、农机配件）进口增值税率从 12%降至 6%，有机农产品出口退还全部增值税。

5. 法律与争议解决

（1）争议解决机制：土地纠纷可提交比什凯克国际商事法院仲裁，该法

---

① 参见《吉尔吉斯斯坦农业、食品工业和土壤改良部拟制定 2021—2025 农业发展战略》，载中华人民共和国商务部（驻吉尔吉斯共和国大使馆经济商务处），http://kg.mofcom.gov.cn/jmxw/art/2020/art_d16c88ef55224f4c8341ed80072b1799.html，2025 年 3 月 20 日访问。

② 参见《海关总署党委书记孙梅君礼节性会见吉尔吉斯斯坦副总理兼水资源、农业和加工业部部长托罗巴耶夫》，载中国海关网，http://www.customs.gov.cn/customs/302249/hgzssldzj/hjht47/6355262/index.html，2025 年 3 月 20 日访问。

③ 参见《关于进一步发展吉金融市场的措施》，载中华人民共和国商务部（驻吉尔吉斯共和国大使馆经济商务处），http://m.mofcom.gov.cn/article/i/jyjl/e/202102/20210203038137.shtml，2025 年 3 月 20 日访问。

院位于吉尔吉斯斯坦首都比什凯克，专门处理商业和民事案件，具有丰富的跨国纠纷解决经验。在仲裁过程中，将适用吉尔吉斯斯坦《民法典》及《上海合作组织投资争端解决公约》，以确保公正和透明的裁决。为了进一步保障投资安全，建议外资企业投保多边投资担保机构（MIGA）提供的政治风险保险，该保险覆盖了包括战争、内乱、外汇管制等在内的多种风险。然而，需要注意的是，存在土地没收的风险，特别是在违反生态保护规定的情况下，政府可能会采取严厉措施。

（2）合规审查：在外资项目签约前，必须通过律师事务所出具《农业用地合规报告》。这份报告将详细核查土地的历史权属，包括过去的使用权变更记录，以及任何可能影响土地使用的生态约束条款。这些条款通常涉及环境保护法规，旨在保护自然资源和生态系统。建议外资企业与本地律师事务所合作，以确保合同内容完全符合《民法典》及《不动产登记法》的要求，从而避免潜在的法律纠纷和经济损失。

三、纺织领域

（一）纺织业发展核心框架

1. 政策支持与战略规划：构建纺织业振兴的顶层设计

（1）国家级产业政策框架：从愿景到落地的制度保障

吉尔吉斯斯坦政府以纺织业为经济转型的突破口，于 2021 年正式颁布《2021—2025 年纺织业发展战略》，这份长达 128 页的政策文件由工业、能源与矿产部联合农业部、财政部共同起草，凝聚了国际咨询机构与本土行业协会的智慧结晶。该战略的核心逻辑可概括为“一个中心、两翼驱动”——即以提升本土附加值为中心，通过原料自给强化与出口市场扩张实现产业跃迁。

①棉花种植革命：在楚河州、奥什州等传统棉区，政府以“土地流转+技术扶持”双轨制推动规模化种植。根据《2022 年农业发展规划》，2025 年前棉花种植面积将从 2020 年的 5.2 万公顷扩展至 8 万公顷，相当于再造 1.5 个伊塞克湖的耕地规模。与此同时，吉农业科学院联合中国新疆农垦科学院，成功培育出抗逆性更强的“吉尔吉斯—3 号”棉种，其单产目标从 2.3 吨/公顷跃升至 3.5 吨/公顷，这一数据在贾拉拉巴德州试验田中已得到初步验证——2023 年试点区域单产达 3.1 吨，较传统品种提升 35%。

②财税杠杆的精准撬动：2023 年修订的《出口促进法案》堪称政策工具箱中的“黄金条款”。该法案规定，凡出口纺织品且本土原料使用率超过 50%的企业，可享受增值税全额退税与额外 5%的出口补贴。以奥什州龙头企业

“丝路纺织”为例，其2023年因政策红利节省成本逾120万美元，带动出口额同比激增41%。更值得关注的是，政府创新性引入“阶梯式补贴机制”——出口额每突破500万美元门槛，补贴比例上浮0.5%，最高可达7%，这一设计巧妙激发了企业的规模扩张野心。

③区域一体化的战略纵深：作为欧亚经济联盟（EAEU）的活跃成员国，吉尔吉斯斯坦将区域合作视为破局关键。2023年6月，吉俄签署《纺织品贸易便利化协定》，约定对俄出口的棉纱、针织品等76类商品实行零关税，这一政策直接拉动当年对俄纺织品出口额飙升至2.15亿美元，较2021年增长58%。更深远的影响在于，通过EAEU原产地累积规则，吉企业可将哈萨克斯坦的棉花、俄罗斯的化纤进行混合加工后以“联盟产品”身份进入成员国市场，这种“借船出海”的策略使吉纺织品的价格竞争力提升近20%。

（2）投资激励与基础设施配套：打造外资涌入的强磁场

在全球化资本流动放缓的背景下，吉尔吉斯斯坦祭出“超国民待遇”组合拳，其政策力度甚至超越部分东南亚国家。

①税收优惠的梯度设计：根据2022年《投资法》补充条款，纺织企业前3年免征利润税，第4—8年税率从标准的10%降至5%；对于投资额超1000万美元的项目，更可享受进口设备关税、增值税“双免”待遇。这种“放水养鱼”的策略已初见成效——2023年吉纺织业吸引外商直接投资（FDI）达1.7亿美元，其中中国天虹纺织集团投资4500万美元的纺纱厂项目，成为近十年该国制造业领域最大单笔外资。

②工业园区的生态化布局：在奥什州规划中的“中亚纺织城”堪称产城融合的典范。这座占地120公顷的园区不仅配备德国设计的智能仓储系统，更引入新加坡盛裕集团的“工业社区”理念——园区内同步建设员工公寓、国际学校及商业综合体，形成“8小时生产+16小时生活”的闭环生态。据吉工业部披露，截至2024年一季度，已有23家企业签署入园协议，涵盖从棉花预处理到成衣出口的全产业链环节，预计达产后年产值将突破4亿美元。

③金融“活水”的精准滴灌：2023年成立的“纺织业发展基金”采用“政府引导+市场运作”模式，亚洲开发银行注资3000万美元作为种子资金。该基金创新性推出“设备租赁证券化”产品——企业可分期支付10%首付获取先进设备，剩余款项以未来3年出口外汇收入抵扣。这种“以未来换现在”的融资模式，已帮助87家中小纺织企业完成技术升级，设备更新率从2021年的12%跃升至2023年的37%。

2. 技术升级与人才培养

吉政府计划通过国际援助和国内资金支持，建立现代化技术培训中心，重点提升缝纫业工人技能水平。例如，在比什凯克和奥什市建设工业区，配备先进设备和数字化管理系统，推动产业集约化发展。此外，与德国国际合作机构（GIZ）合作的培训项目已为吉尔吉斯斯坦培养数千名技术工人。

3. 出口导向型增长

吉纺织业出口额占制造业总出口的30%以上。[①] 为实现2025年GDP增长8.7%的目标（欧亚开发银行预测）[②]，吉计划通过优化关税政策、简化出口流程、参与区域贸易协定（如欧亚经济联盟）扩大对中亚、俄罗斯及欧洲市场的出口。同时，政府将建立边境贸易中心，促进跨境电子商务合作。[③]

4. 吸引外资与产业升级

吉尔吉斯斯坦政府推出税收减免、土地优惠等政策，鼓励外资进入纺织业。中国作为最大投资来源国，已通过共建“一带一路”框架在吉布局多个项目。

（1）上游原料生产现代化

棉花产业链整合，在楚河州、巴特肯州推广“企业+农户”合作模式，由纺织企业与棉农签订保底收购协议，政府提供种植补贴。引入中国新疆天业集团的滴灌技术，试点区域棉花节水率提升40%，2024年计划推广至1.2万公顷棉田。

多元化原料开发，恢复传统养蚕业：在伊塞克湖州建设5个蚕种繁育中心，目标在2025年蚕茧产量达800吨（较2020年增长300%）。细羊毛加工：与哈萨克斯坦合作建立联合育种基地，引进澳洲美利奴羊种，计划将细羊毛年产量从2021年的420吨提升至2025年的1200吨。

（2）中游制造技术升级

设备智能化：2023年起，吉政府补贴企业购置自动化纺纱机（如瑞士立达R60机型）和数码印花设备，目标将人均纺纱效率从18公斤/日提升至35公斤/日。

绿色生产标准：强制要求年产值超500万美元的企业安装废水循环系统，2025年前淘汰高耗能梭织机；与德国国际合作机构（GIZ）合作推广“清洁

---

① 参见《中国行业资讯报告》，载中国行业发展研究网，http://www.chinaidr.com/tradenews/?_t=t，2025年3月20日访问。

② 参见《欧亚开发银行预测》，载EDB，https://baijiahao.baidu.com/s?id=1807523419757830343&wfr=spider&for=pc，2025年3月20日访问。

③ 参见《中华人民共和国和吉尔吉斯共和国关于建立新时代全面战略伙伴关系的联合宣言》，载外交部，https://www.mfa.gov.cn/wjb_673085/zzjg_673183/xws_674681/xgxw_674683/202305/t20230518_11079705.shtml，2025年3月20日访问。

生产认证”，已有12家企业通过审核。

（3）下游高附加值产品开发

功能性面料研发：吉尔吉斯斯坦在比什凯克设立纺织材料实验室，联合土耳其阿克萨公司开发防紫外线、抗菌面料，计划2025年量产。工业用纺织品突破：重点发展土工布、医用无纺布，依托中国援建的“中吉纺织技术转移中心”实现技术转化。

5. 绿色转型与可持续发展

根据《中吉推动绿色发展领域投资合作谅解备忘录》，双方计划在纺织业推广清洁生产技术，减少水污染和碳排放。吉尔吉斯斯坦政府计划到2025年将30%的纺织企业纳入绿色认证体系。

（二）纺织业领域营商环境细则

1. 外资准入与投资政策

（1）行业准入

纺织业属于优先鼓励外资领域，允许外商以独资或合资形式设立企业，无持股比例限制。在这一政策下，外国投资者可以完全拥有企业，或者与本地企业合作成立合资公司，无须担心持股比例的限制。这不仅为外资提供了更多的投资选择和灵活性，也促进了技术交流和管理经验的共享，有助于提升整个行业的竞争力和创新能力。此外，外资企业的引入还可以带动相关产业链的发展，创造更多就业机会，推动地方经济的繁荣。①

外资企业需通过吉尔吉斯斯坦投资促进署（Kyrgyz Investment and Enterprise Agency）注册，流程简化至7个工作日，支持在线申请。该机构负责为外国投资者提供一站式服务，包括法律咨询、市场分析和项目评估等。此外，吉尔吉斯斯坦政府还提供税收优惠和土地租赁优惠政策，以吸引更多的外资进入。在线申请系统不仅提高了效率，还减少了烦琐的纸质文件提交，使整个过程更加便捷和透明。②

（2）税收优惠

企业所得税：纺织企业前5年免征所得税，享受免税优惠，减轻初期运营负担。后续税率从10%降至5%，为企业提供长期税收优惠，促进持续发

---

① 参见《吉尔吉斯斯坦纺织业发展纲要（2013—2015年）实施动态》，2025年1月8日，https://www.alltextile.cn/new/new-75-162.html，2025年4月20日访问。

② 参见《吉尔吉斯斯坦纺织业就业分析》，2023年8月31日，https://www.oxfordfabrics.com/index.php/post/24294.html，2025年4月20日访问。

展。经济特区企业可进一步减免，享受更优税收政策，增强竞争力和吸引力。

增值税：进口的纺织设备及原材料可以享受免征增值税的优惠政策，旨在降低企业成本，促进纺织行业的发展。对于出口的纺织品，则适用 0 的增值税税率，这意味着在出口环节不征收增值税，但出口企业可以申请退还已缴纳的进项税额，以减轻出口负担，提高国际竞争力。

（3）设备进口支持

进口用于纺织生产的机械设备、配件及辅料免征关税。这些设备包括但不限于纺纱机、织布机、染色机和整烫设备等，配件则涵盖各种零部件如轴承、齿轮、传动带等，辅料则包括纤维原料、染料、助剂等。免税政策旨在促进国内纺织行业的发展，降低生产成本，提高产品竞争力。同时，这也鼓励了先进技术的引进，有助于提升整体产业的技术水平和生产效率。①

（4）劳工与用工政策

①劳动力成本。

最低月工资标准为 2500 索姆（约合 210 人民币），纺织业平均工资约 820—1050 人民币/月，低于中亚其他国家。② 政府提供岗前培训补贴，企业每培训一名员工可获 3635 人民币补贴。③

②外籍用工限制。

外籍员工比例不得超过 30%，管理层和技术岗位可放宽至 50%。④

2. 进出口与贸易管理

（1）出口支持

纺织品出口可享受“绿色通道”快速通关，出口至欧亚经济联盟（包括俄罗斯、哈萨克斯坦、白俄罗斯、亚美尼亚和吉尔吉斯斯坦等国）免关税。这一政策旨在促进成员国之间的贸易便利化，提升纺织品的市场竞争力，并推动区域经济一体化进程。通过简化海关手续和降低贸易壁垒，企业能够更高效地将产品送达目标市场，从而增加出口量和市场份额。此外，该政策还

---

① 参见《中吉纺织业合作与工业园区建设动态》，http：//www.cuzhiwang.com/thread-2341-1-1.html，2025 年 3 月 20 日访问。

② 参见《2021—2025 年吉尔吉斯斯坦农业发展战略》（Стратегия развития сельского хозяйства Кыргыз стана на 2021-2025 годы），2020 年。

③ 参见《纺织学报相关技术研究》，http：//www.fzxb.org.cn/CN/volumn/volumn_1263.shtml，2025 年 3 月 20 日访问。

④ 参见《2021—2025 年吉尔吉斯斯坦农业发展战略》（Стратегия развития сельского хозяйства Кыргыз стана на 2021-2025 годы），2020 年。

鼓励技术创新和产业升级，有助于提高纺织行业的整体水平和国际影响力。①

通过多尔多伊市场（比什凯克）等贸易枢纽，可辐射俄罗斯及东欧市场。多尔多伊市场位于吉尔吉斯斯坦首都比什凯克，是该地区最大的贸易中心之一，拥有众多商铺和摊位，商品种类繁多，从新鲜的水果蔬菜到手工艺品应有尽有。市场内人声鼎沸，商贩们热情地招呼着顾客，空气中弥漫着各种商品的香气和食物的诱人味道。通过这个繁忙的贸易枢纽，商品可以迅速流向俄罗斯及东欧市场，满足当地消费者的需求，促进区域经济的发展。

（2）原产地规则

在吉尔吉斯斯坦，对于本地加工增值超过50%的纺织品，可以申请获得吉尔吉斯斯坦原产地证书。持有该证书的纺织品，在出口到独联体（独立国家联合体）成员国时，能够享受相应的关税优惠政策。独联体是一个由原苏联加盟共和国组成的经济和政治联盟，旨在促进成员国之间的经济合作与一体化。通过这一政策，吉尔吉斯斯坦鼓励本地制造业的发展，并增强其在区域市场中的竞争力。

（3）区域与产业园区政策

①经济特区优惠。

比什凯克自由经济区（Bishkek FEZ）内企业免征土地税和财产税，企业所得税降至1%。中资企业参与的服装工业园区（如新疆筹划的53万平方米园区）享额外基础设施补贴。

②产业集群支持。

政府规划建设纺织产业链集群，旨在打造一个集研发、生产、销售于一体的综合性纺织产业基地。为了促进配套企业的快速发展，政府特别针对印染企业和辅料生产企业提供了低息贷款政策，以降低其融资成本，鼓励技术创新和产业升级。这些配套企业在产业链中扮演着至关重要的角色，通过先进的印染技术和高质量的辅料供应，确保了整个纺织产品的品质和竞争力。此外，政府还计划在该产业集群内建设现代化的物流中心和研发中心，进一步提升产业链的整体效率和创新能力。

3. 环保与合规要求

（1）环保标准

纺织废水排放需符合《工业污水排放标准》（COD≤100mg/L），违规企业最高面临年收入5%的罚款。

---

① 参见《吉尔吉斯斯坦总统访华与中吉纺织合作动态》，https://www.tnc.com.cn/info/c-001001-d-3749384.html，2025年4月20日访问。

鼓励采用无水印染技术，政府提供20%设备采购补贴。无水印染技术不仅能够减少水资源的消耗，还能降低废水排放，对环境保护具有重要意义。此外，该技术通过使用先进的化学制剂和工艺流程，可以显著提高染色效果的均匀性和稳定性，从而提升纺织品的质量和市场竞争力。为了进一步推动这一绿色技术的应用，政府除了提供设备采购补贴外，还计划在未来几年内加大对相关技术研发的资金投入，并制定一系列激励政策，如税收减免、技术培训等，以支持企业转型升级。

（2）知识产权保护

商标和设计专利需在吉尔吉斯斯坦国家知识产权局注册，侵权案件处理周期为3—6个月。

4. 风险提示

劳动力短缺：纺织业熟练工人不足，需投入培训成本（约人均1500人民币）。政策波动：政局稳定性影响长期投资，建议优先选择经济特区内项目。物流瓶颈：依赖公路运输，冬季部分地区通行受限，需预留10—15天运输缓冲。

（三）中吉纺织业合作进展与规划

1. 政策对接与顶层设计

2023年5月，中吉签署《关于建立新时代全面战略伙伴关系的联合宣言》，明确提出加强纺织领域互利合作，支持企业对接并提升合作规模质量。2025年2月，中国国家发改委与吉尔吉斯斯坦有关部门签署《数字经济合作文件》，将纺织业数字化改造列为重点，涉及智能纺织机械引进和供应链管理系统开发。

2. 产能合作与项目落地

①楚河州纺织集群：中国特变电工集团投资3.2亿美元建设纺织一体化项目，涵盖棉花种植、纺纱、成衣制造全产业链，预计2025年产能占吉纺织业总产值的25%。

②跨境物流优化：中吉乌铁路建设（预计2026年通车）将降低纺织品运输成本30%以上，推动吉成为连接中国与欧洲的纺织中转枢纽。①

3. 技术合作与标准互通

中国纺织工业联合会与吉方合作制定行业标准，推动40%的吉纺织企业

---

① 参见《吉尔吉斯斯坦重点合作项目推进会暨中吉政府间经贸合作委员会中国新疆——吉尔吉斯斯坦毗邻地区经贸合作工作组第十二次会议》，载外交部，https://www.xinjiang.gov.cn/xinjiang/xjyw/202503/960b82062f0d4eba95a60b9223f7913b.shtml，2025年4月20日访问。

采用中国质量管理体系（2024 年数据）。此外，新疆中泰集团向吉转移数字化染色技术，使当地纺织品合格率从 75%提升至 92%。

4. 贸易与市场拓展

2023 年中吉贸易额达 18.6 亿美元，其中纺织品占比 34%（中国海关数据）。吉尔吉斯斯坦通过中国国际进口博览会（CIIE）年均签约额超 5000 万美元，主要出口棉纱、毛毯等产品。

（1）EAEU 市场深耕。针对俄罗斯市场需求，扩大童装、工装生产，2023 年对俄出口占比达 52%；利用哈萨克斯坦“阿斯塔纳国际金融中心”平台，建立跨境电商渠道，目标 2025 年线上销售额占比提升至 15%。欧盟市场准入：通过“普惠制+”（GSP+）认证，2024 年起对欧盟出口关税降至 0；与波兰、立陶宛企业合作建立“快速反应制造中心”，专供小批量、高单价订单（交货周期缩短至 14 天）。

（2）品牌化与国际认证。区域品牌计划：2023 年推出“Silk Road Textiles”统一标识，整合 20 家本土企业产品，主推有机棉制品和手工地毯。

（3）认证体系完善。强制要求出口企业通过 ISO 9001（质量管理）和 ISO 14001（环境管理）认证；与瑞士 TESTEX 合作建立中亚首个 OEKO-TEX 认证实验室，降低企业检测成本 50%。

（四）挑战与未来展望

1. 现存问题

其一，基础设施短板。吉尔吉斯斯坦纺织企业的电力供应不稳定，经常出现断电和电压波动问题，严重影响生产效率和产品质量。

其二，融资渠道有限。中小纺织企业面临高额贷款成本，平均利率高达 15%，这不仅增加了运营负担，还限制了企业在技术升级和设备更新方面的投资能力。根据《欧亚开发银行预测》报告，这种高融资成本已成为制约行业发展的主要障碍之一。

其三，能源供应瓶颈。纺织业的用电成本占到总生产成本的 35%。为解决这一问题，吉尔吉斯斯坦政府制定了多项措施，包括在纳伦州建设一座 50 兆瓦的太阳能电站，专门用于纺织产业园的电力供应，目标是在 2025 年实现绿色电力覆盖率至少达到 20%。此外，吉尔吉斯斯坦还与乌兹别克斯坦签订了跨境天然气供应协议，以确保能源价格稳定在每立方米 0.05 美元以下，从而降低生产成本。

其四，劳动力技能缺口。职业教育改革是提升纺织行业竞争力的关键。为此，奥什国立大学新增设了纺织工程专业，并将年招生规模扩大至 300 人，旨在培养更多具备专业知识和技能的技术人才。

其五，中吉技术培训。通过中国援建项目的支持，每年选派 150 名技工前往江苏和浙江进行为期 3 个月的设备操作培训，帮助吉国劳动者掌握先进的纺织技术和管理经验，提高整体技术水平和生产效率。

2. 合作深化方向

其一，数字赋能。依托华为在吉建设的云计算中心，开发纺织业大数据平台，实现订单、物流、库存全流程数字化。该平台利用先进的数据分析技术，实时监控和优化生产流程，提高生产效率。通过云计算中心的强大计算能力，平台能够处理海量数据，提供精准的市场预测和需求分析。同时，平台还整合了智能物流系统，确保订单及时准确地送达客户手中，减少物流成本。库存管理系统则通过实时更新库存信息，避免了库存积压和短缺问题，提升了供应链的整体响应速度和灵活性。①

其二，区域联动。推动"中国新疆—吉尔吉斯斯坦"毗邻地区合作机制，建设跨境纺织产业链。通过加强两地在政策、基础设施和贸易方面的合作，促进资源互补与共享，提升整体竞争力。新疆作为中国重要的棉花生产基地，拥有丰富的原材料优势，而吉尔吉斯斯坦则具备良好的劳动力资源和市场潜力。双方可以通过建立跨境物流通道、设立自由贸易区以及开展技术交流等方式，共同打造高效、可持续的纺织产业链，进一步深化双边经贸关系，实现互利共赢。②

3. 长期目标

中吉合作将聚焦三大方向：首先，建立中亚纺织技术转移中心，旨在通过引进先进的纺织设备和技术，提升当地纺织产业的整体水平，促进技术创新和人才培养；其次，打造 5 个产值超亿美元的标杆项目，这些项目将涵盖从原材料采购、生产加工到市场营销的全产业链，力求在国际市场上树立中吉合作的典范；最后，推动绿色纺织品认证互认，开拓欧盟高端市场，通过推广环保材料和可持续生产工艺，满足欧洲消费者对高品质、低环境影响产品的日益增长需求，进一步扩大市场份额。

---

① 参见《关于深化新时代全面战略伙伴关系的联合声明》，https：//www. gov. cn/yaowen/liebiao/202502/content_7002412. htm，2025 年 2 月 5 日访问。

② 参见《吉尔吉斯斯坦重点合作项目推进会暨中吉政府间经贸合作委员会中国新疆—吉尔吉斯斯坦毗邻地区经贸合作工作组第十二次会议》，https：//www. xinjiang. gov. cn/xinjiang/xjyw/202503/960b82062f0d4eba95a60b9223f7913b. shtml，2025 年 3 月 17 日访问。

第六章　中国企业在吉投资风险提示与防控

一、投资风险

（一）政府征收风险

1. 警惕政府征收风险

随着“一带一路”倡议的深入推进，中国企业在中亚地区的投资规模不断扩大，吉尔吉斯斯坦作为连接欧亚的重要节点国家，吸引了众多中国企业的关注。然而，吉尔吉斯斯坦的政治经济环境复杂多变，政府征收风险成为中国企业投资面临的主要挑战之一。政府征收，通常表现为东道国政府通过国有化、征用或行政干预等手段，剥夺外国投资者的财产或权益，其背后往往涉及政治、经济、法律等多重因素。近年来，吉尔吉斯斯坦在资源、能源和基础设施等领域的外资项目屡次因政策调整、环保问题或社会矛盾而遭遇征收或类似风险，这不仅对投资者造成重大经济损失，也对中吉两国的经贸合作产生深远影响。因此，深入研究吉尔吉斯斯坦政府征收风险的形成机制、表现形式及应对策略，对于保障中国企业的海外投资安全、促进中吉双边经济合作具有重要意义。

2. 金矿征收纠纷案详解

例如，广受争议的“加拿大 Centerra Gold 公司与库姆托尔金矿纠纷”是吉尔吉斯斯坦投资环境中最著名的案例之一，也是外国投资者在中亚地区面临的政府征收风险的典型案例。

库姆托尔金矿是吉尔吉斯斯坦最大的金矿，位于该国东部的天山山脉，由加拿大 Centerra Gold 公司通过其子公司 Kumtor Gold Company（KGC）运营。该矿自 1997 年开始运营，对吉尔吉斯斯坦的经济贡献巨大，占吉尔吉斯斯坦 GDP 约 10%，并提供了大量就业机会。其中 Centerra Gold 公司拥有库姆托尔金矿 100%股权，吉尔吉斯斯坦政府通过持有 Centerra Gold 公司约 26%的股份间接参与。纠纷的起因较为复杂，大致分为三类：环保问题、经济利益分配问题以及政治因素。首先，当地环保组织和政府指责其公司在运营过程中对环境造成破坏，尤其是冰川融化和水资源污染。其次，吉尔吉斯斯坦国内部分政治力量认为该公司从金矿中获取了过多的利益，而吉尔吉斯斯坦政府和民众未能获得公平的收益。最后，吉尔吉斯斯坦政局的不稳定，政府更迭频繁，不同政治派别对库姆托尔金矿的态度存在分歧也是原因之一。2021 年 5 月，纠纷达到高潮，吉尔吉斯斯坦政府声称 Centerra Gold 公司违反了环保法规，对矿山管理不善，临时接管库姆托尔金矿。后派遣执法人员进入矿区，强制接管矿山运营，将其征收为国有。最终经过数月的谈判，双方于 2022 年 4 月达成和解协议。协议内容为 Centerra Gold 公司同意将其在库姆托尔金矿的权益转让给吉尔吉斯斯坦政府，作为交换，吉尔吉斯斯坦政府放弃对 Centerra Gold 的索赔，并且支付部分补偿。最终库姆托尔金矿完全由吉尔吉斯斯坦政府控制，Centerra Gold 公司退出运营。该案件凸显了外国投资者需警惕政府的征收风险。

3. 启示与应对策略

我国企业在吉尔吉斯斯坦的投资主要集中在能源、农业、工程建设等准入壁垒较高的行业。首先，必须了解《投资法》的相关规定。该法第 6 条明确了对投资人投资征用和赔偿损失的保障，规定投资不得被没收，除非基于公共利益、按照法定程序并给予及时、适当的赔偿。赔偿金额应等值于投资的实际市场价格，并以可自由兑换货币支付。这些规定为企业提供了法律保障，但在实际操作中，企业仍需警惕法律执行的不确定性。其次，鉴于这些领域的特殊性，建议企业在投资前全面研究吉尔吉斯斯坦相关领域的特别法规定，同时深入理解刑法等一般公法的具体要求及其法律后果。通过充分掌握当地强制性法律规定，企业可有效规避因法律合规问题导致的投资风险，确保投资项目的顺利开展。再次，结合产业特点对风险进行类型化区分，并对风险发生的可能性作出初步判断。根据吉尔吉斯斯坦的投资政策，企业可将投资分为鼓励类和限制类。在鼓励类投资中，政府征收（包括蚕食性征收）的可能性较低，但需警惕利润回收、当地成分要求、劳动用工等风险；而在限制类投资中，企业更可能面临当地行政机关依据许可证法律制度处以的罚款、中止或停业处罚，进而引发蚕食性征收风险。因此，企业的经营管理部门应系统收集本行业的案例，对高发、常见性风险进行归类整理，并制定相应的法律应对预案。最后，应建立全面的风险管理体系，包括风险分类、法律合规、争议解决等多层次策略。通过深入研究当地法律环境、优化投资结构、制定法律应对预案，企业可以有效降低政府征收风险，确保投资安全，为中吉两国的经贸合作注入更多活力。

此外，吉尔吉斯斯坦加入了众多双边投资保护协定，包括 1992 年与中国签署的《中华人民共和国政府和吉尔吉斯共和国政府关于鼓励和相互保护投资协定》。该协定第 4 条规定，缔约一方的投资不得被国有化或征收，除非基于公共利益、遵循法定程序并给予补偿。第 8 条则确立了投资争议仲裁机制，允许投资者将征收补偿争议提交仲裁庭解决，仲裁程序参照斯德哥尔摩商会仲裁院规则，适用法律包括缔约方法律和公认的国际法原则。然而，由于我国不承认最惠国待遇适用于程序性事项，且现行双边投资协定仅将征收争议纳入“私人—国家”投资仲裁范围，企业在选择争议解决机制时需谨慎。为应对东道国违反投资协定的情况，企业可通过优化投资结构、选择适当的“国籍”连接点等方式，寻求更全面的法律保护。在发生争议时，企业应充分利用国际仲裁机制，如 ICSID（国际投资争端解决中心），并考虑通过我国司法机构及国际法获得救济，包括撤销裁决、外交保护等手段。

（二）国有参股风险

1. 警惕国有参股风险

在全球经济一体化的大背景下，各国在吸引外资的同时，为确保国家的经济安全和可持续发展，往往会对本国的重要资源做倾斜保护。吉尔吉斯共和国作为一个拥有丰富矿产资源的国家，也不例外。为了有效管理和保护其宝贵的矿产资源，吉尔吉斯斯坦政府采取了一系列措施，其中之一便是规定在外国投资时，某些关键行业必须有本国政府的参与才能进行。这一政策在矿产业中体现得尤为明显。

2. 矿产业的国有参股风险

矿产业作为吉尔吉斯斯坦最重要的产业之一，对于国家经济的增长和财政收入的提升具有举足轻重的作用。为了进一步加强国家对矿产资源的控制权，确保资源的合理开发和利用，吉尔吉斯斯坦总统萨德尔·努尔戈若耶维奇·扎帕罗夫（Sadyr Japarov）于 2022 年 6 月 22 日签署《地下资源法》和《地下资源产品分成协议》的修正案。修正案对矿产权的授予条件做出重大调整，明确规定仅向法定资本中国家占比至少 2/3 的经营实体和国有企业授予矿产权。即在吉尔吉斯斯坦从事矿产开发的企业，其资本结构中必须包含较大比例的国家资本。

特别值得注意的是，修正案还针对大中型金矿的开发权做出了特别规定。在拍卖或竞标中获得这类金矿开发权的法人或自然人，无论是国内还是国外的投资者，都必须在吉尔吉斯斯坦设立法人实体，并且该实体中的吉尔吉斯斯坦国家参股比例不得少于30%。[①] 该法规不仅着重凸显了国家对黄金矿产资源的高度管控，更彰显了吉尔吉斯斯坦政府在积极吸引国际资本流入的进程中，对本土权益的坚定维护与战略平衡。

此外，新版法案还进一步明确了在产品分成协议中国家所占的份额不得低于30%。该条款的制度设计旨在通过建立国家资本参与机制，保障矿产资源开发过程中国家层面可持续的经济收益，从而为国民经济发展构建坚实基础。同时，这一制度安排客观上为国际资本设置了更高的合作门槛，要求外国投资者在与吉尔吉斯斯坦政府开展矿业合作时，需充分评估并接受国家资本参与的制度安排。

从政府的角度来看，参股矿业项目可以为项目的开发提供多重保障。首先，政府作为股东之一，可以确保项目的合规性和可持续性，防止因追求短期利益而损害长期资源。其次，政府的资源和经验可以为项目的顺利实施提供有力支持，包括政策指导、基础设施建设、环境保护等方面的协助。值得注意的是，在国际矿业合作框架下，东道国政府凭借其资源禀赋与政策主导权，往往能够主导谈判议程并扩大利益分配份额，进而形成外资方在合作中陷入谈判劣势与利益博弈的不利局面。

3. 启示与应对策略

为有效降低潜在风险，外国投资者在与吉尔吉斯斯坦政府开展合作之前，应当开展全方位的尽职调查。具体而言，要全面把握东道国政府的政策走向和合作期望，科学估算合作项目的预期收益和风险范围，系统剖析国内外宏观经济形势以及行业市场的发展态势。借助多维度的市场调研和风险评估体系，投资者能够更深入、全面地了解合作项目的实际状况，从而为投资决策提供可靠的数据支持和具有前瞻性的战略参考。

在制定合作协议的过程中，投资者与政府方的沟通和协商显得尤为重要。双方应就项目的可行性、投资规模、开发计划、利益分配等关键问题进行充分讨论，并寻求共识。在制定方案时，投资者应充分考虑政府的利益诉求，确保投资效益与政府方利益得到平衡。同时，协议中应明确约定双方的权利义务、利益分配机制以及风险分担方式，以避免后续合作中出现纠纷和争议。

在具体的合作实践中，投资者可以采取多种策略来保障自身权益。例如，可以通过设立合资企业、签订长期购销合同、提供技术支持和培训等方式，与政府方形成紧密的利益共同体。这不仅能够夯实双方互信根基，为深化合

---

① 参见《吉尔吉斯斯坦：国家在矿企占比提高至60%以上》，载全球地质矿产信息网，http://ggmr.cgs.gov.cn/DepositsNewsCen.aspx?id=4414，2025年3月29日访问。

作筑牢坚实支撑，更能全方位提升项目综合效益，显著增强其在市场中的核心竞争力。

投资者应建立健全的风险管理机制，及时识别和应对各种风险挑战。尽管政府参股可以为矿业项目提供诸多保障，但投资者仍需保持警惕，时刻关注合作过程中的潜在风险。例如，政策变动、市场环境变化、自然灾害等因素都可能对项目的实施产生影响。

此外，投资者还应注重与当地政府和社会各界的沟通与协调。通过积极参与当地社会公益活动、加强与政府部门的联系与合作等方式，树立良好的企业形象和社会声誉。这一举措不仅能为项目顺利推进营造良好外部条件，在政策、社会层面予以保障；还能助力投资者扎根吉尔吉斯斯坦市场，通过积累品牌声誉、构建资源网络，为长远发展筑牢根基。

吉尔吉斯斯坦政府在矿业领域实施政府参股政策，旨在保护本国重要资源、确保国家经济安全和可持续发展。对于外国投资者而言，虽然这一政策增加了一定的合作门槛和限制条件，但也为投资者提供了与政府方合作、共享资源红利的机会。因此，投资者在吉尔吉斯斯坦从事矿业投资时，应充分了解政府的参股要求和合作条件，制定可行的投资策略和风险管理机制，以确保投资项目的顺利实施和长期稳定发展。同时，通过加强与政府方的沟通和协调、积极参与当地社会活动等方式，投资者还可以进一步提升自身在吉尔吉斯斯坦市场的竞争力和影响力。

（三）市场准入风险

1. 吉尔吉斯斯坦市场准入现状

自 1998 年正式加入世界贸易组织（WTO）起，吉尔吉斯斯坦积极践行对外贸易自由化政策，深度融入并严格恪守 WTO 框架下的各项通行规则与运行机制，在这一进程中，其双边贸易活动逐步迈向规范化与透明化，为国内外企业营造了更为公平、稳定且可预期的贸易环境。吉尔吉斯斯坦秉持的开放姿态，促使其在中亚地区的贸易格局中崭露头角，逐步成长为该地区举足轻重的贸易枢纽之一。

在投资条款的规制方面，吉尔吉斯斯坦依托《投资法》，对外国投资进行了全面且细致的规范。其范畴广泛涵盖投资主体的界定、市场准入的条件、资本构成的形式以及出资比例的设定等关键领域。早在《1998—2000 年国家投资纲要》中，便明确指定了 15 个经济领域内的 56 个项目，将其列为国家重点扶持与发展的对象。嗣后，在《2010 年国际中期发展战略》里，吉尔吉斯斯坦政府重新审视并规划了经济领域的优先发展方向，进一步精准锚定了外资引入的重点领域与关键项目，旨在优化资源配置，促进经济的高效与可持续发展。

2. 重点方面的市场准入限制

（1）许可证制度

为了规范经济活动，吉尔吉斯斯坦颁布了《许可证制度》，规定了31种经营活动需要办理许可证。主要涉及基本公共服务、能源及可能危及公共安全的经营活动。许可证制度的实施旨在确保相关领域的经营活动符合国家法律法规，同时保障公共利益和安全。2009年，吉尔吉斯斯坦对许可证制度进行改革，减少了经营许可证的数量，简化审批流程，为企业提供了更加便利的营商环境。2015年，吉尔吉斯斯坦进一步加大对矿产资源开发利用的力度，地矿署缩短矿产使用许可证和其他许可证申请的审核期限，为矿业投资者提供了更加高效的服务。吉尔吉斯斯坦《许可证制度》（1997）中第8条规定，外国法人或个人应在与吉尔吉斯共和国法人和个人相同的条件下按照相同的程序获得许可证，除非立法另有规定。

在特殊领域，如银行业、保险业、邮政、电信、电视、广播、地下资源开发等，吉尔吉斯斯坦对外国投资实行市场准入限制。这些领域通常涉及国家安全、环境保护和公共健康等重要问题，因此需要外国投资者事先根据《许可证法》获得许可。该法第9条规定需要强制许可的活动类型共有28条，因此我国企业在吉尔吉斯斯坦投资时应注意相应的许可证办理制度，避免未经许可开展投资活动。例如，《建筑法》规定，除民用住宅外，其他建筑工程实行许可制度。由吉尔吉斯斯坦建筑委员会负责办理建筑许可证，进行工程审查与监督。

（2）公司注册领域及要求

在吉尔吉斯斯坦注册公司需要经过一系列程序，包括在司法部进行法人地位注册、统计委员会与税务机构注册、获取从事特定经营活动类型的许可证等。注册有限责任公司时，外国公民作为创办人需提供护照翻译公证件，该公证件应确保翻译内容精准对应护照原文信息，涵盖个人基本信息、照片、护照有效期、签证页等关键部分，且翻译件需经专业公证机构公证，以证明其与原件的一致性及翻译的准确性。外国法人则需提供其本国相关机构出具的法人存续证明，并办理文件的吉文或俄文翻译公证和认证。这一程序既切实保障外国投资者在吉尔吉斯斯坦的合法地位，使其依规享有权益、履行义务，又为政府监管提供坚实依据，助力规范市场秩序，维护投资环境。

对于个体业主的注册，吉尔吉斯斯坦国家统计委员会及其地区机构负责根据业主的所在地进行注册。注册依据业主的护照和注册申请进行，注册后统计机构会颁发注有单独登记号码的注册证明。此程序简洁高效，极大程度上为个体经营者开辟了便捷通道，有力推动其经营活动的顺利开启。此外，分公司与代表处的注册程序与法人注册程序相似，但需额外提交分公司或代表处总则、组建人的注册文件复印件等补充文件。外国企业还需出具证明分公司或代表处的组建公司合法法人地位的文件，并附经公证的吉文或俄文译文。

（3）自由经济区的特殊规定

自由经济区企业注册实行特殊规定，企业应在自由经济区管理委员会注册，并在吉尔吉斯斯坦国家税务局登记。注册时需提供企业创办文件复印件、国家注册证明等文件。凭借优惠政策与便捷营商条件，吸引大量外资，为当地经济注入活力。此外，所有企业及个体业主均应在吉尔吉斯斯坦国家税务局或在其所在地税务分局登记。登记时需提供相关文件，如企业创办文件复印件、国家注册证明等。纳税人还需填写税务登记卡，登记后可获取单独税号，用于填写所有财会、报关文件。

（4）政府采购方面的规定

在政府采购方面，吉尔吉斯斯坦的招标委员会要求投标公司准备一系列文件，包括企业法人地址、公司章程、经营许可、企业近两年主要完工项目介绍、企业验资证明、技术人员名单、项目技术经济论证等。政府采购的主要程序包括制定采购计划、组建竞标委员会、制定采购文件、公布采购信息、提交采购竞标文件、评标、确定中标人、签署合同等。这一程序确保了政府采购活动的透明性和公平性。

（5）工作许可及外国劳动力的管理

为在吉尔吉斯斯坦务工的外国人办理工作许可的主管部门是国家劳动、社会保障和移民部。外国人在吉尔吉斯斯坦工作必须获得工作许可。雇主在为外国劳动力办理劳动许可证时，首先应提交聘用外国劳动力配额申请。根据签发的配额人数和职位，雇主可以聘用外国公民并办理个人劳动卡。外国劳动力配额的有效期不超过 1 年，过期后需要重新申请配额，由移民局审批。根据重新办理的配额，雇主可以再次办理劳动卡，并缴纳相关费用。如果雇主违反招收、使用外国劳动力的规定，国家移民局将对其提出警告，并要求限期纠正。如未履行有关要求或重复违规，国家移民局可注销其招收外国劳动力许可证，或暂停其有效期直至纠正违规行为。

（6）外资参与法人的特别条款

《投资法》第 21 条规定了由外资参与的法人进行国家注册的特别条款。有外资参与的法人及其分支机构和代表处的注册、重新注册和撤销均应按照

《民法》和《法人注册法》的相关规定办理。外国投资人还需补充提供相关文件，如外国法人的注册资料、护照复印件等，并需翻译成吉尔吉斯斯坦国家语言或官方语言，且经过公证和认证。这一规定有效保障了外资参与的法人注册流程具备高度规范性与透明度，让整个注册环节在清晰、有序的框架下运行。

3. 启示与应对策略

总的来说，吉尔吉斯斯坦在贸易和投资领域的政策相对开放，为外国投资者提供了广阔的市场空间和便利的营商环境。然而，在特定领域，如国家安全、环境保护和公共健康等，吉尔吉斯斯坦对外国投资实行了市场准入限制，并要求外国投资者事先获得许可。外国投资者在进入吉尔吉斯斯坦市场时，需详细了解相关法律法规，确保合规经营。通过合理的投资策略和合规的操作，外国投资者可以在吉尔吉斯斯坦找到丰富的投资机会，并为其经济发展作出贡献。

（四）政策变更风险

1. 政策变更根源

吉尔吉斯斯坦立法技术先进，条文理念前沿。但执法效能因资源、人员等短板滞后，经济发展受产业结构等因素制约，致使超前立法与执法、经济状况难以适配，无法充分发挥其推动作用。吉尔吉斯斯坦作为中亚地区率先加入世界贸易组织的国家，入世后为契合国际法规要求，对国内相关法律法规进行了大规模修订。在此进程中，其投资立法得以快速完善，呈现出一定先进性。但对比该国投资立法水平与经济发展水平，会发现其立法超前态势极为显著，远超法律通常意义上的超前程度。①

吉尔吉斯斯坦现阶段仍处于发展中阶段，经济增长动能有待进一步强化，经济增速相对平缓，财政收支方面亦面临一定压力，财政赤字规模处于高位运行状态。例如，2020年吉尔吉斯斯坦的财政赤字约为190亿索姆，虽然低于预测的280亿索姆，但占GDP的比重仍高达3.2%，略高于欧亚经济联盟规定3%的上限。② 在经济发展尚欠充分的背景下，该国在投资立法方面较多借鉴了其他国家的模式与内容。这使得在其发展进程中，政策不得不为应对

---

① 参见陈波：《中亚投资法律风险与典型案例》，中国法制出版社2016年版，第71页。

② 参见《2020年吉尔吉斯斯坦预算赤字达GDP的3.2%，略超欧亚经济联盟规定的3%的上限》，载中华人民共和国商务部网，https://m.mofcom.gov.cn/article/zwjg/zwxw/zwxwoy/202101/20210103032082.shtml，2025年3月30日访问。

层出不穷的新挑战而频繁调整、优化。与此同时，政府部门与相关机构的人员更替较为频繁，法律法规体系也存在一定的完善空间，法规的变动性较大且完备程度不足，从而为投资者的决策增添了诸多不确定因素。

2. 需警惕政策变化的领域

（1）在税收法律法规方面。吉尔吉斯斯坦海关流程在运行过程中呈现出效率欠佳的状况，致使商品通关耗时较长，且会产生较高的费用成本。对于规模较小的进口商和出口商而言，运营成本显著增加。此外，吉尔吉斯斯坦处于经济转轨时期，政策不稳定，政府和机构人员频繁变动，征税和费用的管理缺乏系统完备的法律体系规范。因此，中国企业在吉尔吉斯斯坦投资时，可能面临无法预见的税费政策变更风险。例如，自 2024 年 4 月 1 日起，吉尔吉斯斯坦将对从境外获取的个人自用入境物品免税额度进行调整。① 这一政策变化可能导致境内进口商品的商家在商品价格中加入预期关税成本，从而导致商品价格上涨或商家利润下降。

（2）在矿业政策方面。近年来，在共建“一带一路”的背景下，中国企业积极布局吉尔吉斯斯坦矿业市场，并取得了一定成果。2020 年，吉尔吉斯斯坦新政府履新后，对矿业政策实施了一系列调整举措。在这当中，强化矿业税收管理成为重要一环，其直接结果是投资者所需缴纳的税费显著增加。受此影响，投资者预期的投资回报率面临下行压力，极端情况下，部分投资项目甚至存在遭受损失的风险。此类政策的不稳定性，无疑给投资者在进行投资决策时增添了诸多不可控因素，使其面临着较大的决策风险。②

（3）在环境保护法律法规方面。吉尔吉斯斯坦属于温带大陆性气候，干燥少雨，生态环境基础较差。又以矿业为重要支柱产业，矿产资源与土地、水、森林、草原、动植物资源紧密相连。因而，吉尔吉斯斯坦对于环境保护的规定较为严格。同时，吉尔吉斯斯坦公民受教育程度普遍偏高，环保意识较强，环境法律落地实施效果显著。然而，吉尔吉斯斯坦的立法体系尚处于不断完善的进程之中，制度架构存在一定程度的欠缺，政策稳定性方面亦有所不足。尽管在环境领域已对部分法律法规予以完善，但在诸多法律法规之间，仍存在相互抵牾之处。此时需要格外注意环境保护法相关的内容，及时了解相应法律法规，取得合法手续，以避免造成负面影响。

（4）在知识产权相关的法律方面。中亚国家普遍存在着知识产权发展动

① 参见《清关免税额度下调，请注意!》，载新浪网，https：//k. sina. com. cn/article_6556793383_186d0ba270 190199kv. html，2025 年 3 月 20 日访问。

② 参见《吉尔吉斯斯坦矿业投资法律政策简析及风险提示》，载知乎网，https：//zhuanlan. zhihu. com/p/671617715，2025 年 3 月 20 日访问。

力不足、执法环境混乱、行政命令往往高于法律之上等问题。吉尔吉斯斯坦也不例外。在处理国际经济纠纷的实际问题时，吉尔吉斯斯坦多借助政策性文件加以调节。这一方式致使政策呈现出较高的变动频率，执法过程也易出现随意性，加之该国投资环境本身较为复杂，多重因素叠加，极大地增加了投资风险。在知识产权领域，为契合国际投资者的诉求以及顺应国际知识产权保护标准的动态变化，政府对知识产权政策的调整较为频繁。例如，为了符合某国际组织的援助条件，吉尔吉斯斯坦在短时间内对知识产权法进行了修订。然而，快速变化的法律法规使本地企业难以及时调整自身的知识产权策略，进一步增加运营成本。

3. 政策变化带来的后果

吉尔吉斯斯坦作为中亚内陆国，其经济发展在很大程度上依赖于国际合作和援助。为了获得国际组织和其他国家的经济支持，吉尔吉斯斯坦可能需要履行相应的知识产权保护承诺。这也会导致其政策发生变化。例如，在与某大国签订自由贸易协定后，吉尔吉斯斯坦被迫加强了对知识产权的保护。但这与国内现有的产业发展水平存在矛盾，导致企业面临新的挑战。知识产权政策的多变性增加了投资者的不确定性。投资者在考虑投资吉尔吉斯斯坦时，需要密切关注政策变化，评估政策风险，这可能会增加投资成本和时间成本。

政策变化风险对吉尔吉斯斯坦的国内外投资者，尤其是中国投资者产生了深远影响。对于已经在吉尔吉斯斯坦投资的中国企业而言，政策变化可能导致其投资回报降低、运营成本增加甚至投资损失。而对于计划进入吉尔吉斯斯坦市场的中国企业而言，政策变化增加了其决策的不确定性，使得其在评估投资机会时需要更加谨慎。

4. 启示与应对策略

为降低在吉尔吉斯斯坦投资的政策变化风险，中国投资者需要采取一系列应对措施。首先，在投资前应进行充分的市场调研和政策分析。通过深入了解吉尔吉斯斯坦的市场环境、政策背景及潜在风险，中国投资者可以更好地评估投资机会并制定合理的投资策略。其次，与当地政府建立良好的沟通机制是降低风险的有效途径之一。通过加强与当地政府的交流与合作，中国投资者可以及时了解政策动态并积极参与政策制定过程，从而降低政策变化对其投资的影响。此外，中国投资者还可以通过多元化投资来分散风险。通过将投资分散到不同的领域和项目上，中国投资者可以降低单一政策变化对其整体投资的影响。同时，建立风险预警机制也是应对潜在政策变化风险的重要手段。通过设立专门的风险管理团队并制定详细的风险应对计划，中国投资者可以及时发现并应对潜在的政策变化风险。

二、安全风险

（一）商业诈骗风险

1. 跨国商业诈骗类型

当前，中国企业走出去态势向好，国际贸易繁荣发展。2024 年，我国货物贸易进出口总值 43.85 万亿元，同比增长 5%，有进出口实绩的外贸企业近 70 万家，数量再创新高。[①] 众多中国企业凭借过硬技术、创新创意积极拓展海外市场，在全球产业链、供应链中扮演着愈发重要的角色。从国有企业到民营企业，从基建、外贸项目到制造业、服务业、高端科技企业，从东南亚延伸至“一带一路”共建国家和地区，中国企业“走出去”步伐逐渐加快。[②] 国际贸易和国内贸易大不相同，风险远高于后者。在国际贸易里，稍有不慎就可能全盘皆输。若企业不熟悉国际商业规则，就无法有效预防和应对风险，很容易在复杂的国际市场中遭受重大损失。例如，在 2022 年 4 月 19 日的中国国际贸易仲裁委员会主办的商业欺诈的预防、应对与补救系列直播讲座上，有数据显示跨国企业每年因为各种类型的欺诈损失 5%左右的年收入。常见的国际商业诈骗行为有提假单、假信用证、上市公司的内幕交易、股票造市、贪污受贿、应付账款欺诈、财务报表欺诈、预付款欺诈、中间人挪用、侵占财产、数据盗窃等。[③] 海外商业欺诈大致可以分为以下七大骗局。

（1）诱饵和转换。贸易骗子经常声称有一笔大生意。他们通过在线交流（通常是电子邮件）逐渐建立信任，然后要求预先支付交易的某些费用。这些费用可能包括翻译费、访问所在国家的费用以及其他看似可以接受的费用。一旦他们收到钱，有些人可能会完全消失，而其他人可能会继续以不同的借口要求进一步付款，直到意识到这是骗局。

（2）空手而归。骗子利用某些国家的法律漏洞，通过合法渠道获取进口商品，但未付清或少付货款。收到货物后，他们可能会试图扣押货物而不付

---

① 参见《二〇二四年货物贸易进出口总量、增量、质量均有提高——中国外贸实现“三量”齐升（锐财经）》，载中华人民共和国海关总署网，http：//www.customs.gov.cn/customs/302249/hgzssldzj/mtbd83/6315071/index.html，2025 年 3 月 22 日访问。

② 参见《中国企业出海，普遍面临五大业务欺诈风险》，https：//www.dingxiang-inc.com/blog/post/740，2025 年 3 月 22 日访问。

③ 参见《中企出海如何预防商业欺诈》，https：//www.investgo.cn/article/yw/tzyj/202204/596569.html，2025 年 3 月 22 日访问。

款。到那时，即使他们还没有占有货物，情况也会变得很棘手。例如，土耳其海关有一项规定，允许他们没收和拍卖超过45天无人认领的货物。原始收货人有优先购买权。如果公司等待的时间过长，骗子可能会以低价购买货物，然后以更高的价格出售。当公司意识到这一点并试图通过法律手段收回货物时，骗子会要求收取仓储费和其他障碍，逐渐耗尽公司的资金。

（3）合同陷阱。合同陷阱是最常见的诈骗手段之一，骗子利用合同和"合法"的幌子欺骗对方。合同诈骗具有以下特点：提供虚假的公司、地址、供需等在线信息。与缺乏适当文件或信誉的一方开展业务，通常使用名片作为主要身份。更改合同条款，例如，将义务转移给第三方、更改运输条款、付款条款、检查条款等。

（4）信用证诈骗。信用证是国际贸易中常见的付款方式。一些外国客户声称开立信用证是为了获得信任，而缺乏经验的小公司可能会盲目相信信用证，没有适当的预防措施。骗子可能会在信用证中加入软条款，这些条款只能由开证行自行决定，从而使受益人（卖方）处于不利地位。

（5）文件欺诈。文件在国际贸易中发挥着至关重要的作用，这一特性使其成为欺诈活动的主要目标。诈骗者操纵文件，提供虚假信息或伪造文件，以欺骗和混淆相关方。

（6）运输陷阱。国际贸易运输环节复杂，环节繁多，不易发现。一些骗子以进口大宗原材料或国内急需物资为名，与不法船运代理勾结，伪造提单，欺骗企业在未付款的情况下放货。

（7）付款结算欺诈。贸易商利用市场条件，承诺延迟付款或更改付款条件，以诱骗毫无戒心的出口商。

2. 跨境电商风险

跨境电商主要是通过电子商务平台进行交易，在平台上完成支付结算，并通过国际物流将商品送达买方，从而实现跨国零售交易。与传统贸易相比，跨境电商存在交易链条更短、回款周期更快、数据及时透明等优势。跨境电商卖家群体呈现出显著的分散化与小型化特征。与之相应，其交易模式展现出小额、高频以及即时化的特性。作为全球最大的电商市场之一，中国的跨境电商行业以其丰富多样的产品选择、便利的购物体验和高性价比的优势，吸引了越来越多的海外消费者。

商务部数据显示，2024年我国的跨境电商进出口增长了10.8%，占整个进出口的比重提升到了6%。[①] 根据数据分析可总结出如下业务欺诈手段。

（1）恶意网络爬虫风险。在跨境电商运营需要对有运营、广告、利润和库存四个板块以及访问、转化、排名等更多细节的数据详细了解，网络爬虫可以协助跨境电商用户合并不同的数据，还能协助商家进行定价跟踪、品牌监控和SEO优化，从而更好地了解产品的营销规律和未来趋势。网络爬虫给跨境商家和电商平台带来的危害更大。首先，不法分子能够利用网络爬虫获取到商家的产品、价格、库存、市场趋势以及竞争对手的定价策略等关键信息，这种不平等的情况削弱了商家的竞争优势，甚至能够让不法分子搭建仿冒的网页进行诈骗。其次，通过网络爬虫，不法分子可以轻松抓取和收集评价、点评、交易记录，乃至用户信用卡、用户数据等敏感信息。这些数据可能被用于欺诈、诈骗或其他非法活动，对用户的财产安全和隐私造成严重威胁。此外，持续火热的限量款商品发售，除买家、黄牛蹲守之外，更有海量自动化的爬虫攻击，瞄准高价值的限量爆品，扰乱正常促销活动，消费者很有可能无法抢到自己的心仪产品，同时个人账户面临潜在威胁。而一旦发生恶意攻击事件，商家信誉将会受到不可逆的损害。

（2）刷单炒信风险。基于跨境电商平台规则，当买家在平台上用关键词搜索某个产品时，电商平台计算出所有关该产品的页面权重，然后按照先后顺序展现在买家面前。排名越靠前的产品，其曝光率和点击率就会越高，订单量也会相对较多；而排名越靠后的产品，则几乎没有被买家看到的可能，也就基本上没有成交的可能。影响某样产品的排名的指标有几百甚至上千项，其中最重要的三项指标分别是产品的销量、转化率以及好评率。虽然这一算法机制为买家节省了大量挑选和比较的时间，却在商家中引发了“排名靠前的产品越卖越好，排名靠后的产品越卖越差”的恶性循环。因此，为了提升产品排名，许多商家开始在以上三个指标上下功夫，而“刷单”也由此诞生。

（3）恶意退单风险。退单欺诈指消费者利用自己的信用卡在网上进行购物，当收到所购商品和服务以后向发卡银行提出“退单”的请求。一旦被批准这个“退单请求”就会被取消金融交易，消费者能收到退款。欺诈者购买且收到商品后，却以商品未收到或商品损坏为由向银行提出异议，启动退款流程，商家同样面临钱货两空的情形。

（4）盗卡消费风险。海外的信用卡业务出现非常早，发展也很完善，信用卡的支付比重也较高。在跨境电商服务中均为无卡交易，消费者购买商品

---

① 参见《商务部电子商务司负责人介绍2024年我国电子商务发展情况》，载中华人民共和国商务部网，https://www.mofcom.gov.cn/xwfb/sjfzrfb/art/2025/art_667f7eec3e4d49ffab30b886f51a669e.html，2025年3月29日访问。

后，只需要输入卡号、有效期等信息即可完成付款，无需密码。该类支付会提升订单交易的成功率，但恶意拒付、欺诈交易的风险较高。欺诈者购买商品后，使用盗取的卡片信息进行支付。当失主发现银行卡被盗刷后会导致银行撤销交易，并对交易进行拒付，而此时商家已将商品发送给购买者，由此面临着钱货两空的情形。[①]

3. 银行金融类欺诈

吉尔吉斯斯坦以实行稳健的金融信贷政策来促进经济的发展，通过维护储户的合法权益来恢复大众对于银行的信心，发展证券市场、贷款联盟和小额贷款体系。但是，新旧制度的交替在政治局势动荡的背景下出现了大量的金融失范行为，严重的金融违法操作转化为愈演愈烈的金融犯罪，[②] 扰乱吉尔吉斯斯坦正常的商业活动秩序，破坏金融市场稳定，间接导致经济的扭曲失控，影响国家的声誉。我国在金融行业也与吉尔吉斯斯坦有着密切的往来，例如，在2024年4月26日，丝路基金与吉尔吉斯斯坦经济商务部、吉国家开发银行共同签署了投融资合作谅解备忘录。签约各方将在平等、友好、相互尊重和信任的基础上建立全面和长期的投融资合作框架，充分发挥各自优势，按照市场化、国际化、专业化原则，探讨在吉尔吉斯斯坦及各方同意的其他地区的基础设施、可再生能源、医疗健康、数字经济等领域的共同投资机会。其中，丝路基金意向出资10亿元人民币，吉国家开发银行意向出资12.6亿索姆。[③] 我国企业对吉尔吉斯斯坦的银行业进行投资时，务必要注重金融行业的欺诈行为。

在吉尔吉斯斯坦银行业领域，伪造银行资信记录诈骗的犯罪活动极为广泛。犯罪行为人往往采取以下手段：伪造银行担保和临时公司（front companies）的相关文书，盗用贷款。一旦接收到了银行贷款，这些临时公司（front companies）便立刻关门大吉。国家机构和相关银行机构对借款用途缺乏有效监管，在贷款登记的真实性、买卖或租赁合约的双方合意性、单据的真实性等方面——这些能够确证企业代表人的个性征象——都缺乏必要监管，加之具体操作人员在审核个人资信时的疏忽大意，种种因素导致此类犯罪案件呈不断上升态势。

在吉尔吉斯斯坦，信用抵押领域成为滋生银行业犯罪的重灾地。在银行

① 参见《中国企业出海，普遍面临五大业务欺诈风险》，https://www.dingxiang-inc.com/blog/post/740，2025年3月22日访问。

② 参见倪瑞平、倪铁：《吉尔吉斯斯坦银行业金融犯罪形势浅探》，载《犯罪研究》2007年第1期。

③ 参见《丝路基金与吉尔吉斯斯坦相关机构搭建投融资合作框架》，载国复咨询网，https://news.goalfore.cn/latest/detail/64609.html，2025年3月22日访问。

业的实务运作中，许多信用抵押的金融罪案时有发生。信用抵押过程中，经常发生违规的信用授予。信用抵押中的金融犯罪主要表现为：设置多重财产抵押；抵押没有在土地登记处登记和没有作为不动产登记的财产；抵押不属于借款人的财产。违规的信用抵押最容易诱发与此有关的金融犯罪，犯罪行为人往往通过以下手段进行犯罪活动：迅速或逐步地拆分抵押财产，货物商品的所有人自行地把货物商品秘密出口卖掉，并隐匿所得收益。此时，已贷出的银行款项无法得到清偿，即使有法院的相关令状也无济于事，贷出款项的商业银行因此蒙受巨额损失。

从不同银行多次借款不还，也是吉尔吉斯斯坦国内银行业犯罪的另一种要形式。犯罪行为人从某一特定的银行多次贷款并且及时还款，通过建立良好的信用记录，获取借款银行的信任，进而从银行获取越来越大额度的贷款。此后，所贷的大额款项的还贷则没有了着落。对多项金融罪案的调查分析表明：犯罪行为人从多家银行拿到贷款，拆东墙补西墙，长时间不还贷款。此外，犯罪行为人还通过贿赂银行职员，促其违约发放贷款；安排同伙出境并在那里注册公司，把钱款转移到境外，并从新的贷款中把旧债清算掉。①

以上商业诈骗风险都有可能会导致中国企业赴吉尔吉斯斯坦投资的失败或亏损，因此，中国企业赴吉尔吉斯斯坦投资务必随时保持警惕，做好前期的调查以及法律的准备，尽量与官方合作，降低商业诈骗风险的可能性。

（二）人身安全风险

1. 恐怖主义活动产生的人身安全风险

当前，中亚地区正面临国际恐怖主义的严峻威胁，其以多样形态肆意蔓延，已然演变为21世纪长期悬而未决的重大难题。恐怖主义活动规模庞大、行径诡谲难测，所造成的影响广泛而深远，这无疑给外国投资者带来了深切隐忧。恐怖主义暴行致使大量无辜生命消逝，物质财富遭受巨大损失，进一步加剧了这种不安情绪。世界银行报告显示，中亚国家因恐怖主义导致的直接经济损失年均达 GDP 的 2.3%，外国直接投资（FDI）流入量因此下降 18%—22%，印证了对投资者信心的打击。2024 年全球恐怖主义指数（GTI）显示吉尔吉斯斯坦排名第 89 位，较 2023 年的第 84 位略有下降，但整体仍处于中等风险水平。② 吉尔吉斯斯坦的恐怖主义威胁呈现“低发高风险”特征，

---

① 参见倪瑞平、倪铁：《吉尔吉斯斯坦银行业金融犯罪形势浅探》，载《犯罪研究》2007 年第 1 期。

② See Kadyrkulov, I. (2023). Terrorism Challenges and Its Distinct Manifestations in Kyrgyzstan. American Behavioral Scientist, 0(0).

其排名波动反映了反恐措施的阶段性成效与结构性挑战的交织。未来需在经济发展、社会融合和国际合作三方面持续发力，特别是要警惕极端主义与民族矛盾、资源争夺的叠加效应。作为外来人员，我国赴吉尔吉斯斯坦投资时也要格外注意此类风险。

2. 毒品问题引发的人身安全风险

吉尔吉斯斯坦作为北线海洛因贩运的中转国家，毒品问题十分显著。边境管制的薄弱以及官僚和执法人员猖獗的腐败现象助长了毒品的贩运。据联合国毒品和犯罪问题办公室称，静脉注射毒品者的艾滋病毒感染率持续上升。这一趋势在毒品贩运严重、卖淫和贫困现象猖獗的南部地区最为明显。仅2016年前9个月，吉内务部门收缴的毒品、精神药品约152吨；2017年9月4日，吉国国家安全委员会的工作人员查扣了29公斤的毒品；2018年10月，外国毒贩在运送12.81千克毒品时，被当场抓获；2019年8月12日，在吉西南部山区，警方缴获毒品44.3公斤；2020年2月10日，在联合国毒品和犯罪问题办公室的协助下，吉国内务部和国家安全委员会展开了缉毒联合执法行动，缴获了274公斤大麻和3.5公斤冰毒。[①] 2016年吉尔吉斯斯坦登记在册的吸毒者有9077人；然而，根据美国总统艾滋病紧急救援计划（PEPFAR）的数据，该国有25000人注射毒品。[②] 一方面毒品泛滥会导致相关犯罪活动的增多，危及社会治安，并且与毒品相关的洗钱活动和贿赂舞弊会进一步扰乱该国脆弱的金融体系，增加社会风险。

但毒品问题不仅局限于对吉尔吉斯斯坦本国人民的安全以及社会稳定的严重威胁，还波及了那些我国在吉尔吉斯斯坦进行投资的公民。因为商业投资活动从来都不只是简单的金钱和技术上的投入，更重要的是人力的注入，即我国公民作为投资者、管理者、技术人员乃至普通的劳动力在当地的参与。当我国公民赴吉尔吉斯斯坦工作和生活时，将不可避免地置于一个毒品泛滥所带来的复杂的社会环境之中。此外，毒品所造成的危害往往会关联艾滋病等传染病的传播，在毒品问题突出的地区，艾滋病的感染率显著上升，这无疑给我国赴吉的公民的健康安全带来了巨大的挑战。

（三）自然灾害风险

吉尔吉斯斯坦是一个高山国家，其国土有近94%的地区海拔超过1000

---

① 参见刘黎明、刘杰：《“一带一路”背景下中国与吉尔吉斯斯坦警务合作》，载《云南警官学院学报》2021年第2期。

② See “2016 International Narcotics Control Strategy Report”, https://2009-2017.state.gov/j/inl/rls/nrcrpt/2016/vol1/253281.htm，2025年3月23日访问。

米，有40%的地区甚至高达3000米以上。这种特殊的地形使该国极易遭受泥石流、山体滑坡、雪崩和地震等自然灾害的侵袭。根据联合国开发计划署2013年的报告，2000年至2011年间，与气候相关的自然灾害给该国造成的年均损失约达670万美元。世界银行在2019年的评估进一步指出，自然灾害和气候变化的压力将对该国环境、社会和经济部门造成持续影响，可能导致每年国内生产总值损失0.5%至1.3%。

在国际评估中，德国观察组织（German Watch）发布的年度气候风险指数显示，吉尔吉斯斯坦在气候变化影响和脆弱性方面排名全球第52位，这一数据来自埃克斯坦2018年的研究。而联合国开发计划署2013年的报告则将该国列为中亚地区受气候变化影响第三严重的国家。

气候变化对该国的影响尤为显著，经合组织2019年的研究表明，持续上升的气温正导致冰川加速融化。这一现象在短期内会增加河流径流量，但从长远来看，将可能导致水资源供应减少，进而对农业和水力发电等关键部门产生重大影响。此外，亚洲开发银行2016年的报告指出，吉尔吉斯斯坦还经常受到来自哈萨克斯坦和乌兹别克斯坦等邻国的强沙漠风影响，导致沙尘暴频发。①

（1）滑坡：全国所有地区都易发生滑坡灾害。暴雨和融雪会破坏山体稳定，引发山区滑坡。全国已查明的潜在滑坡点近5000处，其中3500处位于南部地区。超过1万户家庭位于滑坡易发区。1991年至2011年间，滑坡造成的死亡人数在各类自然灾害中居首位。滑坡还会破坏建筑物、道路、电力线路、供水供热系统以及下水道网络。

（2）冰川融化：高海拔地区气温的上升加快了冰川融化的速度。吉尔吉斯斯坦拥有超过8500座冰川，覆盖面积达8000平方公里，占该国总面积的4%。有1000多个高山湖泊，其中200个因靠近人类居住区而被认定为危险湖泊，存在冰川湖溃决洪水的相关风险。1970年至2000年间，吉国冰川面积减少了近20%。冰川持续快速融化以及气温升高导致的蒸发量增加，使河流的径流量模式更具不确定性，易引发冰川湖溃决洪水。冰川加速融化可能会在未来增加水资源短缺的风险。进而增加农业生产的不确定性。吉国水电主要依赖于冰川融水和积雪融水补给的河流。冰川体积的减少及随之而来的湖泊萎缩，会使电力部门非常脆弱，且从长远分析，水资源可能引起能源与农业部门争夺。

---

① See Chepelianskaia O, Sarkar-Swaisgood M. Kyrgyz Republic climate change and disaster risk profile [J]. 2022.

（3）洪水、山洪暴发和泥石流：洪水和泥石流是吉尔吉斯斯坦常见的灾害风险，吉尔吉斯斯坦大部分地区都易受洪水和泥石流影响。由 2016 年第三次国家信息通报的数据可得，全国有 3000 多条泥石流河。洪水和泥石流主要发生在春季，80%的洪水是由暴雨造成的。降水的增加可能会导致洪水发生频率和强度的上升。洪水和泥石流会对基础设施造成破坏。1990 年至 2008 年间，联合国开发计划署共记录 850 多起洪水和泥石流事件，每次泥石流造成的经济损失最高达 1.138 亿索姆，每次洪水造成的经济损失最高达 1810 万索姆。预计气温上升可能会加速水循环，加快冰川融化速度，增加发生严重洪灾的风险。

（4）干旱：夏季降水量减少加上地表气温升高，可能会给吉尔吉斯斯坦带来重要影响。亚洲开发银行 2018 年数据得知，到 2050 年，在 RCP 8.5 路径下，全国范围内热浪（干旱日）的频率和强度可能每年增加 19 至 23 天。吉国面临中等程度的水资源短缺风险，从 2020 年起 10 年内发生干旱的可能性为 20%。气候变化正以惊人的速度加剧吉尔吉斯斯坦南部、西北部及西部地区的水资源危机与地表持续干旱化趋势。世界银行 2023 年研究显示，吉尔吉斯斯坦冰川年缩小率近 1%。[①] 这一生态警报器的鸣响使楚河、锡尔河等主要河流系统面临季节性断流风险，直接威胁着流域内 350 万居民的生产生活用水安全。[②]

（5）地震：据吉尔吉斯斯坦地震报告显示，吉尔吉斯斯坦平均每年的地震次数高达 197 次，过去 10 年，吉尔吉斯斯坦 300 公里（186 英里）范围内共发生 1972 次 4 级或以上地震。平均每年发生 197 次地震，即每月 16 次，平均每两天就会在吉尔吉斯斯坦附近发生一次地震。2024 年吉尔吉斯斯坦附近依然地震频发。[③]

---

① 参见《中亚面临的五大环境问题》，http：//www.siluxgc.com/static/content/rcmnd/2023-12-08/1182770794704437248.html，2025 年 3 月 30 日访问。

② See Chepelianskaia O, Sarkar-Swaisgood M. Kyrgyz Republic climate change and disaster risk profile [J]. 2022。

③ 参见“Kyrgyzstan Earthquake Report”，https：//earthquakelist.org/kyrgyzstan/，2025 年 3 月 17 日访问。

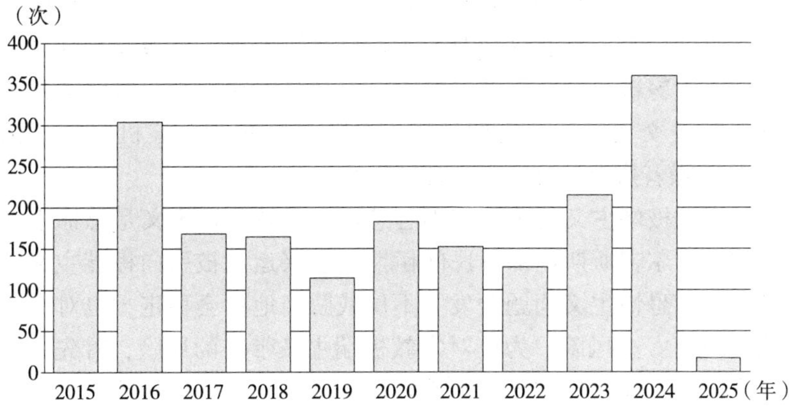

图 6—1 吉尔吉斯斯坦 300 公里（186 英里）范围内每年发生 4 级或以上地震的统计①

三、风险防控措施

（一）尊重当地宗教与风俗

在全球化的背景下，中国企业的海外投资规模不断扩大，涉及领域日益广泛。在海外投资过程中，宗教因素往往被忽视，导致企业在跨文化环境中面临诸多挑战。宗教不仅是文化的重要组成部分，还对政治、经济和社会产生深远影响。正视宗教因素，因地制宜地评估风险，成为中国企业海外投资成功的关键要素。

就传统而言，中国海外投资的研究多集中于政治和经济因素，宗教因素常被忽略。许多企业在海外投资时，倾向于将中国的模式直接“嫁接”到目标国，忽视当地宗教文化的特殊性。这种“生搬硬套”的做法往往导致投资失败。甚至某些项目因触犯当地宗教禁忌而引发社会不满，被迫中止。因此，中国企业需要加强对世界其他地区宗教环境的理解与尊重，避免因文化冲突而导致的投资风险。

首先应尊重当地的宗教文化习俗。宗教在许多国家不仅是信仰体系，还深刻影响着社会价值观、行为规范和法律制度。例如，在吉尔吉斯斯坦，伊斯兰教是主要宗教，70%以上的居民信仰伊斯兰教（多数为逊尼派），另有部分居民信仰东正教和天主教。建议中国企业投资者进入吉国市场前对相关员

① 参见“Kyrgyzstan Earthquake Report”，https：//earthquakelist. org/kyrgyzstan/，2025 年 3 月 17 日访问。

工做好培训，了解并尊重当地宗教文化习俗，做好宗教活动空间保障、尊重伊斯兰历法时间管理、饮食文化规范、性别平等实践、宗教禁忌规避，同时建立文化冲突预警机制。如中国铁建股份有限公司在纳伦州铁路项目中聘请伊斯兰学者担任文化顾问，定期开展宗教敏感性培训。该机制有效化解了2024年因施工噪音影响礼拜引发的社区纠纷。

然而，宗教极端主义的威胁也不容忽视。宗教极端主义是恐怖主义滋生的重要土壤。吉尔吉斯斯坦部分民间伊斯兰复兴运动被引向极端主义，导致宗教极端主义和恐怖主义问题频发。不仅威胁当地社会稳定，也对中国企业的海外投资构成安全风险。为应对宗教极端主义带来的风险，首先，中国企业应建立全面的风险评估体系，涵盖宗教极端主义对目标国政治、经济和文化的影响。其次，中国企业需推动建立安全管理机制，制定突发安全事件的应急处理方案。如在吉尔吉斯斯坦等高风险地区，企业可以加强安保措施，与当地政府和国际组织合作，确保员工和资产的安全。最后，企业应定期进行安全演练，提高应对突发事件的能力。

总之，宗教因素在中国企业的海外投资中扮演着重要角色。忽视宗教因素可能导致文化冲突和投资失败，而尊重宗教文化、防范宗教极端主义风险，则是企业成功的关键。通过加强宗教因素的评估与应对，中国企业可以在海外投资中走得更稳、更远。①

（二）注重数据以及隐私保护

中国企业在吉尔吉斯斯坦投资时强化数据与隐私保护具有战略必要性。从法律层面看，吉国2023年修订的《个人数据保护法》要求企业在收集、存储和跨境传输数据时需获得用户明确授权，并建立数据泄露应急预案。若违反相关条款，最高可处以500万索姆（约合6万美元）罚款。从商业风险角度，吉尔吉斯斯坦网络安全指数在中亚排名第三（2024年ISC报告），金融、能源领域数据泄露事件年均增长27%，某中资矿业公司因未加密地质勘探数据导致商业机密泄露，直接损失超2000万美元。地缘政治层面，吉尔吉斯斯坦地处欧亚数据走廊关键节点，其《数字转型战略2025》要求所有外资企业数据本地化存储，中国企业需平衡数据主权与跨境流动需求，建议企业建立三层防护体系。

一是开展GDPR+本地化合规审计，首先在本地化合规审计方面，建立吉

---

① 参见詹舒才：《“一带一路”背景下中国海外投资中宗教因素影响案例研究》，载《世界宗教文化》2018年第5期。

国法律数据库，实时跟踪《个人数据保护法》修订动态，如2025年第7号总统令新增生物识别数据保护条款，实施“双轨认证”机制，既通过吉国信息安全认证中心（CERT. KG）评估，又符合中国《数据安全法》跨境传输要求。例如，某中资银行在奥什分行部署数据地图系统，将客户信息按存储位置（本地服务器/跨境云平台）分类标注，确保98%的数据本地化存储。其次强化跨境流动管控，采用“白名单+加密通道”模式，仅允许地质勘探、工程设计等核心数据通过VPN传输，并与吉国国家数据局签订数据共享协议，获得2025年修订的《数字经济促进法》第23条跨境传输豁免权，在中吉边境数据交换中心部署量子密钥分发（QKD）设备，实现每秒500GB的安全传输。

二是部署区块链加密技术，首先，搭建区块链加密架构，构建联盟链存储敏感数据，节点分布于比什凯克、奥什、贾拉拉巴德三大数据中心，实施“三重哈希”机制：原始数据哈希值+时间戳哈希+位置哈希，确保数据不可篡改。中铁建纳伦州铁路项目使用区块链存证系统，将施工日志、监理报告等上链，截至目前已成功抵御3次勒索软件攻击。其次，建立智能访问控制系统，部署基于机器学习的零信任架构（ZTA），通过行为分析建立用户画像，实施“最小权限+动态调整”原则：普通员工仅能访问15%的基础数据，管理层权限根据项目阶段动态开放，某能源企业部署的ZTA系统将认证延迟控制在200ms以内，误报率低于0.3%。最后，引入AI威胁检测，建立吉尔吉斯斯坦专属威胁情报库，包含12万条本地攻击特征（如针对中资企业的“费尔干纳”APT组织①特征），采用联邦学习技术训练检测模型，既保护数据隐私又提升识别准确率，例如，某通信企业部署的AI系统2024年拦截恶意流量3.2亿次，发现新型变种攻击17种。

三是与吉国国家网络安全中心建立联合响应机制。首先，在政企协同架构方面，与吉国国家网络安全中心（NCC）建立“红橙黄蓝”四级响应机制，签订《跨境数据安全合作备忘录》，明确30分钟应急响应、2小时技术支援、24小时联合调查的响应标准。其次，设置数据备份体系，构建“两地三中心”备份架构：比什凯克主数据中心、奥什同城灾备中心、中国新疆异地容灾中心，实施“冷热分层”策略，实时交易数据热备（RTO≤15分钟），历史数据冷备（存储成本降低40%）。最后，签订跨境恢复协议与国际云服务商签订跨境数据恢复协议，确保在吉国数据中心瘫痪时，可调用哈萨克斯坦、

① APT（Advanced Persistent Threat，高级持续性威胁）是指一类具有高度组织化、技术先进且长期潜伏的网络攻击团体，通常由国家或大型犯罪集团支持，针对特定目标（如政府、军事、企业、关键基础设施等）进行持续性、隐蔽性的网络间谍或破坏活动。

乌兹别克斯坦的镜像数据，制定《极端情况下数据恢复预案》，包含 7 类场景（如政府数据冻结、物理设施损毁）的 42 项操作细则，做好跨境数据恢复演练记录。2025 年 3 月联合吉国信息部开展跨境恢复演练，在模拟电力中断场景下，6 小时内恢复 83%的核心业务数据。

数字安全与隐私保护是中国企业海外投资中不可忽视的重要问题。随着全球数据保护法律的不断完善和执法力度的加强，企业必须将数据保护作为投资战略的重要组成部分。通过加强法律风险评估、完善数据保护机制以及与东道国相关机构的合作，中国企业可以在海外投资中有效规避数字安全与隐私保护风险，实现可持续发展。这不仅有助于维护企业的经济利益，也有助于提升企业的国际形象和竞争力。

（三）依法保护生态环境

2017 年 5 月，习近平在首届“一带一路”国际合作高峰论坛上首次明确提出“践行绿色发展的新理念”，将生态环保合作提升为“一带一路”建设的核心目标之一。[①] 中国政府通过《推动共建丝绸之路经济带和 21 世纪海上丝绸之路的愿景与行动》（2015 年）、《关于推进共建“一带一路”绿色发展的意见》（2022 年）等文件，构建起涵盖绿色基建标准、气候合作机制、环境风险防控的完整政策框架。中国企业在“一带一路”上的国际投资，更需将环境保护作为不可忽视的一部分，把绿色发展融入投资和建设活动中，推动“一带一路”共建国家和地区的经济绿色、高质量发展。近年来，随着全球环境保护意识的增强，各国对外来投资企业的环保要求日益严格，尤其是通过环境影响评估等方式对企业的环境行为进行监督和约束。因此，中国企业在海外投资中必须高度重视环境保护问题，特别是在生态脆弱地区，如吉尔吉斯斯坦，需采取有效措施，避免对当地环境造成不可逆的损害。

吉尔吉斯斯坦作为“一带一路”沿线的重要国家，其生态环境脆弱在这样的地区进行投资和建设，尤其是基础设施和能源项目，不可避免地会对生态环境产生一定影响。然而，如果企业缺乏环境保护意识，忽视对当地生态的保护，不仅会加剧环境压力，还可能引发国际社会的批评，损害中国的国际形象。例如，中国企业在缅甸的高铁和水坝项目曾因忽视环境保护问题，导致当地民众和非政府组织对缅甸军政府施压，最终迫使项目停工。这一案例表明，环境保护不仅是企业社会责任的体现，也是项目顺利推进的重要保

---

① 参见《绿色“一带一路”是习近平生态文明思想在全球生态治理中的重要实践》，https://www.forestry.gov.cn/c/www/szxx/610047.jhtml，2025 年 3 月 30 日访问。

障。与此形成鲜明对比的是中缅管道项目，该项目在环境方面执行高标准，针对不同地貌和环境制定了减少生态损害的方案，并在港口作业中严格控制污水排放，保护海洋生态环境。这些措施不仅赢得了当地社会的认可，也确保了项目的顺利完成。

近年来，全球环境污染问题日益严重，各国对外来企业的环保要求不断提高。如果企业在海外投资过程中造成环境破坏，不仅会面临当地民众和政府的谴责，还可能被追究法律责任。例如，一些国家通过严格的环境法规和执法手段，对违反环保规定的企业处以高额罚款，甚至追究刑事责任。因此，中国企业在海外投资中必须充分认识到环境法律风险的重要性，采取预防措施，避免因环境问题导致的经济损失和声誉损害。

建议中方企业在项目规划和设计阶段进行全面的环境影响评估，制定切实可行的环保方案，确保项目建设和运营过程中对环境的影响降到最低。加强与当地政府、环保组织以及社区的合作，了解并遵守当地的环保法规和文化习俗，避免因文化差异引发冲突。企业还应积极履行社会责任，通过植树造林、生态修复等项目，为当地环境保护作出贡献，树立良好的企业形象。

（四）承担必要的社会责任

企业社会责任（CSR）是指企业在追求经济效益的同时，对员工、消费者、社区和环境承担的法律与道德义务。尽管企业社会责任的概念在实践中不断发展和完善，但其核心理念始终如一，即企业在做出决策时，必须充分考虑并平衡各方利害关系人的利益，同时致力于保护和提升社会的整体福祉。

当前，我国企业在海外投资的过程中，在履行社会责任方面面临诸多挑战。传统的国际投资协定往往过度偏向于保护投资者的利益，而相对忽视了东道国的权益，这在一定程度上导致了投资者社会责任的缺失。然而，在现代市场经济环境下，企业实质上已经成为一个由各方利益相关者共同构成的利益共同体。这意味着，企业的收益不仅受到自身决策的影响，还与所有利益相关者紧密相关。因此，当中国企业赴吉尔吉斯斯坦投资时，必须进一步增强社会责任意识。这要求企业对不同投资区域或行业的特点和要求有更深入的了解，通过多种渠道熟悉吉国的法律制度、环保政策以及文化背景，以便更好地关注并满足不同利益相关者的诉求。在此基础上，企业还需要积极适应东道国的社会责任履行环境，采取有效的措施来防范和控制潜在的社会责任风险。自觉遵守并响应当地的社会责任规则和标准，做到守法经营、自觉履责。同时，企业还应加强与社会责任相关的组织机构建设，制定并推行详尽的社会责任规划，以确保在追求经济效益的同时，也能为东道国的经济和社会发展做出积极的贡献。①

（五）注重媒体宣发

在中国企业向海外拓展的进程中，海外媒体的宣传推广扮演着至关重要的角色，对提升企业影响力具有不可估量的价值。通过海外媒体的广泛传播，企业得以跨越地理界限，将品牌信息送达全球每一个角落，极大地提升了其在目标市场的知名度。这不仅可以吸引大量潜在客户的关注，使他们对企业有了更深入了解，还有助于塑造企业积极正面的形象。当企业频繁亮相于当地各类媒体平台时，其品牌认知度和好感度会随之提升，这为企业在海外市场的脱颖而出奠定了坚实的基础。

海外媒体的宣发还是增强企业公信力的重要工具。权威媒体因其广泛的认可度和影响力，往往具有强大的背书效应。当企业的新闻、动态通过这些海外权威媒体发布时，其公信力与信誉度显著提升。企业在这些平台上展示专业领域的成果、发布深度行业分析以及专家意见，能够充分展现其专业实力，从而在竞争激烈的国际市场中占据优势，使合作伙伴和消费者更加信赖并选择该企业。

中资企业在吉尔吉斯斯坦的媒体宣发需构建“三维立体传播体系”，通过精准内容设计与多渠道协同实现品牌声量与信任度双提升。其一，采取内容本地化策略，宣发议题将企业实践与吉国发展战略深度绑定。例如，某中资基建企业通过《丝路新动脉》纪录片，展示铁路项目带动沿线 GDP 增长 3.2%，在吉国国家电视台黄金时段播出后，品牌好感度提升 27%，将技术指标转化为民生故事，中铁建纳伦州铁路项目制作的《Tunnel of Hope》短片，以当地牧民女儿通过铁路赴首都就医的真实案例为内容，在 TikTok 获得 120 万次播放，带动企业官网访问量激增 400%。其二，合理化渠道矩阵建设，在不同场景下进行不同类型的宣发，在吉国国家通讯社（AKIpress）此类主流媒体上，重点是政策解读与项目成果；在 VKontakte、TikTok 等社交媒体上，可聚焦于互动活动与员工故事；在《中亚经济时报》类行业媒体上，集中于技术白皮书与行业论坛；在比什凯克国际展览中心这种线下场景，重点放在 AR 体验与产品演示。其三，建立“1+3+7”危机公关机制，1 小时内启动应急预案，3 小时完成事实核查，7 小时发布中英文双语声明。某中资能源企业在 2024 年矿区事故中，通过实时直播事故处理过程，配合吉国应急管理部发

① 参见田冠军：《企业社会责任跨境协同治理层次及体系研究——基于对外投资企业视角》，载《会计之友》2023 年第 17 期。

布伤亡数据，使股价 3 日内反弹 12%，优于行业平均 6%的跌幅。其四，采用“声量—情感—转化”三维评估模型的效果评估体系，中资乳业“草原振兴计划”宣发战役中，通过与吉国国家地理频道合作《天山牧场的蜕变》纪录片，同步在微信公众号推出“牧民增收计算器”小程序，实现线上曝光 3000 万次，带动线下产品销量增长 47%，品牌溢价能力提升 15%。该案例获 2025 年中亚广告主协会“最佳跨文化传播奖”。

（六）学会和执法人员打交道

中国企业在吉尔吉斯斯坦投资合作期间，需高度重视与当地执法人员的规范交往，这既是保障运营安全的底线，也是维护双边形象的纽带。根据当地法律，警察有权随时核查外国公民证件，中企员工务必随身携带护照或经认证的身份证明复印件，原件建议存放于酒店保险箱或办公室安全区域。面对查验时，应主动配合但保持警惕：执法人员需先通报姓名、职务及查验理由，未着制服者必须出示工作证，企业可提前制作中俄双语《查验流程提示卡》供员工随身携带，避免因语言不通引发误会。

若遇执法人员未按规定操作，如试图扣押证件或态度粗暴，应保持冷静克制。企业需建立应急机制，要求员工在遭遇越权行为后立即通过内部渠道报备，同时熟记吉尔吉斯斯坦内务部报警电话（102）及中国使馆领事保护热线（+996- 555581664），必要时及时求助。建议定期为员工开展安全培训，模拟证件查验场景，强化合规意识与应急能力。通过尊重法律、规范沟通、合理维权，中企既能展现专业形象，也能有效化解潜在风险，为海外投资筑牢安全屏障。

（七）学会求助法律和当地政府

吉尔吉斯斯坦的法律环境对企业来说并不轻松：司法程序烦琐、诉讼周期常以年计，律师费以及翻译的成本增加，企业压力相对较大。与当地的跨境律师团队合作，是中企规避风险的务实选择。其一此类团队熟悉吉国的法律法规，能提前为企业进行“排雷”；其二在投资前他们也能够协助设计合规的股权框架，规避外资准入的限制；其三签约时能够审核合同中的“陷阱条款”，比如模糊的违约责任界定；其四运营中定期提供劳动法律风险的培训。建立长期的法律合作机制，为后续的顺利运营打下坚实的基础，当遭遇检查或处罚时，可以请涉外律师陪同沟通，既展现了合规的态度，又能避免直接冲突。应当将法律的成本纳入投资的预算之中，提前筑牢防线。

也可以在必要时寻求当地政府的帮助，在面对复杂的地缘政治环境与市场化挑战时，建立与当地政府的有效沟通机制是降低运营风险、获取政策支持的重要途径。企业应当通过制度化、常态化的政府事务管理，将寻求政府的帮助纳入战略框架中，还可以与当地行业协会、商会等平台，主动参与政策草案的意见征集。

（八）取得中国驻当地使（领）馆保护

中国驻吉尔吉斯斯坦使馆可为企业提供如下帮助：（1）当中方企业或人员的合法权益在吉尔吉斯斯坦受到侵犯，中方企业或人员与他人发生经济、劳资等民事纠纷或涉入刑事案件，需要通过法律途径维护自己的权益时，可向中国驻吉尔吉斯斯坦使馆反映有关情况，请求使馆提供必要的协助。上述协助包括向中方企业和人员提供初步的法律咨询，对如何在当地进行法律诉讼予以一般性指导；应中方企业和人员要求，推荐当地律师、翻译，以帮助进行诉讼；视情旁听法庭审理。（2）如中方人员被拘留、逮捕或正在服刑时，使馆可根据中方人员的要求，前往进行探视。（3）如中方人员遭遇意外，使馆将事故或损伤情况通知中方人员的亲属，也可为中方人员或家属通过调解或法律途径争取赔偿提供必要的协助。（4）当吉尔吉斯斯坦发生诸如地震等重大自然灾害时，或发生政治动乱、战乱或突发事件等紧急情况时，中国使馆将在必要时协助中方人员撤离危险地区，包括为中方人员办妥必要的旅行证件，尽可能为中方人员安排撤离交通工具。（5）当中方人员遇到困难以致生计出现问题时，中国使馆应中方人员本人要求，与中方人员的亲属联系，以便及时解决所需费用。（6）如中方人员的亲友在国外失踪或久无音讯，中方人员可向中国驻吉尔吉斯斯坦使馆反映有关情况，请求使馆协助中方人员寻亲。中方人员须向中国使馆提供被寻者的详细信息（包括姓名、年龄等身份信息，样貌特征及在国外工作、学习、居住或逗留期间的相关线索），以利寻找。（7）中国吉尔吉斯斯坦使馆根据中国有关法律和法规为在吉尔吉斯斯坦合法居留的中国公民颁发、换发、补发、延期旅行证件及对旅行证件上的个人资料等项办理加注，其他任何机构无权代办上述业务。

中国驻吉尔吉斯斯坦使馆根据中国有关法律和法规为中国公民办理公证、认证，在与所在国的法律规章不相抵触的情况下办理中国公民间的婚姻登记手续，但不能直接认证中国国内公证机关出具的公证书。①

① 参见商务部对外投资和经济合作司等编：《对外投资合作国别（地区）指南：吉尔吉斯斯坦》（2022 年版）。

（九）建立并启动应急预案

建立多维风险监测网络是风险应对的基石。企业应构建“政府—企业—机构”三位一体的信息获取体系：首先，持续跟踪中国驻吉尔吉斯斯坦使领馆的官方预警，这些渠道往往能提供最及时的政治风险动态；其次，深化与当地中资企业的信息共享，特别是能源、基建等领域的央企，这些企业深耕当地多年，对政治生态、部族关系、社会情绪有深刻洞察；最后，引入专业安防机构的风险评估服务，通过本地化调研获取民间舆情、治安状况等一手信息。某中资企业曾因提前获知当地部族冲突风险，及时调整施工计划，避免了人员财产损失，这充分说明信息网络的预警价值。

风险评估需要建立本土化分级模型。吉尔吉斯斯坦的风险具有双重特性：既有中亚地区共性的政治动荡风险，也存在经济转型期的政策不确定性。企业应将风险细分为政治、法律、社会、运营四大类，建立五级评估体系：一级为日常波动，二级需加强监控，三级启动应急预案，四级暂停关键业务，五级全面撤离。某矿业企业在评估环保政策变动时，将潜在罚款金额、项目停滞周期、国际关系影响等纳入模型，准确预判了政策调整窗口期，通过提前合规整改避免了项目夭折。

风险应对需形成“预防—控制—转移”的组合策略。在事前预防阶段，应完善合规体系建设，聘请熟悉当地法律的律师团队，确保投资结构、雇佣关系、环保标准符合当地法规。某基建企业在招标过程中，因合同条款未明确汇率风险承担方，导致后期产生巨额损失，这类教训警示合同管理的重要性。事中控制方面，可通过参股当地企业、建立合资公司的形式分散风险，同时购买海外投资保险，将部分风险转移给专业机构。某农业企业通过与当地合作社共建种植基地，既降低了土地政策风险，又获得了部族支持，实现了风险对冲。

建立风险应对机制不是简单的制度堆砌，而需要实现“本土化思维”。中国企业应培养“在地化”经营能力，通过雇佣当地法律顾问、参与社区建设、支持公益事业等方式，构建风险缓冲垫。某中资银行在吉尔吉斯斯坦设立分支机构时，主动为当地小微企业提供无息贷款，既履行了社会责任，又获得了政府支持，有效降低了政策风险。这种“利益共享、风险共担”的本土化战略，已成为企业抵御风险的重要屏障。